■2025年度高等学校受験用

相模女子大学高等部

収録内容一覧

★この問題集は以下の収録内容となっています。また、編集の都合上、解説・解答の一部を省略させていただいている場合もございますのでご了承ください。

（○印は収録、一印は未収録）

入試問題の収録内容			解説	解答	解答用紙
2024年度	一般	英語・数学・国語	○	○	○
	推薦	面接	―	―	―
2023年度	一般	英語・数学・国語	○	○	○
	推薦	面接	―	―	―
2022年度	一般	英語・数学・国語	○	○	○
2021年度	一般	英語・数学・国語	○	○	○
2020年度	一般	英語・数学・国語	○	○	○
	推薦	面接	―	―	―

★当問題集のバックナンバーは在庫がございません。あらかじめご了承ください。

●凡例●

【英語】

≪解答≫

〔　〕　①別解

②置き換え可能な語句（なお下線は置き換える箇所が２語以上の場合）

(例) I am〔I'm〕glad〔happy〕to～

（　）　省略可能な言葉

≪解説≫

1，**2**…　本文の段落（ただし本文が会話文の場合は話者の１つの発言）

〔　〕　置き換え可能な語句（なお〔　〕の前の下線は置き換える箇所が２語以上の場合）

（　）　①省略が可能な言葉

(例)「(数が) いくつかの」

②単語・代名詞の意味

(例)「彼（＝警察官）が叫んだ」

③言い換え可能な言葉

(例)「いやなにおいがするなべにはふたをするべきだ（＝くさいものにはふたをしろ）」

//　訳文と解説の区切り

cf.　比較・参照

≒　ほぼ同じ意味

【数学】

≪解答≫

〔　〕　別解

≪解説≫

（　）　補足的指示

(例)（右図１参照）など

〔　〕　①公式の文字部分

(例)〔長方形の面積〕=〔縦〕×〔横〕

②面積・体積を表す場合

(例)〔立方体ABCDEFGH〕

∴　ゆえに

≒　約、およそ

【社会】

≪解答≫

〔　〕　別解

（　）　省略可能な語

＿＿＿　使用を指示された語句

≪解説≫

〔　〕　別称・略称

(例) 政府開発援助〔ODA〕

（　）　①年号

(例) 壬申の乱が起きた（672年）。

②意味・補足的説明

(例) 資本収支（海外への投資など）

【理科】

≪解答≫

〔　〕　別解

（　）　省略可能な語

＿＿＿　使用を指示された語句

≪解説≫

〔　〕　公式の文字部分

（　）　①単位

②補足的説明

③同義・言い換え可能な言葉

(例) カエルの子（オタマジャクシ）

≒　約、およそ

【国語】

≪解答≫

〔　〕　別解

（　）　省略してもよい言葉

＿＿＿　使用を指示された語句

≪解説≫

〈　〉　課題文中の空所部分（現代語訳・通釈・書き下し文）

（　）　①引用文の指示語の内容

(例)「それ（＝過去の経験）が～」

②選択肢の正誤を示す場合

(例)（ア，ウ…×）

③現代語訳で主語などを補った部分

(例)（女は）出てきた。

／　漢詩の書き下し文・現代語訳の改行部分

相模女子大学高等部

所在地	〒252-0383 神奈川県相模原市南区文京2-1-1
電　話	042-742-1442
ホームページ	https://www.sagami-wu.ac.jp/chukou
交通案内	小田急線相模大野駅より徒歩10分

普通科

女子

くわしい情報はホームページへ

応募状況

年度	募集数	受験数	合格数	倍率
2024	特進　60名 進学　200名	124名 510名	124名 506名	1.0倍 1.0倍
2023	特進　60名 進学　200名	154名 550名	154名 544名	1.0倍 1.0倍
2022	特進　60名 進学　200名	158名 585名	158名 583名	1.0倍 1.0倍

＊スライド合格含む

試験科目（参考用：2024年度入試）

【推薦】
面接（グループ）
【一般】
［書類選考］…書類選考
［オープン］…国語・英語（リスニング有）・数学／各科50分，面接（グループ）

教育目標

研鑽力・発想力・協働力を培い，自ら学ぶ姿勢を探求する生徒，しなやかに発想し実践する生徒，個の力を社会の中で発揮する生徒を育てる。

希望進路に合わせたコース制

1年次は**特進コース・進学コース**の2コース。特進コースは，国公立大や難関私立大に挑戦したい人向きで，より高い目標に向かって学習する。進学コースは，充実した学校生活を送りながら大学進学に臨みたい人向きで，じっくりと学んでいく。2年次からは，進路系統に応じた探究的な学びを深められるよう，**アカデミック**（文系・理系），**グローバル，ライフサイエンス，リベラルアーツ**の4コースを導入し，生徒の個性の伸長と自己実現を支援する。

グローバル教育

留学生の受け入れ，海外修学旅行，オーストラリア・カナダ・セブ島語学研修やニュージーランドターム留学（希望者）など，異文化にふれる機会を多く設けている。

10年・20年後を視野に入れたキャリア教育

・キャリア講演会
さまざまな分野で活躍している外部講師を招いてお話を伺う。幅広い視野を持って社会と向き合い，自分の将来について考える。
・受験体験座談会
卒業生から少人数のグループで受験体験を聞き，夢の実現に向けてどのような準備が必要かなどのアドバイスをもらい，具体的な道筋を見出す。
・サガジョの学び講座
相模女子大学の講義を，興味に合わせて選択して受講する。他にも学園連携によるプログラムがあり，卒業後の進路を考える一助にもなる。

近年の主な大学の合格実績

お茶の水女子大・東京外国語大・東京学芸大・横浜国立大・東京都立大・神奈川県立保健福祉大・早稲田大・慶應義塾大・上智大・東京理科大・国際基督教大・青山学院大・明治大・立教大・中央大・法政大・学習院大・成蹊大・成城大ほか。
なお，相模女子大への内部推薦制度がある。

編集部注―本書の内容は2024年6月現在のものであり，変更されている場合があります。正確な情報は，学校のホームページ等で必ずご確認ください。

出題傾向と今後への対策 英語

出題内容

	2024	2023	2022
大問数	7	7	6
小問数	54	37	34
リスニング	○	○	○

◎例年，大問６～７題，小問数35～40問程度だったが，2024年度は50問以上に増加した。出題構成は，長文読解２～４題と対話文完成，文法問題に加え，放送問題１題，作文問題１題などとなっている。

2024年度の出題状況

1 放送問題
2 適語(句)選択・語形変化
3 対話文完成―適文選択
4 長文読解総合―広告・対話文
5 長文読解総合―説明文
6 長文読解総合―エッセー
7 テーマ作文

解答形式

2024年度	記　述／マーク／併　用

出題傾向

基本的な語句・構文がよく出題され，基礎学力が身についているのかを見る出題である。長文は平均的な長さである。設問は語句解釈，内容真偽，適語・適文選択などが中心である。文法問題は適語句選択，語形変化などである。整序結合は日本語が与えられている。放送問題は対話文を聞き質問などに答える形式である。

今後への対策

教科書を徹底的に読み込み，単語と重要構文を全て暗記できるとよい。教科書を何度も繰り返し音読し，同時に重要構文を自分でまとめると力がつく。テストで間違った問題は必ず見直し，疑問点は解消しておくこと。ラジオ講座などを利用し，毎日英文を聞くのもよい。仕上げに過去問題集を解き，形式と時間配分を確認しよう。

◆◆◆◆◆ 英語出題分野一覧表 ◆◆◆◆◆

分野 ＼ 年度			2022	2023	2024	2025 予想※
音声	放送問題		■	■	★	◎
	単語の発音・アクセント					
	文の区切り・強勢・抑揚					
語彙・文法	単語の意味・綴り・関連知識			●		△
	適語(句)選択・補充		●	●	●	◎
	書き換え・同意文完成					
	語形変化		●	●	●	◎
	用法選択					
	正誤問題・誤文訂正					
	その他					
作文	整序結合					
	日本語英訳	適語(句)・適文選択				
		部分・完全記述				
	条件作文					
	テーマ作文		●	●	●	◎
会話文	適文選択		●	●	●	◎
	適語(句)選択・補充					
	その他					
長文読解	内容把握	主題・表題				
		内容真偽	●	●		◎
		内容一致・要約文完成	●	●	■	◎
		文脈・要旨把握	●		●	◎
		英問英答	●	■	■	◎
	適語(句)選択・補充		●	●	■	◎
	適文選択・補充		●			△
	文(章)整序					
	英文・語句解釈(指示語など)			●	●	◎
	その他(適所選択)			●	●	◎

●印：１～５問出題，■印：６～10問出題，★印：11問以上出題。
※予想欄　◎印：出題されると思われるもの。　△印：出題されるかもしれないもの。

出題傾向と今後への対策 数学

出題内容

2024年度

大問６題，20問の出題。1は計算問題が３問。2は方程式の計算が３問。3は小問集合で，図形，確率，データの活用，関数，数の性質などから，計５問。4は関数で，放物線と直線に関するもの。点の座標や比例定数などを求めるもの。5は平面図形で，円と三角形を利用した問題。平行線の性質についても問われた。6は空間図形で，正三角錐について問うもの。高さや体積について問われている。

2023年度

大問６題，20問の出題。1は計算問題が３問。2は方程式の計算が３問。3は小問集合で，図形，数の性質，確率，関数などから，計５問。4は関数で，放物線と直線に関するもの。２つの三角形の面積が等しいときなどについて問うものもある。5は平面図形で，正方形を利用した問題。6は空間図形で，底面が直角二等辺三角形の三角柱について問うもの。点と平面の距離なども問われている。

作…作図問題　証…証明問題　グ…グラフ作成問題

解答形式

2024年度　記　述／マーク／併　用

出題傾向

大問６題，総設問数20問の出題。1～3は小問集合で，1は数・式の計算，2は方程式，3は各分野からの出題。基本問題中心となっている。4以降は，関数，図形がメインとなる。問題集などでよく見るパターンの問題で，ふだんの学習の成果が試される内容。年度により，特殊・新傾向問題などが出題されることもある。

今後への対策

まずは教科書で基礎を確認し，そのうえで標準レベルの問題集で演習を多く積もう。特に，関数，図形は，いろいろな考え方や解法を身につけていくようにしよう。できなかった問題は，解き方を確認し，時間をおいて改めて解き直すこと。計算練習もおろそかにしないように。

◆◆◆◆◆ 数学出題分野一覧表 ◆◆◆◆◆

分野	年度	2022	2023	2024	2025予想※
数と式	計算，因数分解	★	★	★	◎
	数の性質，数の表し方	●	●	●	◎
	文字式の利用，等式変形				
	方程式の解法，解の利用	★	★	★	◎
	方程式の応用	●	●		◎
関　数	比例・反比例，一次関数	●		●	◎
	関数$y=ax^2$とその他の関数	★	★	★	◎
	関数の利用，図形の移動と関数				
図　形	（平面）計　量	★	★	★	◎
	（平面）証明，作図				
	（平面）その他				
	（空間）計　量	★	★	★	◎
	（空間）頂点・辺・面，展開図				
	（空間）その他				
データの活用	場合の数，確率	●	●	●	◎
	データの分析・活用，標本調査			●	△
その他	不 等 式				
	特殊・新傾向問題など				
	融合問題				

●印：１問出題，■印：２問出題，★印：３問以上出題。
※予想欄　◎印：出題されると思われるもの。　△印：出題されるかもしれないもの。

出題傾向と今後への対策　国語

出題内容

2024年度

論説文　小説　古文　国語の知識

課題文
一岡田美智男『〈弱いロボット〉の思考』
二小川洋子『キリコさんの失敗』
三『宇治拾遺物語』

2023年度

論説文　小説　古文　国語の知識

課題文
一鴻巣友季子『翻訳ってなんだろう？』
二王城夕紀『青の数学』
三『今昔物語集』

2022年度

論説文　小説　古文　国語の知識

課題文
一日高敏隆『世界を，こんなふうに見てごらん』
二三浦綾子『水なき雲』
三『宇治拾遺物語』

解答形式

2024年度　記　述／マーク／併　用

出題傾向

設問は，現代文の読解問題に合計20問程度，古文の読解問題に10問程度，国語の知識の問題に２～４問程度出題され，全体で30問強の出題となっている。設問のレベルは，記述式解答のものを含めて標準的である。課題文については，現代文・古文ともに，読みやすいものが選ばれている。また，資料の読み取り問題が出題されている。

今後への対策

現代文については，課題文が標準～やや長めで，内容理解に関する設問が多いので，文章を正確に読む力をつけておく必要がある。そのためには，基礎学力を養成するための問題集をできるだけたくさんこなすのがよい。国語の知識については，漢字・語句を中心に，問題集で確認しておくとよいだろう。

◆◆◆◆◆ 国語出題分野一覧表 ◆◆◆◆◆

分野		年度	2022	2023	2024	2025予想※
現代文	論説文説明文	主題・要旨	●			△
		文脈・接続語・指示語・段落関係	●	●		◎
		文章内容	●	●	●	◎
		表現		●	●	◎
	随筆日記手紙	主題・要旨				
		文脈・接続語・指示語・段落関係				
		文章内容				
		表現				
		心情				
	小説	主題・要旨				
		文脈・接続語・指示語・段落関係				
		文章内容	●	●	●	◎
		表現	●	●		◎
		心情	●	●	●	◎
		状況・情景	●			△
韻文	詩	内容理解				
		形式・技法				
	俳句和歌短歌	内容理解				
		技法				
古典	古文	古語・内容理解・現代語訳	●	●	●	◎
		古典の知識・古典文法	●	●	●	◎
	漢文	（漢詩を含む）				
国語の知識	漢字語句	漢字	●	●	●	◎
		語句・四字熟語	●	●	●	◎
		慣用句・ことわざ・故事成語		●		△
		熟語の構成・漢字の知識				
	文法	品詞				
		ことばの単位・文の組み立て				
		敬語・表現技法	●		●	◎
	文学史			●		△
作文・文章の構成・資料			●	●	●	◎
その他						

※予想欄　◎印：出題されると思われるもの。　△印：出題されるかもしれないもの。

合格を勝ち取るための

本書の使い方

本書に掲載されている過去問をご覧になって，「難しそう」と感じたかもしれません。でも，大丈夫。ほとんどの受験生が同じように感じるのです。高校入試の出題範囲は中学校の定期テストに比べて広いですし，残りの中学校生活で学ぶはずの，まだ習っていない内容からも出題されているかもしれません。
ですから，初めて本書に取り組む際には，点数を気にする必要はありません。点数は本番で取れればいいのです。

過去問で重要なのは「間違えること」です。自分の弱点を知るために，過去問に取り組むのです。当然，間違った問題をそのままにしておいては意味がありません。
本書には，長年にわたって高校受験に関わってきたベテランスタッフによる詳細な解説がついています。間違えた問題は重点的に解説を読み，何度も解きなおしてください。時にはもう一度，教科書で復習するのもよいでしょう。

別冊として，抜き取って使える解答用紙を収録しました。表示してあるように拡大コピーをとれば，実際の入試と同じ条件で，何度でも過去問に取り組むことができます。特に記述問題では解答欄の大きさがヒントになる場合があります。そうした，本番で使える受験テクニックの練習ができるのも，本書の強みです。

前のページにある「出題傾向と今後への対策」もよく読んで，本校の出題傾向に慣れておきましょう。

2024年度 相模女子大学高等部

【英　語】（50分）〈満点：100点〉

【リスニングテスト】

1 放送の指示に従って答えなさい。Part A は１回のみ、Part B は２回流れます。

Part A　放送を聞き、その英文が示しているものを選び、記号で答えなさい。

1．ア．A notebook　イ．A table　ウ．A school bus　エ．A spoon

2．ア．A hospital　イ．A painter　ウ．A doctor　エ．A post office

3．ア．Math　イ．P.E.　ウ．Social studies　エ．English

4．ア．A waiter　イ．An uncle　ウ．A grandfather　エ．An aunt

5．ア．A train　イ．A bike　ウ．A plane　エ．A taxi

6．ア．A wedding　イ．A graduation ceremony
　ウ．An exam　エ．An entrance ceremony

Part B　Mihoと Steveの会話を聞き、それぞれの質問の答えとして最も適切なものを選び、記号で答えなさい。

1．ア．In the train　イ．In the library
ウ．In the computer room　エ．At home

2．ア．New Zealand　イ．Canada　ウ．Italy　エ．Japan

3．ア．Next month　イ．For four months
ウ．For two years　エ．In September

4．ア．She doesn't want to go abroad.
イ．She cannot speak English well.
ウ．She is worried about making friends.
エ．She cannot find a good cookbook.

5．ア．Nikujaga　イ．Oden　ウ．Tempura　エ．Chirashizushi

※リスニングテスト放送文は，英語の問題の終わりに付けてあります。

2 （　　）に入る最も適切なものを選び、記号で答えなさい。

1．That lion (　　　) for food for three days.

ア．is looking　　イ．looks　　ウ．looking　　エ．has been looking

2．The kind old woman (　　　) the traveler stay at her house on a stormy night.

ア．let　　イ．allowed　　ウ．got　　エ．forgot

3．It is very hot today and I feel like (　　　) to the swimming pool.

ア．go　　イ．to go　　ウ．going　　エ．gone

4．I know the boy (　　　) won the prize at the contest.

ア．which　　イ．who　　ウ．what　　エ．whose

3 次の会話文の（　　　）に入る最も適切なものを選び、記号で答えなさい。

1．A：This is the best movie that I've ever seen!

B：（　　　）The music is very wonderful.

ア．You can say that again.

イ．You cannot believe it.

ウ．I cannot agree with you.

エ．I didn't mean it.

2．A：I bought these eggs here, but most of them were bad.

B：I'm sorry about that.

A：（　　　）

B：No, I'm afraid we can only give exchanges.

ア．Can I exchange them?

イ．Can I have my money back?

ウ．Can I have some fresh ones?

エ．Can I have those eggs?

3．A：Can I have a drink?

B：（　　　）

A：OK. Where can I get one?

B：Over there, near the entrance.

ア．Please ask me later.

イ．Please help yourself.

ウ．Please bring me a cup of coffee.

エ．Please tell me what you want.

4．A：How many tickets do you want?

B：Three tickets, please. For myself, my wife and my child.

A：Oh, it's Saturday. Today is couples' day! So, it's free for parents.（　　）

B：Really? Great!

ア．You can only come here on Saturday.

イ．You need more money to buy a ticket.

ウ．You only need to buy one ticket.

エ．You will need two tickets.

5．A：Hey, look! This is my new smartphone! It's cool, right?

B：The movie is going to start soon.（　　）

A：Oh, sorry. I will do it right now.

ア．You should use your smartphone more.

イ．You must turn it off.

ウ．Are you going to use it?

エ．Could you tell me how to use a smartphone?

4 （A）次の広告を読み、あとの問いに答えなさい。

2024 Spring - Summer

WELCOME TO SAGAMI AQUARIUM

Experience a magical trip into the beautiful sea!!

1F Mysterious Journey into the Deep Sea : Find creatures that live at depths of 200 meters!
2F Dynamic World of Huge Creatures : See whale sharks and manta rays in our large tanks.
3F The Fantastic Sea of Tropical Fish : Enjoy the colorful fish in their coral reef home.

Outside Attraction

Free! Dolphin Show 11:15 / 14:00 / 16:30
(Please be seated five minutes before the show starts.)

Feeding Schedule

- Dynamic World of Huge Creatures 9:45 / 14:30 / 17:00
- The Fantastic Sea of Tropical Fish 12:30 / 15:00
- Dolphin Lagoon 9:30 / 11:45 / 14:30 (fees apply)

※The schedule may change due to bad weather or the physical condition of the animals.
※Please check the official website for information on fees and other details.

Special Events ~NIGHT DREAM AQUARIUM~

You can enjoy the mysterious lives of sea animals at night!
2024. 6. 1 - 2024. 8. 31 7:00 PM – 10:00 PM

Admission Fee【OPEN DAILY 9:00 AM – 7:00 PM】

Admission Fee	General	Annual Passport
Adults / Age 18 and older	$ 21	$ 43
Students / Age 15-17	$ 15	$ 30
Children / Age 6-14	$ 7	$ 15
Children / Under 6 years old	Free	

※If you have an annual passport, please show it at the entrance.

Reminder:
1. You cannot eat food and drinks inside the aquarium.
2. In order to stop the spread of COVID-19, some events may be cancelled.

＜For the latest information, please check our official website.＞

SAGAMI AQUARIUM
TEL. 042-742-1441
https://sagaqua.co.jp

1．If you want to see the dolphin show in the morning, what time do you have to be there?

ア．8:55　　イ．11:10　　ウ．11:20　　エ．13:55

2．A man will visit the aquarium for the first time with his wife and their seven-year-old daughter. His wife bought an annual passport two months ago. How much will they have to pay for admission?

ア．$28　　イ．$36　　ウ．$49　　エ．$71

3．Which of the following is true?

ア．You can watch the feeding of tropical fish in the morning.
イ．You can experience feeding the animals inside the building, so the schedule will not be changed.
ウ．For a limited time, you can visit the aquarium late at night.
エ．All of the sea animals of the aquarium are in the same huge tank.

(B) 高校生のサラが友人のユキと「世界の言語」について探究活動をしています。2人の会話を読んであとの問いに答えなさい。

Sara: Do you know there are about 6,900 languages in the world now?

Yuki: Really? I didn't know that. We only study English at school. Which language do you want to learn as a third language?

Sara: Hmm, I'm interested in art and buildings in France, so I want to learn French at a university. I hear French is a very beautiful language. How about you?

Yuki: I really want to learn German because I love classical music, you know. I'd like to visit Germany and Austria. Many musicians such as Beethoven and Mozart were born there. By the way, which language do you think is the most useful for us in the future?

Sara: In fact, yesterday I read the article, "The most powerful languages in the world" by World Language Data in 2022. Take a look at the ranking.

"Power Language" Ranking (top 10)

RANK	LANGUAGE
1	English
2	Chinese
3	[a]
4	[b]
5	Arabic
6	[c]
7	German
8	[d]
9	Portuguese
10	Hindi

Yuki: Let me see… English, of course, comes first. I'm surprised to know that French is a more powerful language than Spanish, according to this data. I thought Spanish was third.

Sara: I thought so, too. Perhaps this is because France has a long history and had so many *colonies in Africa.

Yuki: I see. It's interesting that Japanese is also in the ranking. It is more popular around the world now because of *anime* and *washoku*.

Sara: You want to learn German, right? Where is it ranked?

Yuki: It is ranked after Russian.

Sara: I didn't know that Russian or Arabic are strong languages. Overall, it was a surprising result!

Yuki: Yes! I'd love to learn some foreign languages other than English to broaden my horizons!

Sara: Sounds great! Let's use this data to find out more details and present it in the next class!

*colonies: 植民地

1．次の英文が本文の内容と一致するように、（　　）に入る最も適切なものを下から1つ選び、記号で答えなさい。

Sara wants to learn French because（　　）.

ア．France has a long history
イ．her dream is to visit France
ウ．France is a very beautiful country
エ．she is interested in French culture

2．表の［ **a** ］～［ **d** ］に入れるのに最も適切なものを下から1つずつ選び、記号で答えなさい。

ア．Japanese　　イ．French　　ウ．Russian　　エ．Spanish

5 次の英文を読んで、あとの問いに答えなさい。

Spring is a wonderful season that brings happiness and new chances. It's like nature's way of starting fresh after the cold winter. During spring, the weather gets warmer, and we can finally say (①) to heavy coats, and gloves. We can spend more time outside and enjoy the sunshine and the colorful flowers blooming all around us. (A)

One exciting thing about spring is that people often do something called "spring cleaning." Just like we clean our rooms and toys, spring cleaning is about ②tidying up our homes. We throw away old things we don't need any more to make space for (③) things. It's like giving our home a big, warm hug and making it nice and clean.

But spring cleaning isn't just about our rooms; it's also about our minds. (B) Sometimes, we have worries or negative thoughts that make us feel sad. Just like we throw away old toys we don't like any more, we can ④let go of those bad thoughts. It's like making our minds feel fresh and happy.

Spring is also a time for thinking about our dreams and goals. Imagine you have a magical list of things you want to do or be someday. You can be anything you wish! Maybe you want to be an astronaut, a firefighter, or a famous singer. You can write down all these dreams and wishes. But as we grow, some dreams might change, and that's okay! It's like drawing new pictures on your magical list.

I once did a "mental spring cleaning." I looked at my magical list of dreams, and I realized that some of them didn't make me happy anymore. It's like finding old toys that don't interest you. So, I decided to let go of those dreams and made room for new ones that felt right for me. It was a little scary, but that way, I found new talents and things I loved. (C)

Spring is the perfect time to start fresh, just like the flowers that bloom from tiny seeds. We can plant new seeds of hope and happiness in our hearts. It's like creating a beautiful garden of dreams that we can watch grow and blossom. (D)

So, let's enjoy the magic of spring! We can play outside, have picnics with friends, and ⑤marvel at the wonders of nature. And while we do that, we can also do some "spring cleaning" in our minds. Let's let go of anything that makes us (⑥) and plant new dreams that make us smile. It's a time for new beginnings, a time to grow, and a time to be happy!

1．それぞれの質問に対する答えとして最も適切なものを1つずつ選び、記号で答えなさい。

(1) What does “spring cleaning” mean?

ア．Planting new seeds in the garden during spring.

イ．Cleaning our homes and throwing away old things.

ウ．Going outside for picnics with friends.

エ．Changing our pictures and flowers.

(2) What is one way we can do “mental spring cleaning”?

ア．Buying new toys and clothes for ourselves.

イ．Stopping thinking negatively.

ウ．Keeping our old dreams.

エ．Collecting new ideas and thoughts in a journal.

(3) Why is spring a good time to think about our goals and dreams?

ア．We can spend more time outside in the sunshine.

イ．It is the only season with colorful flowers.

ウ．It is so warm that we can clean our room easily.

エ．It is like a fresh start and a chance to make new plans.

(4) What happened when the author did a “mental spring cleaning”?

ア．She discovered new talents and opportunities.

イ．She decided to buy new toys and games.

ウ．She started wearing heavy coats again.

エ．She gave up on all their dreams and goals.

(5) What is the main idea of the article?

ア．Spring is a season of new beginnings and happiness.

イ．Spring cleaning is about putting away our rooms and toys.

ウ．Spring is the best time to stay indoors and wear heavy coats.

エ．Flowers bloom during winter and spring becomes colorful.

2．（ ① ）、（ ③ ）、（ ⑥ ）に入るのに最も適切なものを1つずつ選び、記号で答えなさい。

① ア．hello　イ．good morning　ウ．goodbye　エ．something
③ ア．new　イ．old　ウ．expensive　エ．cheap
⑥ ア．happy　イ．cold　ウ．hot　エ．sad

3．下線部②、④、⑤と最も意味が近いものを1つずつ選び、記号で答えなさい。

② ア．breaking　イ．painting　ウ．cleaning　エ．building
④ ア．throw away　イ．have　ウ．hear　エ．speak about
⑤ ア．be really disappointed　イ．be very surprised
ウ．arrive　エ．stay

4．次の文が入るのに最も適切な位置を（ A ）～（ D ）より選び、記号で答えなさい。

We can clean up our thoughts and feelings, too.

6 高校生のユカが書いた次の修学旅行記を読んで、あとの質問に答えなさい。

July 19

I arrived at Tokyo Station around 6:30 and everyone else arrived around 7:30. I got on the Tohoku Shinkansen for the first time and we (①) for Morioka. It was early in the morning and many people looked sleepy. It was very quiet in the car. I felt a little lonely but I was amazed when I looked out of the windows at the beautiful mountains. After we got to Morioka, we ate Wanko-Soba for lunch. It was amazing. The waitresses served us soba in a small cup, one after another with a shout, "Jan jan!" or "Don don!" and "You can eat as much as you like!" I ate 42 cups and felt full. Mrs. Tanaka said she ate only 25 cups and Haruka ate more than 80.

After lunch, we went to Fudai village by bus and saw a huge flood gate, Fudai Suimon. It was 15 meters tall. It was built on the mouth of a river running into the Pacific Ocean. Our volunteer guide, Mr. Kato, told us that the gate blocked the Tsunami (②) by the Great East Japan Earthquake, and protected almost all the villagers' lives, except one who went to the beach to watch the Tsunami out of curiosity.

After that, we rode the Sanriku Railway's lovely train and slowly (③) along the beautiful beach. Mr. Kato told us how people along the coast suffered from the big earthquake and what you should do if a big earthquake happens. I realized it is very important to always communicate what you feel with people close to you. A serious disaster might suddenly happen and you might lose your family or friends. We arrived at the hotel at about seven and had dinner. Everything was delicious, especially the ice cream. The hotel was clean and lovely, too. I shared a room with Haruka. We wanted to talk a lot about the soba and the disaster, but we didn't want to get up late the next morning, so we turned off the light and went to sleep.

July 20

The weather was great. We visited Koiwai Farm and joined a bus tour through the farm. The guide, Miss Mikuni, told me that the farm was built more than a century ago. They raise a lot of animals including cows, sheep, and chickens. With these animals, they produce milk, ice cream, cheese, beef, mutton and wool. At lunch time, we (④) BBQ mutton and beef. They also do recycling agriculture. I was surprised when she told me that they reuse their animals' body waste. In their factories and power plants, the body waste becomes *compost and electricity. I realized the farm does a lot of good things for the natural environment and it is very important for us to protect the earth.

July 21

I woke up early and took a walk around the hotel with Haruka. We did not see anyone or anything except the beautiful mountains. We screamed, “Beautiful!” when we saw the mountains. I felt the air was much cooler and cleaner than that in Sagamihara. I thought I would never forget this scenery. Haruka said, “If I（ ⑤ ）here, I could see these mountains every morning.”

Around ten, we arrived at a temple（ ⑥ ）‘Chusonji’ in Hiraizumi town. We had to walk up the long hill to get to a building, ‘Konjikido’. When we got there, I was really tired and sweaty. However, when I looked at the golden temple, I was completely ⑦blown away by its beautiful color. I can’t remember how many times I cried out “Beautiful!” during this trip. I imagined the rich life that those people who built this building had a long time ago.

This trip has given me a chance to think deeply about the importance of family ties, the natural environment and things that happened in Iwate centuries ago. If I have a chance, I’d like to visit Iwate again.

*compost：堆《たい》肥《ひ》

1．（ ① ）～（ ⑥ ）に入るのに最も適切なものを下から1つずつ選び、正しい形にして答えなさい。

call / cause / eat / leave / live / travel

2．下線部⑦と意味が最も近い1語を本文から抜き出しなさい。

3．本文の内容と一致するように空所に適切な1語を入れなさい。

ア．At the restaurant in Morioka, Haruka ate（　　　）than Yuka and Mrs. Tanaka.

イ．The gate, Fudai Suimon,（　　　）the lives of many people in the village from the Tsunami.

ウ．Yuka understands that she needs to always（　　　）with people around her because they might lose their lives at any time.

エ．In Koiwai Farm, they produce food and（　　　）by themselves.

オ．In the early morning of the third day, Yuka took a walk with Haruka around the hotel and she was amazed by the beautiful（　　　）.

カ．Yuka was very satisfied with her（　　　）and she would like to go to Iwate again.

7 次の英文を読み、条件に従ってあなたの意見を英語で書きなさい。

When people travel by train, some people like to take *local trains and other people like to take *limited express trains. Which of these trains do you like better when you travel by train? First, write your opinion and one or two reasons. After that, write one or two things you can do by taking the train you choose.

*local trains 各駅停車の列車　　　*limited express trains 特急列車

＜条件＞

- 30語以上の英語で書くこと。符号（. , ! ? など）は語数に含まない。
- それぞれの文は5語以上の英語を使って書くこと。
- 主語、動詞を含む文で書くこと。

＜リスニングテスト放送台本＞

Part A

1． It's made of metal. You use it when you eat.
ア. A notebook
イ. A table
ウ. A school bus
エ. A spoon

2． It's a person that helps you when you're sick or hurt.
ア. A hospital
イ. A painter
ウ. A doctor
エ. A post office

3． In this school subject, you think about numbers, shapes, and patterns.
ア. Math
イ. P.E.
ウ. Social studies
エ. English

4． This person is a brother of your mother or father.
ア. A waiter
イ. An uncle
ウ. A grandfather
エ. An aunt

5． You ride this when you want to go somewhere. You have to tell the driver where you want to go.
ア. A train
イ. A bike
ウ. A plane
エ. A taxi

6． It's the last school event that you attend before you finish school.
ア. A wedding
イ. A graduation ceremony
ウ. An exam
エ. A entrance ceremony

Part B

A: Hey Miho! I've been looking for you. I knew you liked reading, so I guessed you'd be here.

B: Hi, Steve. I wanted to look something up.

A: Miho, I heard you are going abroad to study English next month.

B: Yes. I am going to go to New Zealand on September 5th. Actually I wanted to go to Canada at first, but my mother visited New Zealand when she was a high school student, and she recommended it. I am going to stay there for four months. My host family is from Italy. They have been to Japan once but they cannot speak Japanese.

A: Are you going to go to a local school?

B: Yes, but I am worried about it. Do you think I can make some friends there?

A: Don't worry, Miho. You are friendly and kind to everyone. You were the first person to speak to me in our class when I first came to this school two years ago.
I think you can make a lot of friends there. You also speak English well.

B: Thank you, Steve. I'll keep studying English until I go to New Zealand.

A: By the way, what are you looking up now?

B: I'm checking how to cook Japanese food. I want to make Japanese food for my host family.

A: Did you find a good book?

B: Yes, I was going to make *nikujaga, oden* or *tempura* at first. But I like this recipe better, so I think I will change my plan.
I want to make *chirashizushi*

A: That sounds good. I love it.

B: Anyway, I am going to borrow this book.

1. Where is Miho ?

ア. In the train　　イ. In the library　　ウ. In the computer room　　エ. At home

2. Where did Miho's mother go when she was a student?

ア. New Zealand　　イ. Canada　　ウ. Italy　　エ. Japan

3. How long will Miho stay with an Italian family?

ア. Next month　　イ. For four months　　ウ. For two years　　エ. In September

4. What is Miho's problem?

ア. She doesn't want to go abroad.

イ. She cannot speak English well.

ウ. She is worried about making friends.

エ. She cannot find a good cookbook.

5. What is Miho going to make for her host family?

ア. Nikujaga　　イ. Oden　　ウ. Tempura　　エ. Chirashizushi

【数　学】（50分）〈満点：100点〉

1　次の計算をしなさい。

(1) $4-3^2\times\left(-\frac{2}{3}\right)$　　(2) $\frac{2x-3y}{2}-\frac{3x-2y}{3}$　　(3) $\sqrt{3}(2-\sqrt{2})-\sqrt{2}(\sqrt{6}+\sqrt{12})$

2　次の方程式を解きなさい。

(1) $2(4-3x)=-3x+2$　　(2) $\begin{cases}0.3x+0.2y=0.5\\ \frac{x}{3}-\frac{y}{2}=2\end{cases}$　　(3) $x^2-2x-1=0$

(1)

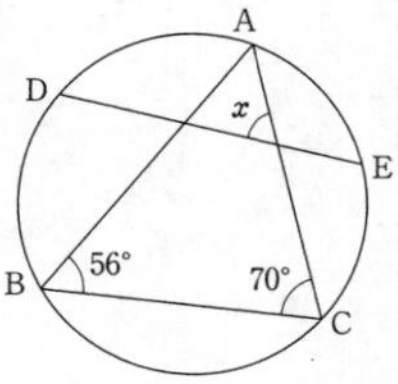

3　次の問いに答えなさい。

(1) 右の図で，$\angle x$ の大きさを求めなさい。
ただし，弧ADと弧DBの長さが等しく，弧AEと弧ECの長さは等しいものとする。

(2) 箱の中に，1から5までの数字を1つずつ書いた5枚のカードが入っている。この箱からカードを1枚取り出し，それを箱に戻さずに，もう1枚取り出す。このとき，取り出した2枚のカードに書かれた大きい数を小さい数で割ると余りが1となる確率を求めなさい。ただし，どのカードが取り出されることも同様に確からしいものとする。

(3)

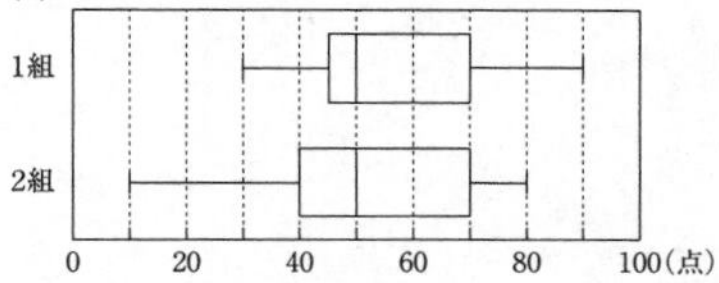

(3) 右の図のように，1組と2組のあるテストの点数の結果を表した箱ひげ図がある。生徒数は1組，2組ともに40名である。このとき，次の①～⑤の中から常に正しいものをすべて選び，記号で答えなさい。

①　1組の最高点は2組の最高点より高い。　②　1組と2組の平均点は同じである。
③　2組には40点未満の生徒が少なくとも10人いる。　④　2組には80点以上の生徒が少なくとも1人はいる。
⑤　1組の上から10番目の点数と2組の上から10番目の点数は同じである。

(4) 3点A$(-2,\ 13)$，B$(3,\ -7)$，C$(6,\ a)$ が一直線上にあるとき，a の値を求めなさい。
考え方や途中経過もわかりやすく記入すること。

(5) $1\leqq\sqrt{\frac{n}{3}}<3$ となるような自然数 n の値は全部で何個あるか答えなさい。
考え方や途中経過もわかりやすく記入すること。

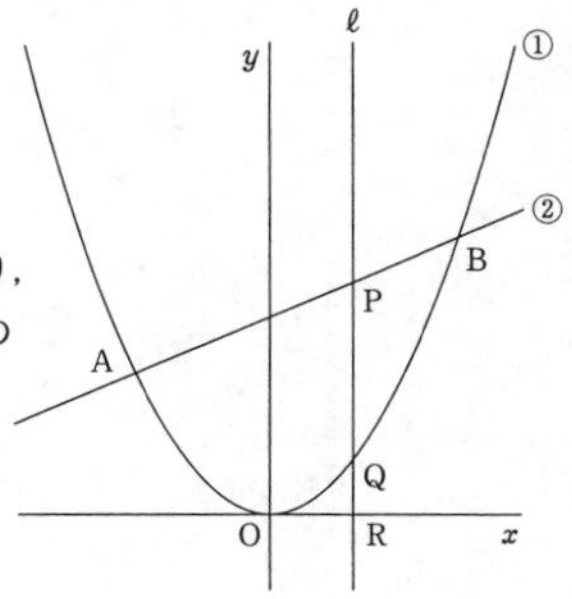

4　右の図のように，放物線 $y=ax^2\ (a>0)\cdots$① が直線 $y=\frac{1}{2}x+6\cdots$② と2点A，Bで交わっており，2点A，Bの x 座標をそれぞれ-4，6とする。y 軸に平行な直線を ℓ とし，直線 ℓ と②，①，x 軸との交点をそれぞれP，Q，Rとする。このとき，次の問いに答えなさい。

(1)　点Aの座標を求めなさい。
(2)　a の値を求めなさい。
(3)　点Pが線分AB上にあるとき，PQ＝QRとなる点Pの x 座標をすべて求めなさい。

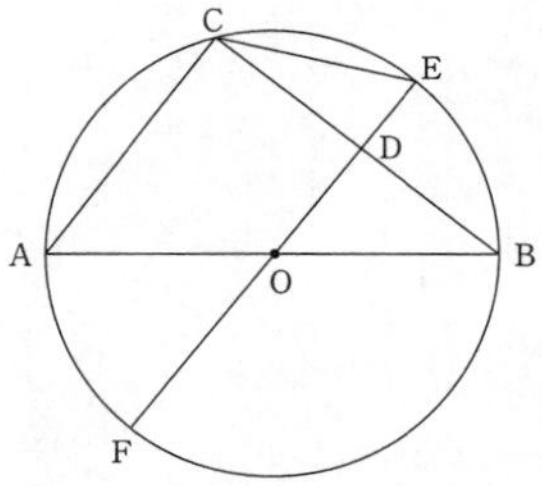

5　右の図のように，ABを直径とする半径5の円Oがあり，円周上にAC＝6となる点Cをとる。円Oの中心を通り，ACに平行な直線とBCとの交点をD，円との交点をE，Fとする。
このとき，次の問いに答えなさい。

(1)　BCの長さを求めなさい。
(2)　DEの長さを求めなさい。
(3)　△DECと△OAFの面積比を求め，最も簡単な整数比で答えなさい。

6 右の図のように，OA＝OB＝OC＝4，AB＝BC＝CA＝6 である正三角すい O-ABC がある。
頂点 O から底面 ABC に垂線 OH を下ろし，OH の中点を M とする。
このとき，次の問いに答えなさい。

(1) OH の長さを求めなさい。

(2) 三角すい M-ABC の体積を求めなさい。

(3) 三角すい M-OBC の体積を求めなさい。

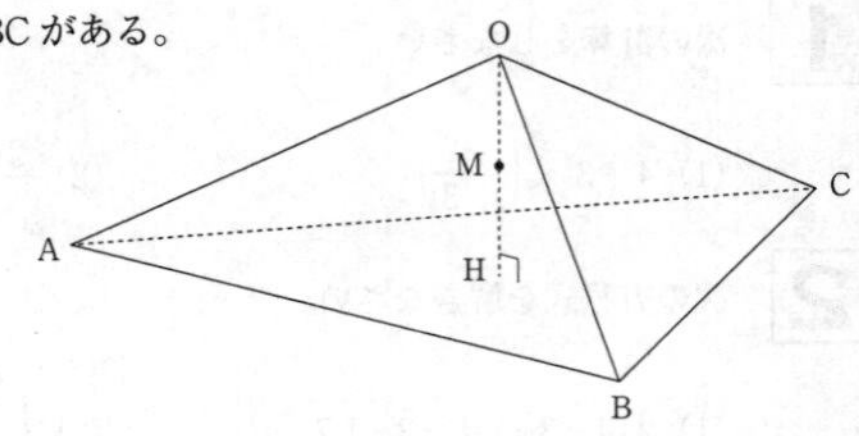

問二　以下の記事内容は、実際のブログ記事を参考にして、加工、修正を施したものです。これを読んで、後の問いに答えなさい。

チアリーディング部報告 Vol.10

2022/ 08 / 08

Nippon Trophy 2022 チアリーディング大会に出場しました！

7月26～28日、国立体育館においてNippon Trophy 2022 チアリーディング大会が開催されました。さがみの高校チアリーディング部は、自由演技競技 高等学校部門 DIVISION 1にAチームが出場、DIVISION 2にBチームが出場しました。Aチームは先日行われた神奈川県大会後に更なる努力を重ねた結果、①出場全85チーム中13位（169点）という成績を収めることができました。Bチームは8人という少ない人数で、かつ初心者が半分以上いる中、最後まで全員でしっかりと演技を披露することができました。応援ありがとうございました。

（Aチーム代表2年より）

今大会で私達の目標であった「160点を超える演技をする」、「wonderfulな演技をする」が達成され、169点という私達史上最高の得点が出せました。思うように練習ができない制限下ではありましたが、このメンバーで披露する最後の演技として②悔いの残らない大会となりました！また、来年の1月末の大会に出場予定なので、もう一度気を引き締め練習に励んでいきます！

（Bチーム代表２年より）

③Bチームの１年生は今大会が初めての出場となり緊張もありましたが、最後まで諦めずに笑顔で演技をすることができました。

また、27、28日は応援で会場に行き、非常に多くのことを学ぶ貴重な機会となりました。

今回の経験を次に活かし練習に励んでいきます！

＊大会演技中のみ、④マスクを外しています。

（１）傍線部①〜③の記述のうち、事実を述べたものはＡ、感想を述べたものはＢに区別し、記号で答えなさい。

（２）傍線部④「マスクを外しています」という但《ただ》し書きが挿入されている理由を、ブログ全体を踏まえて簡潔に答えなさい。

問十　この話を読んだ生徒たちが、教室でその面白さを話し合った。正しい理解をしている生徒を一人選び、名前を答えなさい。

春子　このお話は日本ではなく海外を舞台としたお話なんだね。当時の日本では、今よりもむしろ多くの僧侶たちが修行のために海を渡ったことが読み取れるね。

夏子　山に大きな穴が開いていて、その穴の先には不思議な世界が広がっていた、というのは物語によくあるパターンだけど、そこで色とりどりの花を食べる展開にこの話の独自性を感じるね。

秋子　そうだね。しかも引き返そうと思ったときには、既に穴の出入口がすっかり消えていた、というのは想像するとちょっと怖いな。地震などで実際にあったことがもとになっているのかもしれないね。

冬子　私は閉じ込められた僧が「助けて」と叫んだのに、その姿が誰にも見えなかったというところが不思議だと思ったよ。むしゃむしゃ食べた花は、もしかしたら透明人間になるための薬だったのかな。

四

次の問一、問二に答えなさい。（なお、問二は21ページから始まるので注意すること）

問一　傍線部の漢字はひらがなに、カタカナは漢字に直しなさい。

① 伝統的な方法を踏襲する。

② 仕事が滞る。

③ 三日間の断食をする。

④ 期限がセマる。

⑤ サンピ両論がある。

⑥ 速度をキセイする。

問八　傍線部７「人の目にも何と見えけるやらん」について説明したものとして最も適当なものを次から選び、記号で答えなさい。

ア「人」とは「この話を聞く後世の人」のことであり、「後世の人にはどのように解釈されるのだろうか」という意味になる。

イ「人」とは「唐の他の僧」のことであり、「故郷の僧たちはこれを見てどう思うだろうか」という意味になる。

ウ「人」とは「通りがかりの人」のことであり、「通りがかりの人は僧の姿をどのように見たのだろうか」という意味になる。

エ「人」とは「牛の持ち主」のことであり、「この牛の持ち主は僧をどのように見るだろうか」という意味になる。

問九　傍線部８「不思議なり」とあるが、「不思議だ」と思ったのは誰か。最も適当なものを次から選び、記号で答えなさい。

ア　僧　　イ　唐の人々　　ウ　天竺の人々　　エ　作者

問五　傍線部4「めでたかりける」の「めでたかり」は「すばらしい」という意味であるが、ここでは何を形容している言葉か。最も適当なものを次から選び、記号で答えなさい。

ア　牛の食べ方　　イ　花の美しさ　　ウ　花の味　　エ　己の食べる速さ

問六　傍線部5「心得ず恐ろしく思ひて」とあるが、僧は何を恐ろしく思ったのか。最も適当なものを次から選び、記号で答えなさい。

ア　花を食べたらとても太ったこと。　　イ　見たこともない花が咲いていたこと。
ウ　花が非常に美味であること。　　エ　花を食べても牛が死なないこと。

問七　傍線部6「これ助けよ」の「これ」とは何を指しているか。最も適当なものを次から選び、記号で答えなさい。

ア　牛　　イ　人　　ウ　花　　エ　僧

問一　波線部「やうやう」を現代仮名遣いに直しなさい。

問二　傍線部1「天竺」とは地図上の★の国である。その国名として最も適当なものを次から選び、記号で答えなさい。

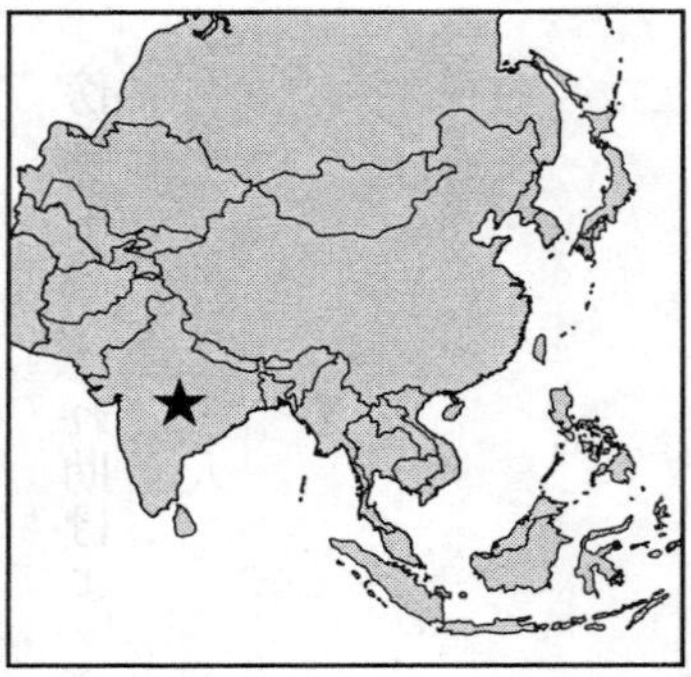

ア　ベトナム
イ　インド
ウ　タイ
エ　ブータン

問三　傍線部2「ゆかしく覚えければ」の解釈として最も適当なものを次から選び、記号で答えなさい。

ア　この牛のことを知らなかったので
イ　牛がどこへ行くかわからなかったので
ウ　自分もこの穴に入ったことがあったので
エ　穴の中に何があるか見てみたくなったので

問四　傍線部3「あらぬ世界」とは、どのような世界のことだと考えられるか。最も適当なものを次から選び、記号で答えなさい。

ア　夢で見たようなきらびやかで豪華な世界。
イ　実際に存在するはずのない恐ろしい世界。
ウ　誰も行ったことがないような遠い世界。
エ　これまで見たこともない美しい世界。

三　次の古文を読み、後の問いに答えなさい。

今は昔、唐にありける僧の、[1]天竺《てんぢく》に渡りて、※1他事にあらず、ただ物のゆかしければ、物見にしありきければ、所々見行きけり。ある片山に大きなる穴あり。牛のありけるがこの穴に入りけるを見て、[2]ゆかしく覚えければ、牛の行くにつきて、僧も入りけり。遥かに行きて、明き所へ出でぬ。見まはせば、[3]あらぬ世界と覚えて、見も知らぬ花の色いみじきが咲き乱れたり。牛この花を食ひけり。試みにこの花を一房取りて食ひたりければ、うまき事、天の甘露もかくあらんと覚えて、[4]めでたかりけるままに多く食ひたりければ、ただ肥えに肥え太りけり。

[5]心得ず恐ろしく思ひて、ありつる穴の方へ帰り行くに、初めはやすく通りつる穴、身の太くなりて狭く覚えて、やうやうとして穴の口までは出でけれども、え出でずして、堪《た》へがたき事限りなし。前を通る人に、「[6]これ助けよ」と呼ばはりけれども、耳に聞き入るる人もなし。助くる人もなかりけり。[7]人の目にも何と見えけるやらん、[8]不思議なり。

『宇治拾遺物語』

※1　他事にあらず……特別の目当てはなく

問十　傍線部９「一層唇が光って見えた」とあるが、これは「私」のどのような気持ちを表していると考えられるか。最も適当なものを次から選び、記号で答えなさい。

ア　万年筆を直したキリコさんに心底感心すると同時に、得体の知れない怖さを感じる気持ち。

イ　万年筆を見事によみがえらせたキリコさんに、憧れや尊敬を超えて強く惹きつけられる気持ち。

ウ　外国製の万年筆の修理をしてのけたキリコさんを、手の届かない存在のように思う気持ち。

エ　キリコさんが本当は、万年筆のインクの補充方法を最初から知っていたのではと疑う気持ち。

問七　傍線部6「まるで世界の隠された法則を、手に入れたかのような気分だった」とあるが、これは「私」のどのような気持ちを表しているか。最も適当なものを次から選び、記号で答えなさい。

ア　あやふやでつかみどころのない現実の裏にある、確固たる答えを持った自然の原理を理解したという気持ち。

イ　ページを埋めつくすように並んだ文字だけでは表現しきれない、言葉の奥深い魅力に気づいたという気持ち。

ウ　ありふれた言葉の羅列に深遠な意味を持たせたのが、他ならぬ自分だという全能感に到達したという気持ち。

エ　自分を取り巻く混沌とした世界を言語化し、意味あるものに変化させるための手段を獲得したという気持ち。

問八　傍線部7「〝書き物〟に対する態度が、他の大人と唯一違っていたのがキリコさんだった」とあるが、「他の大人」の態度はどのようなものだったのか。本文中から二十字で抜き出し、最初の六字を答えなさい。（句読点を含まない）

問九　傍線部8「救ってくれたのは、やはりキリコさんだった」とあるが、「私」が「やはり」と感じたのはなぜか。その理由として最も適当なものを次から選び、記号で答えなさい。

ア　自分に干渉しない母よりも、キリコさんの方が「私」に寄り添ってくれていたから。

イ　周りの大人と異なり、キリコさんだけは万年筆の希少性を理解してくれていたから。

ウ　新品の購入を認めない母とは違い、キリコさんは新品の購入に積極的だったから。

エ　キリコさんだけが、「書く」という行為の意義を理解し尊重してくれていたから。

問五　傍線部４「言葉たちはみんな私の味方だ」とあるが、「私」がそのように考える理由として最も適当なものを次から選び、記号で答えなさい。

ア　大人が知っていると思い込んでいる漢字は、ほんの一握りに過ぎないから。

イ　論理的な思考を得意とする自分にとって、言葉の論理性は武器だったから。

ウ　実体を持たない不安定なものでも、把握できるように置き換えてくれるから。

エ　子どもの世界に無頓着な大人たちには、とうてい理解不能な言葉だったから。

問六　傍線部５「しかもそれを授けたのは自分自身なのだ」とあるが、この時の「私」の心情として最も適当なものを次から選び、記号で答えなさい。

ア　「それ」とはノートに書かれた他愛《たわい》もない言葉にすぎないが、「私」は何かを生み出す喜びに浸っている。

イ　「それ」とはすべてのページを書き尽くしたノートであり、「私」は怠け心に打ち克《か》って満足している。

ウ　「それ」とは『ファーブル昆虫記』などの有名な一節であり、「私」は優れた作品に触れて興奮している。

エ　「それ」とはさっきまで何も書かれていなかった白い紙にすぎないが、「私」はそこに未来を想像している。

問一　波線部a～dのうち擬人法が用いられている箇所を一つ選び、記号で答えなさい。

問二　傍線部1「お土産に万年筆をもらった」とあるが、「私」がそのときに期待したことは何か。本文中から解答欄の「～こと」に続くように十五字以内で抜き出しなさい。

問三　傍線部2「自分が一足飛びに大人になったような気がした」とあるが、「一足飛びに」とはどのような意味か。最も適当なものを次から選び、記号で答えなさい。

ア　自分でも知らない間に　　イ　年齢に不相応なほどに
ウ　順序を飛ばして一気に　　エ　誰も気づかないうちに

問四　傍線部3「そんなことは大した問題とは思えなかった」とあるが、「私」がそのように感じたのはなぜか。その理由として最も適当なものを次から選び、記号で答えなさい。

ア　万年筆で書くことよりも、紙とインクの感触の方が重要だったから。
イ　何を書くかではなく、万年筆で書くという行為に意味があったから。
ウ　まわりの子どもはだれも、万年筆の素晴らしさを知らなかったから。
エ　机に向かいさえすれば、大人たちに文句を言われる心配はないから。

なった。クラスメイト全員の人物評と先生の悪口、一週間の食事メニュー、百万円あったら買いたい品物のリスト、テレビ漫画の予想ストーリー、自分の生い立ち・みなしご編、無人島への架空の旅行記。とにかく、ありとあらゆるものだった。

今日は何にも書くことがないという日は、一日もなかった。bキャップさえ外せば、万年筆はいつでも忠実に働いた。

だから初めてインクが切れた時は、うろたえた。

「どうしよう、万年筆が壊れちゃった」

私は叫び声を上げた。

「もう壊しちゃったの？　せっかくのパパのお土産なのに。新しいのは買いませんからね。壊したあなたが悪いんです」

新しいのは買いませんからね――これが母の口癖であり、得意の台詞《せりふ》だった。私は自分の不注意を呪い、絶望して泣いた。

「大丈夫。インクが切れただけなんだから、補充すれば元通りよ」

8救ってくれたのは、やはりキリコさんだった。

「スイスのインクなのよ。パパがまたスイスへ行くまで待たなきゃならないの？」

「いいえ。街の文房具屋さんへ行けば、必ず売っています」

必ずという言葉を強調するように、キリコさんは大きくうなずいた。

cキリコさんは正しかった。私は万年筆を壊してなどいなかった。約束どおり彼女は新しいインクを買ってきて、補充してくれた。ケースの裏に書いてある説明書は外国語だったから、二人とも読めなかったけれど、彼女は慎重に方向を見定め、d崇高な儀式の仕上げをするように、万年筆の奥にインクを押し込めた。

「ほらね」

それがよみがえったのを確かめると、キリコさんは得意そうに唇をなめた。9一層唇が光って見えた。

小川洋子『キリコさんの失敗』

私はまず手始めに、自分の好きな本の一節を書き写してみた。『ファーブル昆虫記』のフンコロガシの章。『太陽の戦士』の出だしのところ。『アンデルセン童話集』から『ヒナギク』と『赤いくつ』。アン・シャーリーが朗読する詩。『恐竜図鑑』のプテラノドンの項。『世界のお菓子』、トライフルとマカロンの作り方。……

想像したよりずっとわくわくする作業だった。たとえ自分が考えた言葉ではないにしても、それらが私の指先を擦り抜けて目の前に現われた途端、いとおしい気持に満たされた。

[4]言葉たちはみんな私の味方だ。あやふやなもの、じれったいもの、臆病なもの、何でもすべて形に変えてくれる。[a]ブルーブラックのインクで縁取られた、言葉という形に。

そしてふと気がついて手を休めると、ノート一面びっしり文字で埋めつくされている。ついさっきまでただの白い紙だったページに、意味が与えられている。[5]しかもそれを授けたのは自分自身なのだ。

私は疲労感と優越感の両方に浸りながらページを撫《な》で付けた。[6]まるで世界の隠された法則を、手に入れたかのような気分だった。

[7]〝書き物〟に対する態度が、他の大人と唯一違っていたのがキリコさんだった。干渉しない点については同じだが、彼女は明らかにこの作業を、勉学とは違う種類のものとして認めていた。敬意さえ払っていたと言ってもいい。

子供部屋やダイニングテーブルで作業に熱中している私を見つけると、一瞬キリコさんは立ち止まり、姿勢をただし、邪魔しないように注意を払いながら通り過ぎた。あるいはおやつを運んでくる時は、不用意にノートの中身に目をやって盗み見していると誤解されないよう、気を使っているのが分かった。自分の手元に視線を落とし、一切声は掛けず、ノートからできるだけ遠いところにジュースを置いた。コップに付いた水滴で、ページが濡れてはいけないと思ったからだろう。

やがて私は他人の文章を書き写すだけでは満足できなくなり、作文とも日記ともお話ともつかないものを書き付けるように

二

次の文章を読んで、後の問いに答えなさい。

十一歳の夏休み、仕事で一カ月ヨーロッパを回っていた父親から、[1]お土産に万年筆をもらった。銀色で細身の、スイス製の万年筆だった。

キャップを取ると、磨き込まれた流線型のペン先が現われ、それは見ているだけでも胸が高鳴るほどに美しく、持ち手の裏側にはその曲線によく似合う筆記体で、私のイニシャルＹＨが彫ってあった。

おもちゃ以外のお土産をもらうのは生まれて初めてだったし、まわりで万年筆を使っている子など一人もいなかったから、[2]自分が一足飛びに大人になったような気がした。この万年筆さえ手にしていれば、何か特別な力を発揮できると信じた。

私はいつどんな時も、書きたくて書きたくてたまらなくなった。国語の漢字練習帳がいるからと母に嘘をつき、お金をもらって大学ノートを買った。学校から帰るとランドセルを置き、真っすぐ机の前に向かってとにかく万年筆のキャップを外した。

いざとなって、自分が何を書くつもりなのか、ちっとも考えていないことに気づいたが、私はひるまなかった。[3]そんなことは大した問題とは思えなかった。インクがしみ出してくる瞬間や、紙とペン先がこすれ合う音や、罫線の間を埋めてゆく文字の連なりの方が、ずっと大事なのだった。

大人たちはすぐに、娘が何やら夢中になって書いていると気づいたが、必要以上に干渉はしなかった。とにかく机の前で書き物をしているのだから、それは勉学、例えば漢字の書き取りのようなものに違いないと思い込んだらしい。

スリッパをはいて階段を登ってはいけないとか、お風呂に入った後は冷たいものを飲んではいけないとか、あの頃課せられていた多くの禁止事項の中に〝書き物〟が加えられなかった代わりに、大人たちは誰も書かれた内容については興味を示さなかった。どうせ自分たちの知っている漢字ばかりなんだから、という訳だ。

問八　傍線部８「どうしたら周りからの手助けを上手に引きだせるのだろう」とあるが、その答えとして最も適当なものを次から選び、記号で答えなさい。

ア　ロボットができないことは何かがはっきり示されていること。

イ　ロボットの周囲の人々が思いやりを持って接してくれること。

ウ　ロボットを操作する際に、さまざまな創意工夫を凝らすこと。

エ　ロボットの目指すことは何かが、周囲に伝わっていること。

問九　この文章を読んだ桜子さんは、身の回りにある〈弱いロボット〉について考察した内容を次の表やメモにまとめた。表中の空欄Ｘ・Ｙに当てはまる内容をそれぞれ考えて簡潔に答えなさい。

どんなロボットか	ロボットにできること	ロボットとしての〈弱さ〉	利用者の手助け
家庭用の掃除機ロボット	床のゴミやほこりを吸い込む	【　Ｘ　】	床にものを置かない コード類を束ねる
レストランの配膳ロボット	客席に料理を運ぶ 食後の食器を厨房へ下げる	テーブルに料理を置けない テーブルから皿を引き上げられない	【　Ｙ　】
物語をするロボット	覚えた物語を人に聞かせる	ストーリーを部分的に忘れてしまう	続きやキーワードを教えてあげる

問六　傍線部6「〈ゴミ箱ロボット〉の気持ち」という表現についての説明として最も適当なものを次から選び、記号で答えなさい。

ア　常識的には感情を持たないロボットに対して、あえて「気持ち」と言うことで子どもたちと交流や関係が生まれていることを示している。

イ　ロボットには「気持ち」など存在しないのに、存在するかのように思わせる人間的な動きを可能にした技術的な素晴らしさを賞賛している。

ウ　大人にとってはその存在を感じられないロボットの「気持ち」だが、純粋な子どもたちにはそれが伝わるという皮肉な現実を表している。

エ　子どもたちから言葉をかけられたロボットが、ちょっかいを出されるうちに子どもの「気持ち」を理解するようになることを暗示している。

問七　傍線部7「すこし乱暴にも思えるけれど」とあるが、そのように筆者が考える理由として当てはまらないものを次から一つ選び、記号で答えなさい。

ア　人と万一ぶつかった場合についての対策が不十分かもしれないから。

イ　衝突を回避する機能を過信しているのではないかと危惧《きぐ》されたから。

ウ　子どもたちに過度な要求を突き付けていることに思い当たったから。

エ　研究開発に携わる者が開発を放棄したようにも思われてしまうから。

問四　傍線部４「そんな瞬間」とはどのような瞬間のことか。その説明として最も適当なものを次から選び、記号で答えなさい。

ア　眼前の存在が懸命に何かに取り組もうとしながら円滑に進まない姿を見た瞬間。
イ　ロボットが周囲の助けを借りながら、ゴミ拾いに成功する様子に感動した瞬間。
ウ　ロボットと人間が共通の目標に向かって一緒に働くことが可能だと知った瞬間。
エ　他者から挨拶をされて挨拶を返すように、コミュニケーションが成立した瞬間。

問五　傍線部５「非日常性」とあるが、ここではどのようなことを指しているのか。最も適当なものを次から選び、記号で答えなさい。

ア　いつも子どもたちが集まる公共の場が実験の場となったこと。
イ　いつも密着している保護者が距離を置いて見守っていること。
ウ　いつもは存在していないものが特別に存在するということ。
エ　いつも個別に遊んでいた子どもたちが集団を形成すること。

問一　傍線部１「いわゆる〈関係論的な行為方略〉」とあるが、ここでの意味として最も適当なものを次から選び、記号で答えなさい。

ア　会話による積極的なコミュニケーションを図ることで、知らぬ間に自分の目的を成し遂げていくこと。
イ　自分だけですべてを成し遂げるのではなく、周囲の助けを上手に引き出しながら目的を達成すること。
ウ　本体部分はローテクでありながらも、相手に明確な指示を与えることで確実に支援を取り付けること。
エ　周囲のアシストを引き出すのではなく、自らアシストに最適な人材を探し出して目的達成を図ること。

問二　傍線部２「〈引き算としてのデザイン〉」の「引き算」とはどういうことか。本文中から解答欄の「〜こと」に続くように十五字で抜き出しなさい。

問三　傍線部３「非対称な関係」とはどのような関係のことか。その説明として最も適当なものを次から選び、記号で答えなさい。

ア　独自性が尊重されて、互いの違いが認められた関係。
イ　各自が勝手に自己を主張し、調整が成り立たない関係。
ウ　個人と公共の場での責任や役割があいまいになる関係。
エ　互いの間の利害関係や損得のバランスが崩れた関係。

ふつう、「人にぶつからないで歩く」という行為はきわめて個人的なことのように思われる。そのために周囲に対する警戒をいつも怠らない。公共の広場でロボットを動かそうとするときも、子どもたちにぶつかって怪我をさせないように細心の注意を払う。

子どもたちの様子をセンサーや画像処理技術で把握し、その動きを丁寧に追いかける。不用意な衝突を避けるために、その距離を調整しようとする。「自分だけでなんとかしよう……」として、「もっと、もっと」という気持ちになる。これでは、いわゆる〈足し算のデザイン〉である。

〈ゴミ箱ロボット〉の場合は、そうした心配はまったくの杞憂※2であった。ロボットのヨタヨタした姿は、子どもたちの優しさや思いやりを引きだすのだろう。むしろ周りの子どもたちが〈ゴミ箱ロボット〉にぶつからないように気を配ってくれる。7すこし乱暴にも思えるけれど、ぶつかりそうになったら、他の子どもたちに避けてもらえばいい。他者からの優しさや手助けを上手に引きだしながら、ぶつからないで動きまわる。これも〈関係論的な行為方略〉と呼べるものだろう。

では、8どうしたら周りからの手助けを上手に引きだせるのだろう。例の〈弱々しさ〉も大切なのだけれど、このロボットに必要なのは、人を避けるよりも、むしろ「そこでなにをしようとするものなのか、どこに進もうとするものなのか」を周りの子どもたちも参照できるように社会的なディスプレーをおこなうことだ。

子どもたちはそうした情報を手がかりに「ぶつからないで関わる」という社会的な相互行為を組織している。つまり、一緒に「ぶつからないで行動する」という課題に向けて、ロボットからの社会的表示と子どもたちの思いやりが連携しあうのである。

※1　ローテク……ロー（低い）・テクノロジー（科学技術）の略。

※2　杞憂……将来のことについて、必要のない心配をすること。

共有しあい、それに向かって一緒に取り組もうとする。思わず手を伸ばして手伝ってしまうのは、4そんな瞬間なのだろうと思う。

〈ゴミ箱ロボット〉たちを子どもたちの集まる公共の施設へと連れだしてみた。広場のなかを三つの〈ゴミ箱ロボット〉たちはつかず離れずトボトボと歩く。この風景はなかなかのものだ。子どもたちの生活のなかに「5非日常性」を作り上げるという意味で、やはりロボットというのはおもしろい。

「えっ、コイツは何者なの？」と、めいめいに遊んでいた子どもたちの視線が集まる。すこし離れたところで、その様子を静かに見守ろうとする子ども、新奇なものに吸い寄せられるようにして近づいてくる子ども。この謎のゴミ箱の正体を暴こうと、その内部をのぞき込んだり、上体を揺すったり、叩いてみたり……。

なかには、なにか期待して近づいてはみたものの、思い通りの反応がないためだろう、「なんだ、コイツは！　たいしたことないじゃないか……」と、小さく蹴るような仕草をして、その場を後にする子どもたちもいる。

しばらくすると、6〈ゴミ箱ロボット〉の気持ちを察してなのか、ゴミを投げ入れてくれる子どもも現れた。その役割にようやく気づいたのか、他の子どもたちの何人かもそれに追従する。ゴミを投げ入れてくれたことを検知して、ロボットは上体を軽く屈めるのだ。その反応に気をよくしてか、遊び相手のようにして、なんどもゴミを投げ入れようとする子どもたちの姿も……。

（中略）

こうした光景をすこし離れたところで眺めてみるのもおもしろい。〈ゴミ箱ロボット〉は、子どもたちの表情をちゃんと認識するとか、ぶつからないように子どもたちを適当に避けるとか、そんな衝突回避の機能を備えたロボットではない。にもかかわらず、子どもたちの輪のなかにすーっととけ込んでいるように見える。その場に居合わせた子どもたちも、そこに一緒に居ることを楽しんでいるようだ。

の開発費を浮かすために苦肉の策として編みだされた〈チープデザイン〉でもあるのだ。
それに期待としてあったのは、どんどん機能をそぎ落としていくと、ロボットの個体としての機能はとても「チープなもの」となってしまうけれども、その不完全さが周囲の人から助けや積極的な関わりを引きだすことで、周りとの関係性はむしろ「リッチなもの」となるのではないか……ということである。

（中略）

では、わたしたちの手助けを思わず引きだしてしまうような場は、どのようにして生まれてくるのだろう。他者から挨拶された時に、思わず応答責任を感じてしまうことに重なるけれど、ロボットとわたしたちとのあいだに生じるコミュニケーションの一つの事態としても見逃せないものである。

その基本になっているのは、単なるモノなのか、なんらかの意思を持った生き物なのか、ということだろうか。「ゴミを拾い集めようとしているのかな……」と、そんな意思が伝わってくれば、それを助けてみようという気にもなる。でも、それにも程度というものがあるようだ。

じっとしたまま、そこを行き交う人に「そのゴミを拾って！」と声高に訴えかけるのでは、周りからの手助けは引きだせそうもない。一方的に指示されているようで、たとえ手を貸してあげたとしても、「なにか、いいことをした！」という気持ちになれない。なにか服従を強いられているようで具合がよくないのである。それと、一方的に周りの人に依存するだけでは、〈頼るもの〉⇕〈頼られるもの〉という[3]非対称な関係となってしまう。

目の前にあるゴミを拾おうとしても、なかなか上手に拾えない。大切なのは、そこでマゴマゴしている感じだろう。なにか懸命に取り組もうとする姿というのは、いまさらながら大切なものだなぁと思う。「懸命に拾おうとしても、拾えない……」、そういう姿というのは、なぜか自分にぐっと近づく感じがする。自分のことのようで放っておけない気持ちになる。目の前の困難を

二〇二四年度
相模女子大学高等部

【国語】（五〇分）〈満点：一〇〇点〉

一 次の評論は、岡田美智男の『〈弱いロボット〉の思考』の一節である。これまでのロボット開発は、「人が行ってきた作業を完全に代行できること」を目指してきた。しかし、ここで取り上げられているのは「人の手を借りながら」ゴミを拾い集める〈ゴミ箱ロボット〉である。以下の文章を読んで、後の問いに答えなさい。

この〈ゴミ箱ロボット〉の特徴をあらためて考えるなら、どのようなものとなるだろう。一つは、ローテク※1であるにもかかわらず、「ゴミを拾い集める」という目的をちゃんと果たしていることだ。近くの人に委ねながら、そのアシストを上手に引きだし、結果としてゴミを拾い集めてしまう。これは自らのなかですべてを解決しようとする〈個体能力主義的な行為方略〉に対して、いわゆる1〈関係論的な行為方略〉そのものである。

ロボットのデザイン方略としてはどうだろう。「ゴミを拾うのが難しいのなら、子どもたちに手伝ってもらえばいいのでは……」と考えると、高価なロボットアームは必要なくなる。「では、ゴミの分別はどうするの？」「それも難しければ、一緒に子どもたちに手伝ってもらおう！」ということで、ここでは高感度のセンサーや画像処理技術も必要なくなる。ロボットからは、さまざまな要素をそぎ落とせるのである。

このような考え方を、筆者らは2〈引き算としてのデザイン〉とか〈チープデザイン〉と呼んできた。「もっと、もっと」と、これまでの利便性を指向するモノ作りにあった〈足し算のデザイン〉とは対極をなすものである。すこし気取ったいい方をすれば、〈ミニマルなデザイン〉ということだろう。もっとも、これまでの〈ゴミ箱ロボット〉の開発経緯から考えれば、ロボット

英語解答

1 Part A　1…エ　2…ウ　3…ア
4…イ　5…エ　6…イ
Part B　1…イ　2…ア　3…イ
4…ウ　5…エ

2 1　エ　2　ア　3　ウ　4　イ

3 1　ア　2　イ　3　イ　4　ウ
5　イ

4 (A)　1…イ　2…ア　3…ウ
(B)　1…エ
2…a…イ　b…エ　c…ウ
d…ア

5 1　(1)…イ　(2)…イ　(3)…エ　(4)…ア
(5)…ア
2　①…ウ　③…ア　⑥…エ
3　②…ウ　④…ア　⑤…イ
4　B

6 1　①　left　②　caused
③　traveled　④　ate
⑤　lived　⑥　called
2　amazed
3　ア　more　イ　protected
ウ　communicate
エ　electricity〔compost〕
オ　mountains　カ　trip

7 (例) I like local trains because I like traveling slowly. If you travel slowly on local trains, you can enjoy seeing beautiful mountains and rivers from the window. Also, you can talk with your friends or family over a packed lunch or a snack.
(43語)

1〔放送問題〕解説省略

2〔適語(句)選択・語形変化〕

1．for ～「～の間」という‘期間’を表す表現があるので，“have/has＋been＋現在分詞(～ing)”で‘継続’を表す現在完了進行形が適切。　look for ～「～を探す」　「あのライオンは3日間ずっと食べ物を探している」

2．‘let＋目的語＋動詞の原形’「～に…させる〔…することを許す〕」の形にする。なお，allow は‘allow＋目的語＋to …’の形で「～に…することを許す」という意味を表すことができる。「その親切な高齢の女性は，嵐の夜に旅人を家に泊まらせた」

3．feel like ～ing で「～したい気がする，～したい気分だ」。　「今日はとても暑いのでプールに行きたい気分だ」

4．先行詞が‘人’で直後に動詞がある場合，関係代名詞には who か that を用いる。　「私はそのコンテストで受賞した少年を知っている」

3〔対話文完成―適文選択〕

1．A：これは私がこれまでに見た中で最高の映画だわ！／B：全くそのとおりだよ。音楽がとてもすばらしい。∥Aが映画を称賛し，Bも称賛しているので，相手の発言への強い‘賛同’を表す You can say that again.「全くそのとおりだ」が適切。

2．A：私はここでこの卵を買ったのですが，そのほとんどが傷んでいました。／B：それは申し訳ございません。／A：返金してもらえますか？／B：いいえ，あいにく交換品を差し上げることしかできないんです。∥Bが否定したうえで交換しかできないと答えているので，交換とは違う対応を求めているイが適切。

3．A：飲み物をいただけますか？／B：ご自由にお飲みください。／A：わかりました。どこでもらえますか？／Ｂ：向こうの，入り口の近くです。∥Ａは了承して自分で飲み物を取りにいこうとしているので，相手に自分で取って飲食することをすすめる定型表現 Please help yourself.「ご自由にどうぞ」が適切。

4．Ａ：チケットを何枚お求めですか？／Ｂ：３枚お願いします。私と妻，そして子ども用です。／Ａ：おや，土曜日です。今日はカップルデーです！　ですので，ご両親は無料になります。1枚だけ購入していただければけっこうです。／Ｂ：本当ですか？　すばらしい！∥チケットは３人分必要だが，直前で両親２人の分が無料と言われているので，残る１枚のみの購入を求めるウが適切。

5．Ａ：ねえ，見てよ！　これが僕の新しいスマートフォンなんだ！　かっこいいだろ？／Ｂ：もうすぐ映画が始まるわ。電源を切らなくてはいけないわよ。／Ａ：ああ，ごめん。すぐにそうするよ。∥映画の開始直前にスマートフォンを触っていたＡが，謝ったうえでそうすると答えているので，電源を切ることを促すイが適切。　turn ～ off〔turn off ～〕「～の電源を切る」

4〔長文読解総合〕

(A)＜英問英答―広告＞≪全訳≫2024年春・夏／相模水族館へようこそ／美しい海中への魔法の旅を体験!!／1階　深海への神秘の旅：200メートルの深さに生息する生き物を見つけましょう！／2階　巨大生物のダイナミックな世界：当館の大水槽にいるジンベエザメやマンタをご覧ください。／3階　熱帯魚の幻想的な海：サンゴ礁のすみかにいる色とりどりの魚を楽しみましょう。／屋外のアトラクション／無料！／イルカショー　11時15分／14時00分／16時30分／（ショーが始まる５分前にご着席ください。）／エサやりの予定／・巨大生物のダイナミックな世界　9時45分／14時30分／17時00分／・熱帯魚の幻想的な海　12時30分／15時00分／・イルカのラグーン　9時30分／11時45分／14時30分(料金が適用されます)／※予定は悪天候や動物たちの体調のために変わることがあります。／※料金やその他の詳細に関する情報は公式ウェブサイトをご確認ください。／スペシャルイベント　～夜の夢の水族館～／夜に海の動物たちの神秘的な生態をお楽しみいただけます！／2024年6月1日から2024年8月31日　午後7時00分から午後10時00分／入場料【毎日午前9時00分から午後7時00分まで営業】／入場料／大人(18歳以上)：21ドル　年間パスポート43ドル／学生(15～17歳)：15ドル　年間パスポート30ドル／子ども(6～14歳)：7ドル　年間パスポート15ドル／子ども(6歳未満)：無料／※年間パスポートをお持ちの場合は入場口でご提示ください。／注意／1．水族館内での飲食は禁止です。／2．新型コロナウイルス感染症のまん延防止のため，一部のイベントが中止されることがあります。／＜最新情報は，当館の公式ウェブサイトをご確認ください＞／相模水族館／電話．042-742-1441／https://sagaqua.co.jp

＜解説＞1.「もし午前中にイルカショーを見たい場合，何時にそこに行かなければならないか」―イ.「11時10分」　「屋外のアトラクション」の欄参照。3回開催されるイルカショーのうち，午前中に始まるのは11時15分の回のみ。また，予定時刻の下の注意書きに「ショーが始まる５分前にご着席ください」とある。　2.「ある男性が，妻と７歳の娘と一緒に初めて水族館を訪れる予定である。彼の妻は２か月前に年間パスポートを購入した。彼らは入場料をいくら払わなければならないか」―ア.「28ドル」　「入場料」の欄参照。男性自身の料金は大人に適用される21ドル。妻は年間パスポートをすでに購入済みのため当日は無料。７歳の娘の料金は６～14歳に適用される７ドルである。　admission「入場(料)」　3.「次のうち正しいのはどれか」―ウ.「期間限定で，夜遅くに水族館を訪れることができる」　「スペシャルイベント」の欄参照。2024年６月１日から８月31日の間のみ，夜間に開催される。

(B)＜長文読解総合―対話文＞≪全訳≫❶サラ(Ｓ)：今，世界には約6900の言語があるって知ってる？

❷ユキ(Y)：本当？　それは知らなかったわ。私たちは学校で英語しか勉強していないわね。あなたは第3言語としてどの言語を習いたい？❸S：うーん，私はフランスの美術や建物に興味があるから，大学でフランス語を習いたいな。フランス語はとても美しい言語だそうよ。あなたはどう？❹Y：私は何しろクラシック音楽が大好きだから，本当にドイツ語を習いたいの。私はドイツとオーストリアを訪れてみたいわ。ベートーベンやモーツァルトのような多くの音楽家がそこで生まれたのよ。ところで，どの言語が将来私たちにとって一番役立つと思う？❺S：実は昨日，2022年の世界言語データによる「世界で最も強力な言語」っていう記事を読んだの。順位を見て。／「強力な言語」ランキング(上位10位)／順位／言語／1位／英語／2位／中国語／3位／フランス語／4位／スペイン語／5位／アラビア語／6位／ロシア語／7位／ドイツ語／8位／日本語／9位／ポルトガル語／10位／ヒンディー語／❻Y：ふうん…英語が，もちろん1位になっているわね。このデータから，フランス語がスペイン語よりも強力な言語だと知って驚いたわ。スペイン語が3位だと思ってた。❼S：私もそう思ってたわ。おそらくこれはフランスに長い歴史があって，アフリカにとても多くの植民地を持っていたからね。❽Y：なるほど。日本語もランキングに入っているのが興味深いわ。アニメや和食のおかげで，今や世界中で人気が高まっているのね。❾S：あなたはドイツ語を習いたいんでしょう？それは何位に入ってるの？❿Y：ロシア語の次に入ってるわ。⓫S：ロシア語やアラビア語が強力な言語だとは知らなかったわ。全体として，驚くべき結果よね！⓬Y：そうね！　自分の視野を広げるために，英語以外の外国語をいくつか習いたいわ！⓭S：すばらしいわ！　もっと詳しいことを探り出すためにこのデータを使い，そしてそれを次の授業で発表しましょう！

1＜内容一致＞「サラは(　　)なのでフランス語を習いたい」―エ.「フランスの文化に興味がある」　第3段落第1文参照。

2＜要旨把握＞第9，10段落より，ウのRussian「ロシア語」がcと特定できる。また，第6段落第1文から，ユキはランキングを上位から順に見ていくと推測できる。第6段落第2文でフランス語がスペイン語より上位だと言っているので，イのFrench「フランス語」が3位，エのSpanish「スペイン語」が4位となる。第8段落第2文より，日本語もランキングに入っているとわかるので，残ったdにアのJapanese「日本語」が当てはまる。

5〔長文読解総合―説明文〕

≪全訳≫❶春は幸福と新しい機会をもたらしてくれるすばらしい季節だ。それはまるで，寒い冬の後に自然が新しいスタートを切る方法のようだ。春の間，天候はより温暖になり，やっと厚いコートや手袋に別れを告げることができる。私たちはより多くの時間を屋外で過ごし，日の光や辺り一面に咲く色とりどりの花を楽しむことができる。❷春にわくわくすることの1つは，人々が「春の大掃除」と呼ばれるものをよくするということだ。ちょうど部屋を掃除したり，おもちゃを片づけたりするように，春の大掃除とは家をきちんと整えることである。新しい物の空間をつくるために，もう必要がない古い物を捨てるのだ。それは家に大きく温かなハグをして，それをすてきできれいにするようなものである。❸しかし，春の大掃除は単に私たちの部屋に関することではなく，私たちの心に関することでもある。私たちは考えや感情もきれいに掃除することができるのだ。ときに，私たちは自分が悲しくなるような心配や否定的な考えを抱く。ちょうどもう好きではない古いおもちゃを捨てるように，私たちはそういう悪い考えを手放すことができる。それはまるで私たちの心が新鮮で幸せに感じられるようにするようなものである。❹春は，私たちの夢と目標について考えるための時間でもある。いつかあなたがしたいことやなりたいものの魔法のリストがあると想像してみよう。あなたは望む何にでもなれる。たぶんあなたは宇宙飛行士，消防士，あるいは有名な歌手になりたいと思うだろう。あなたはそれらの夢や望みを全て書きとめることができる。しかし成長するにつれて，いくつかの夢は変わるかもしれないが，それでいい。それは魔法のリストに新しい絵を描くようなものだ。❺私はかつて「心の春の大掃除」を行った。私の夢の魔法のリストを見て，それらのいくつかでは，もはや自分が幸せになれないと気づいた。それは興味のない古いおもちゃを見つけるようなものだ。そこで，私はそれらの夢を手放すことにし，自分に合っていると感じる新しい夢のための場所をつくった。それは少し怖かったが，そうやって私は新しい才能と好きなことを見つけたのだ。❻春は，花が小さな種から芽吹くように，新しいスタートを切るのに申し分のない時期だ。私たちは心に希望と幸福の新しい種を植えることができる。それは，育って花が咲くのを見ることができる美しい夢の庭をつくるようなものだ。❼それでは，春の魔法を楽しもう。外で遊んだり，友達とピクニックをしたり，そして自然の驚異に感嘆したりできる。そしてそれをするかたわら，心の中で「春の大掃除」をすることもできる。悲しくなるようなことは何でも手放して，笑顔になれるような新しい夢を植えよう。それは新しい始まりの時，成長の時，そして幸せになる時だ。

1＜英問英答＞(1)「『春の大掃除』とは何を意味するか」―イ．「家を掃除したり古い物を捨てたりすること」　第2段落第2，3文参照。　(2)「『心の春の大掃除』ができる1つの方法はどれか」―イ．「否定的に考えるのをやめること」　第3段落3，4文参照。「春の大掃除」は心についても可能で，否定的な考えのような悪い考えを手放すことでそれができる。　(3)「なぜ春は目標や夢について考えるのによい時期なのか」―エ．「それは再出発と新しい計画を立てる機会のようだ」　第6段落第1，2文参照。第2文は新しい計画を立てることを比喩的に表している。　(4)「筆者が『心の春の大掃除』をしたとき，何が起こったか」―ア．「彼女は新しい才能と好機を発見した」　第5段落最終文参照。　opportunity「機会，好機」　(5)「記事の主な見解は何か」―ア．「春は新しい始まりと幸福の季節である」　第6段落第1，2文および最終段落最終文参照。アのような内容が繰り返され，最後で強調されている。

2＜適語選択＞①春になって暖かくなると，人は厚いコートや手袋に別れを告げることになる。　③古い物を捨てて空間をつくるのだから，そこには新しい物が入ることになる。　⑥空所を含む文は，‘make＋目的語＋形容詞’「～を…(の状態)にする」の形の文と‘make＋目的語＋動詞の原形’「～に…させる」の形の文がandでつながれて対をなしている。よって，空所の‘形容詞’には後者の動詞の原形smileと対照的な意味合いのsadが適する。

3＜語句解釈＞② spring cleaningを説明した部分。下線部を含む文がJust like ～「ちょうど～のように」で始まっており，we clean our rooms and toysにたとえられていることから推測できる。　tidy up「整頓する，片づける」　④下線部を含む文はJust like ～「ちょうど～のように」で始まっており，下線部以下はthrow away old toysでたとえられた内容に対応している。let go of「～から手を離す」　⑤前の文より，春に楽しめることの1つとわかる。外で遊ぶことやピクニックをすることと並んで，自然の驚異に驚く，とするのが適切。　marvel「驚く，感動する」

4＜適所選択＞補う文はtoo「～も」で終わっており，「私たちは考えや感情もきれいに掃除することができる」という意味になっている。したがって，春の大掃除が部屋だけでなく心に関することでもあると述べた直後のBが適切。

6 〔長文読解総合―エッセー〕

≪全訳≫7月19日❶私は6時30分頃東京駅に着いて，ほかの皆は7時30分頃に着いた。私は初めて東北新幹線に乗り，私たちは盛岡へと出発した。朝早かったので，多くの人が眠そうだった。車両の中はとても静かだった。私は少し寂しく感じたが，窓から美しい山々を見て驚いた。盛岡に到着した後，私たちは昼食にわんこそばを食べた。それはすごかった。給仕係が「じゃんじゃん！」とか「どんどん！」，そして「お好きなだけお召し上がりください！」というかけ声をかけながら，次々と小さなお椀に入ったそばを私たちに注いでくれた。私は42杯食べておなかがいっぱいになった。タナカ先生が，自分は25杯しか食べられず，ハルカは80杯以上食べたと言っていた。❷昼食の後，私たちはバスで普代村へ行って，普代水門という巨大な水門を見た。それは高さが15メートルあった。それは太平洋に注ぐ川の河口に建てられていた。私たちのボランティアガイドのカトウさんは，その水門が東日本大震災によって発生した津波を遮って，好奇心から津波を見に海岸へ行った１人を除く，ほぼ全村民の命を守ってくれたのだと私たちに教えてくれた。❸その後，私たちは三陸鉄道のすてきな列車に乗り，美しい海岸に沿ってゆっくりと移動した。カトウさんは，どんなに海岸沿いの人々が大地震で被害を被ったかと，もし大地震が起こったら何をするべきかを私たちに教えてくれた。私は，自分が何を感じているかを身近な人々に常に伝えることがとても大切だと気づいた。大災害は突然起こるかもしれず，家族や友達を失うかもしれないのだ。私たちは７時頃ホテルに到着して夕食を食べた。どれもおいしくて，特にアイスクリームがおいしかった。ホテルもきれいですてきだった。私はハルカと同室だった。私たちはそばと災害についてたくさん話したかったが，翌朝遅く起きたくはなかったので，消灯して眠りについた。　7月20日❹天気は最高だった。私たちは小岩井農場を訪れて，農場を巡るバスツアーに参加した。ガイドのミクニさんが，農場は１世紀以上前に築かれたのだと私たちに教えてくれた。彼らは牛，羊，ニワトリを含む多くの動物たちを飼育している。これらの動物たちで，牛乳，アイスクリーム，チーズ，牛肉，羊肉そして羊毛を生産している。昼食のとき，私たちはバーベキューで羊肉と牛肉を食べた。彼らはリサイクル農業も行っている。彼女が彼らは動物の排せつ物を再利用していると私に教えてくれたとき，私は驚いた。彼らの工場と発電設備では，排せつ物がたい肥や電力になるのだ。その農場は自然環境によいたくさんのことをしており，私たちにとって地球を守ることはとても大切なのだと気づいた。　7月21日❺私は早く目が覚め，ハルカと一緒にホテルの周りを散歩した。私たちは美しい山々のほかには誰も，あるいは何も見えなかった。私たちは山々を見て「きれい！」と叫んだ。私は空気が相模原よりもずっと冷たくてきれいだと感じた。私はこの景色を決して忘れないだろうと思った。ハルカは「もし私がここに住んでいたら，毎朝この山々を見られるのに」と言った。❻10時頃，私たちは平泉町の「中尊寺」と呼ばれるお寺に到着した。私たちは「金色堂」という建物にたどり着くために長い丘を歩いて登らなくてはならなかった。私たちがそこに着いたとき，私は本当に疲れて汗ばんでいた。それでも，金色のお寺を見ると，私はその美しい色に完全に圧倒された。私はこの旅の間に何度「きれい！」と叫んだか思い出せない。私はこの建物を建てた人々が大昔にしていた豊かな暮らしを想像した。❼この旅は家族の絆の大切さ，自然環境，そして何世紀も前に岩手で起こったことについて深く考える機会を私に与えてくれた。もし機会があれば，また岩手を訪れたい。

1＜適語選択・語形変化＞①leave for ～で「～に向けて出発する」。過去の文なので過去形にする。leave－left－left　②cause ～で「～を引き起こす，～を発生させる」。直後にby「～によって」があるので，受け身の意味を持つ形容詞的用法の過去分詞にして，前のthe Tsunamiを修飾する形にする。　③travel along ～で「～に沿って移動する〔進む〕」。過去の文なので過去形にする。　④目的語がバーベキューであることから，eatが適切。過去の文なので過去形にする。eat－ate－ate　⑤現在の事実に反することを述べる仮定法過去の文。ここに住んでいればこの山々が見られる，という内容になる。　⑥直前のa temple「お寺」と直後の'Chusonji'「中尊寺」をつなぐ語として，「～と呼ばれる」という受け身の意味になるcalledが適切（形容詞的用法の過去分詞)。

2＜語句解釈＞直後の文から，金色のお寺の美しい色に感動したのだと判断できる。この気持ちを blown away「吹き飛ばされた」とたとえており，これは第１段落第５文の amazed「驚いた」に近い。

3＜内容一致―適語補充＞ア．「盛岡のレストランで，ハルカはユカやタナカ先生より(　　)食べた」―more「(より)多く」　第１段落最後から２文目と最終文参照。　イ．「普代水門という門は津波から村の多くの人々の命を(　　)」―protected「守った」　第２段落最終文参照。　ウ．「ユカは自分の周りの人々がいつ命を落とすかもしれないので，彼らと常に(　　)必要があると理解している」―communicate「連絡する，つながる」　第３段落第３文参照。　エ．「小岩井農場では，自分たちで食品や(　　)を生産している」―electricity「電力」〔compost「たい肥」〕　第４段落最後から２文目参照。　オ．「３日目の早朝，ユカはハルカと一緒にホテルの周りを散歩して，美しい(　　)に驚いた」―mountains「山々」　第５段落第３文参照。　カ．「ユカは彼女の(　　)にとても満足し，また岩手に行きたいと思っている」―trip「旅」　最終段落第１文参照。

7〔テーマ作文〕

≪全訳≫列車で旅行をするとき，各駅停車の列車に乗るのが好きな人もいれば，特急列車に乗るのが好きな人もいる。列車で旅行をするとき，あなたはこれらの列車のどちらがより好きか。最初に，あなたの意見と，１つか２つの理由を書きなさい。その後，あなたが選んだ列車に乗ることでできる１つか２つのことを書きなさい。

＜解説＞まず，「意見」として２種類の列車のどちらがよいと思うかを，I like や I prefer といった表現を用いて明確にする。続けて，because や as など理由を表す接続詞や because of のような前置詞(句)を用いて，その列車を好む理由を表す。次に，その列車でしかできないと考えられることを挙げればよい。解答例は「私はゆっくり旅行するのが好きなので，各駅停車の列車が好きだ。もし各駅停車の列車でゆっくり旅行すれば，美しい山や川を窓から見て楽しめる。また，お弁当やお菓子を食べながら友人や家族とおしゃべりもできる」という意味。

数学解答

1 (1) 10　(2) $-\dfrac{5}{6}y$　(3) $-3\sqrt{6}$

2 (1) $x=2$　(2) $x=3$, $y=-2$
(3) $x=1\pm\sqrt{2}$

3 (1) 63°　(2) $\dfrac{2}{5}$　(3) ①, ④
(4) -19　(5) 24個

4 (1) $(-4,\ 4)$　(2) $\dfrac{1}{4}$
(3) -3, 4

5 (1) 8　(2) 2　(3) 2：5

6 (1) 2　(2) $3\sqrt{3}$　(3) $\sqrt{3}$

1〔独立小問集合題〕

(1)＜数の計算＞与式 $=4-9\times\left(-\dfrac{2}{3}\right)=4-(-6)=4+6=10$

(2)＜式の計算＞与式 $=\dfrac{3(2x-3y)-2(3x-2y)}{6}=\dfrac{6x-9y-6x+4y}{6}=-\dfrac{5}{6}y$

(3)＜数の計算＞与式 $=2\sqrt{3}-\sqrt{6}-\sqrt{12}-\sqrt{24}=2\sqrt{3}-\sqrt{6}-\sqrt{2^2\times3}-\sqrt{2^2\times6}=2\sqrt{3}-\sqrt{6}-2\sqrt{3}-2\sqrt{6}=-3\sqrt{6}$

2〔独立小問集合題〕

(1)＜一次方程式＞$8-6x=-3x+2$, $-6x+3x=2-8$, $-3x=-6$　$\therefore x=2$

(2)＜連立方程式＞$0.3x+0.2y=0.5$……①, $\dfrac{x}{3}-\dfrac{y}{2}=2$……②とする。①×10より, $3x+2y=5$……①′　②×6より, $2x-3y=12$……②′　①′×3＋②′×2より, $9x+4x=15+24$, $13x=39$　$\therefore x=3$　これを①′に代入して, $3\times3+2y=5$, $2y=5-9$, $2y=-4$　$\therefore y=-2$

(3)＜二次方程式＞解の公式より, $x=\dfrac{-(-2)\pm\sqrt{(-2)^2-4\times1\times(-1)}}{2\times1}=\dfrac{2\pm\sqrt{8}}{2}=\dfrac{2\pm2\sqrt{2}}{2}=1\pm\sqrt{2}$ となる。

3〔独立小問集合題〕

(1)＜平面図形―角度＞右図で, 同じ長さの弧に対する円周角は等しいから, $\overset{\frown}{AD}=\overset{\frown}{DB}$ より, $\angle ACD=\angle BCD=\dfrac{1}{2}\angle ACB=\dfrac{1}{2}\times70^\circ=35^\circ$ であり, $\overset{\frown}{AE}=\overset{\frown}{EC}$ より, $\angle ABE=\angle CBE=\dfrac{1}{2}\angle ABC=\dfrac{1}{2}\times56^\circ=28^\circ$ である。これより, $\overset{\frown}{AD}$ に対する円周角より, $\angle AED=\angle ACD=35^\circ$ であり, $\overset{\frown}{EC}$ に対する円周角より, $\angle EAC=\angle CBE=28^\circ$ である。線分ACと線分DEの交点をFとすると, △AEFで内角と外角の関係より, $\angle x=\angle AEF+\angle EAF=\angle AED+\angle EAC=35^\circ+28^\circ=63^\circ$ となる。

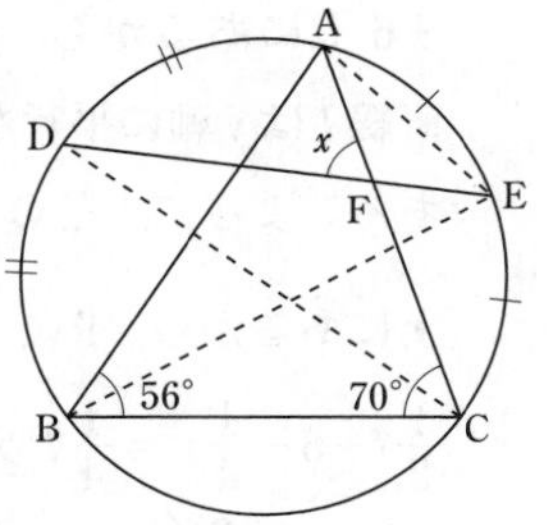

(2)＜確率―カード＞1から5までの数字が書かれた5枚のカードが入った箱からカードを1枚取り出し, それを箱に戻さずにもう1枚取り出すとき, 1回目の取り出し方は5通りあり, 2回目は残り4枚から取り出すので, 取り出し方は, 4通りある。よって, カードの取り出し方は全部で $5\times4=20$(通り)ある。このうち, 取り出した2枚のカードに書かれた大きい数を小さい数でわると余りが1となるのは, (1回目, 2回目)＝(2, 3), (2, 5), (3, 2), (3, 4), (4, 3), (4, 5), (5, 2), (5, 4)の8通りある。よって, 求める確率は $\dfrac{8}{20}=\dfrac{2}{5}$ である。

(3)＜データの活用―箱ひげ図＞①…正。箱ひげ図より, 1組の最大値は90点, 2組の最大値は80点だから, 1組の最高点は2組の最高点より高い。　②…誤。箱ひげ図から各組の40名1人1人の点数は読み取れないため, 平均点を求めることはできない。　③…誤。2組の第1四分位数は40点で，点数が小さい方から10番目と11番目の平均値である。よって，10番目と11番目の点数がともに40点だった場合も考えられ，このとき，40点未満の生徒は9人以下となるので，少なくとも10人いるとは限らない。　④…正。2組の最大値は80点だから，2組には80点以上の生徒が少なくとも1人はいる。　⑤…誤。1組と2組の第3四分位数は点数の大きい方から10番目と11番目の平均値であり，ともに70点であるが，平均値が70点になる場合は何通りも考えられる。よって，点数が同じとは限らない。

(4)＜関数—y座標＞3点A$(-2,\ 13)$，B$(3,\ -7)$，C$(6,\ a)$が一直線上にあるのは，直線AB上に点Cがあるときである。直線ABの傾きは$\frac{-7-13}{3-(-2)}=-4$より，その式は$y=-4x+b$とおける。これが点Bを通るので，$y=-4x+b$に$x=3$，$y=-7$を代入すると，$-7=-4\times3+b$，$-7=-12+b$，$b=5$となる。よって，直線ABの式は$y=-4x+5$であり，この直線上に点Cがあるので，$x=6$，$y=a$を代入すると，$a=-4\times6+5$より，$a=-19$となる。

(5)＜数の性質＞$1\leqq\sqrt{\frac{n}{3}}<3$より$\sqrt{1^2}\leqq\sqrt{\frac{n}{3}}<\sqrt{3^2}$，$\sqrt{1}\leqq\sqrt{\frac{n}{3}}<\sqrt{9}$となるから，$1\leqq\frac{n}{3}<9$となり，$\frac{3}{3}\leqq\frac{n}{3}<\frac{27}{3}$より，$3\leqq n<27$である。よって，条件に当てはまる自然数$n$は，$n=3$，4，5，……，25，26より，$n$の値は$26-3+1=24$(個)ある。

4〔関数—関数$y=ax^2$と一次関数のグラフ〕

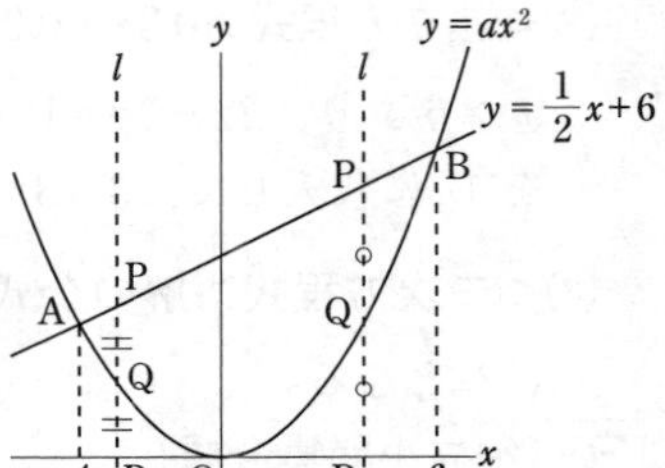

(1)＜座標＞右図で，点Aは直線$y=\frac{1}{2}x+6$上にあり，x座標が-4だから，$y=\frac{1}{2}\times(-4)+6=-2+6=4$より，A$(-4,\ 4)$である。

(2)＜比例定数＞右図で，(1)より，放物線$y=ax^2$はA$(-4,\ 4)$を通るので，$x=-4$，$y=4$を代入して，$4=a\times(-4)^2$，$4=16a$，$a=\frac{1}{4}$である。

(3)＜x座標＞右図で，点Pのx座標をtとすると，点Pは直線$y=\frac{1}{2}x+6$上にあるから，$y=\frac{1}{2}t+6$より，P$\left(t,\ \frac{1}{2}t+6\right)$と表せる。また，直線$l$は$y$軸に平行な直線であり，直線$l$上に3点P，Q，Rがあるから，3点の$x$座標は等しく$t$である。よって，点Qは放物線$y=\frac{1}{4}x^2$上にあるから，$y=\frac{1}{4}t^2$より，Q$\left(t,\ \frac{1}{4}t^2\right)$と表せ，点Rは$x$軸上にあるから，R$(t,\ 0)$と表せる。このとき，$\mathrm{PQ}=\frac{1}{2}t+6-\frac{1}{4}t^2$，$\mathrm{QR}=\frac{1}{4}t^2$となり，PQ＝QRより，$\frac{1}{2}t+6-\frac{1}{4}t^2=\frac{1}{4}t^2$が成り立つ。これを解くと，$\frac{1}{2}t+6-\frac{1}{4}t^2-\frac{1}{4}t^2=0$，$\frac{1}{2}t+6-\frac{1}{2}t^2=0$，$t^2-t-12=0$，$(t+3)(t-4)=0$，$t=-3,\ 4$となる。よって，$-4<t<6$より，求める点Pの$x$座標は，$-3$，4である。

5〔平面図形—円〕

≪基本方針の決定≫(3)　高さが等しい2つの三角形の面積比は底辺の長さの比と等しい。

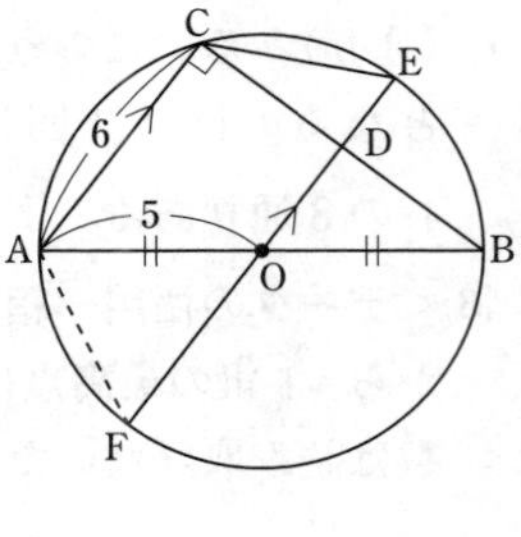

(1)＜長さ＞右図で，線分ABは円Oの直径より，∠ACB＝90°なので，△ABCは直角三角形である。よって，AB＝2AO＝2×5＝10より三平方の定理を利用して，$\mathrm{BC}=\sqrt{\mathrm{AB}^2-\mathrm{AC}^2}=\sqrt{10^2-6^2}=\sqrt{64}=8$である。

(2)＜長さ＞右図で，AC∥ODより，△ABC∽△OBDとなるから，AC：OD＝AB：OBとなる。よって，6：OD＝10：5より，10OD＝30，OD＝3である。OE＝5より，DE＝OE－OD＝5－3＝2である。

(3)＜面積比＞右図で，AC∥FEより，△DECと△OAFの底辺をそれぞれ

DE，OF と見ると，高さは等しい。よって，△DEC と △OAF の面積比は底辺の長さの比と等しいから，△DEC：△OAF＝DE：OF＝2：5 である。

6〔空間図形─正三角錐〕

≪基本方針の決定≫(1)　△OBH に着目する。

(1)＜長さ＞右図で，△OAH と △OBH と △OCH において，OA＝OB＝OC＝4，OH は共通，∠OHA＝∠OHB＝∠OHC＝90° より，直角三角形の斜辺と他の1辺が等しいから，△OAH≡△OBH≡△OCH となり，AH＝BH＝CH である。これと，△ABC が正三角形より，△ABH，△BCH，△CAH は合同な二等辺三角形となる。直線 AH は∠BAC の二等分線となるから，直線 AH と辺 BC との交点を D とすると，点 D は辺 BC の中点であり，AD⊥BC となる。BD＝$\frac{1}{2}$BC＝$\frac{1}{2}\times6=3$ であり，線分 BH が∠ABC の二等分線より，∠HBD＝$\frac{1}{2}\times60°=30°$ だから，△HBD は3辺の比が $1:2:\sqrt{3}$ の直角三角形で，BH＝$\frac{2}{\sqrt{3}}$BD＝$\frac{2}{\sqrt{3}}\times3=2\sqrt{3}$ となる。∠OHB＝90° より，△OBH は直角三角形なので，三平方の定理を用いて，OH＝$\sqrt{\mathrm{OB}^2-\mathrm{BH}^2}=\sqrt{4^2-(2\sqrt{3})^2}=\sqrt{4}=2$ である。

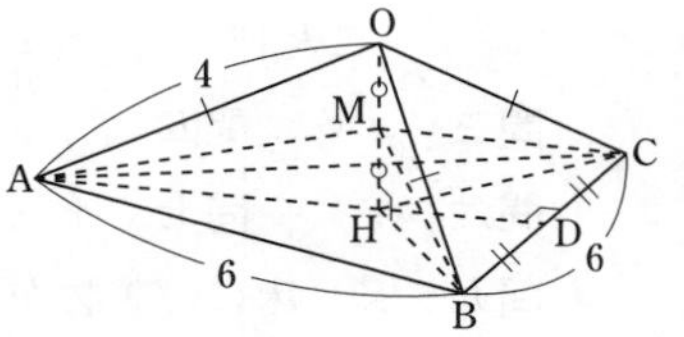

(2)＜体積＞右上図より，三角錐 M-ABC の体積は$\frac{1}{3}$×△ABC×MH で求められる。∠ABD＝60°，∠ADB＝90° より，△ABD は3辺の比が $1:2:\sqrt{3}$ の直角三角形だから，AD＝$\sqrt{3}$BD＝$\sqrt{3}\times3=3\sqrt{3}$ となり，△ABC の面積は，$\frac{1}{2}$×BC×AD＝$\frac{1}{2}\times6\times3\sqrt{3}=9\sqrt{3}$ である。よって，MH＝$\frac{1}{2}$×OH＝$\frac{1}{2}\times2=1$ より，三角錐 M-ABC の体積は，$\frac{1}{3}\times9\sqrt{3}\times1=3\sqrt{3}$ である。

(3)＜体積＞右上図で，三角錐 M-OBC の体積は，三角錐 O-BCH の体積から三角錐 M-BCH の体積を除いたものである。2つの三角錐 O-BCH，M-BCH について，底面を △BCH と見ると，高さはそれぞれ OH，MH となる。HD＝$\frac{1}{\sqrt{3}}$BD＝$\frac{1}{\sqrt{3}}\times3=\sqrt{3}$ より，△BCH＝$\frac{1}{2}$×BC×HD＝$\frac{1}{2}\times6\times\sqrt{3}=3\sqrt{3}$ であるから，三角錐 M-OBC の体積は，$\frac{1}{3}\times3\sqrt{3}\times2-\frac{1}{3}\times3\sqrt{3}\times1=2\sqrt{3}-\sqrt{3}=\sqrt{3}$ である。

═読者へのメッセージ═

「三平方の定理」は，古代ギリシャの数学者であるピタゴラスが，床のタイルの市松模様を眺めているときに見つけたといわれています。この定理は，200通り以上の証明方法があります。

2024年度／相模女子大学高等部

国語解答

一　問一　イ

問二　どんどん機能をそぎ落としていく［こと］

問三　エ　　問四　ア　　問五　ウ

問六　ア　　問七　イ　　問八　エ

問九　X　床に障害物があると掃除ができず止まってしまう

Y　利用者がテーブルに置く〔テーブルから引き上げる〕

二　問一　b

問二　何か特別な力を発揮できる［こと］

問三　ウ　　問四　イ　　問五　ウ

問六　ア　　問七　エ

問八　書かれた内容　　問九　エ

問十　イ

三　問一　ようよう　　問二　イ

問三　エ　　問四　エ　　問五　ウ

問六　ア　　問七　エ　　問八　ウ

問九　エ　　問十　夏子［さん］

四　問一　①　とうしゅう　②　とどこお　③　だんじき　④　迫　⑤　賛否　⑥　規制

問二　⑴　①…A　②…B　③…A

⑵　新型コロナウィルスへの感染を抑える時期であったため

一〔論説文の読解—自然科学的分野—技術〕出典：岡田美智男『〈弱いロボット〉の思考』。

≪本文の概要≫〈ゴミ箱ロボット〉は，関係論的な行為方略によって，近くの人のアシストを上手に引き出し，結果としてゴミを拾い集めてしまうというローテクロボットである。子どもたちに手伝ってもらってゴミを拾い集め，分別するので，ロボットはどんどん機能をそぎ落としたチープデザインになっていくが，その不完全さが，周囲の人から助けや積極的な関わりを引き出す。ロボットがゴミを拾い集めようとしているという意思が伝わり，目の前のゴミを拾おうとしてもなかなか上手に拾えず，マゴマゴしている感じがあると，周りからの手助けを引き出しやすい。〈ゴミ箱ロボット〉を子どもたちの集まる広場に出してみると，ロボットの気持ちを察したように，子どもたちがゴミを投げ入れた。〈ゴミ箱ロボット〉には衝突回避の機能はないので，子どもたちの方でぶつからないようによけてくれる。ロボットが周りからの手助けを上手に引き出すには，弱々しさも大切ではあるが，何をしようとするものなのかということを，誰にでも参照できるように社会的表示をすることが必要である。

問一＜文章内容＞「自らのなかですべてを解決しようとする」のが「個体能力主義的な行為方略」である。それに対して，「関係論的な行為方略」は，「自らのなかですべてを解決しよう」とせずに，「近くの人に委ねながら，そのアシストを上手に引きだし」て，目的を達しようとすることである。

問二＜文章内容＞〈ゴミ箱ロボット〉は，ゴミを拾うためのロボットアームをなくして，子どもたちに拾ってもらい，ゴミを分別するためのセンサーや画像処理技術をなくして，子どもたちに分別してもらうという「デザイン方略」である。このように，「どんどん機能をそぎ落としていく」ことが「引き算としてのデザイン」である。

問三＜文章内容＞「一方的に周りの人に依存するだけ」だと，「〈頼るもの〉⇔〈頼られるもの〉」という一方通行で不平等な関係になってしまい，頼るものだけが得をし，頼られるものは負担をかけられるだけで，何も利点がないことになる。

問四＜文章内容＞懸命に拾おうとしても拾えない〈ゴミ箱ロボット〉の姿は，「なぜか自分にぐっと近づく感じ」がして，人は，放っておけない気持ちになって手助けしてしまう。「思わず手を伸ばして手伝ってしまう」のは，誰かが「なにか懸命に取り組もうとする姿」を見せながら，「なかなか上手に」いかなくて困っている様子を見た瞬間である。

問五＜文章内容＞子どもたちにとってロボットは，「えっ，コイツは何者なの？」と興味が引き出されるもので，「新奇なもの」として視線が注がれるものである。子どもたちの日常にないものが，広場の中に置かれることになるのである。

問六＜表現＞機械である〈ゴミ箱ロボット〉には，当然，感情はない。しかし，子どもたちが「ゴミを拾い集めようとしている」というロボットの「気持ち」を感受し，ゴミを投げ入れると表現することで，人間との間と同じように子どもたちとロボットの間で交流や関係が生じ，ロボットが子どもたちの「遊び相手」のようになっていることが表されている。

問七＜文章内容＞〈ゴミ箱ロボット〉には，「ぶつからないように子どもたちを適当に避ける」といった「衝突回避の機能」は備えられていないので，「むしろ周りの子どもたちが〈ゴミ箱ロボット〉にぶつからないように気を配ってくれる」のである(イ…×)。本来は，ロボットの側で「子どもたちにぶつかって怪我をさせないように細心の注意を払う」べきなのに，「ぶつかりそうになったら，他の子どもたちに避けてもらえばいい」として「他者からの優しさや手助け」を初めから当てにした考え方である。そのような考え方は，もし人にぶつかって事故が起こった場合の対策もなく(ア…○)，子どもたちの好意に甘えすぎており(ウ…○)，ロボットを制作する開発者が危険回避のための開発努力を怠っているともいえるので(エ…○)，筆者は，「すこし乱暴」に思われるのである。

問八＜文章内容＞不完全なロボットが，「周りからの手助けを上手に」引き出すためには，「『そこでなにをしようとするものなのか，どこに進もうとするものなのか』を周りの子どもたちも参照できるように社会的なディスプレーをおこなうこと」が必要である。

問九＜文章内容＞X．家庭用の掃除機ロボットは，利用者の方で「床にものを置かない」とか「コード類を束ねる」といった「手助け」を行うことで，床にコード類などの障害物があると，それを巻き込んで掃除を続けることができないという「弱さ」を補える。　Y．レストランの配膳ロボットは，「テーブルに料理を置けない」とか「テーブルから皿を引き上げられない」という「弱さ」があるので，利用者の方で，ロボットの運んできた料理をテーブルに置く，食後の食器を自分のテーブルからロボットに載せるなどの「手助け」を行う。

二〔小説の読解〕出典：小川洋子『キリコさんの失敗』(『偶然の祝福』所収)。

問一＜表現方法＞「万年筆」が「忠実に働いた」，という表現は，人でないものを人のようにたとえた擬人法である。

問二＜文章内容＞父からのお土産に，万年筆をもらったとき，「私」は，「この万年筆さえ手にしていれば，何か特別な力を発揮できる」という期待を抱いた。

問三＜語句＞「一足飛び」は，順序を踏まないで飛び越えて進むこと。

問四＜文章内容＞「私」は，万年筆で「何を書くつもりなのか」を考えていなかった。だが，それよりも，万年筆の「インクがしみ出してくる瞬間や，紙とペン先がこすれ合う音や，罫線《けいせん》の間を埋めてゆく文字の連なりの方が，ずっと大事」だったので，「私」は，何を書くかは大した問題とは思わなかった。

問五＜文章内容＞言葉なら，「あやふやなもの，じれったいもの，臆病なもの，何でもすべて形に変えてくれる」ので，「私」は，言葉を「私の味方だ」と感じた。

問六＜心情＞「私」は，さまざまな本の一節を書き写したノートを見て，「ついさっきまでただの白い紙だったページ」に文字を埋めつくして「意味」を与えたのは「自分自身なのだ」と，誇らしい気持ちになった。

問七＜心情＞「世界の隠された法則」とは，「あやふやなもの，じれったいもの，臆病なもの，何でもすべて」は「言葉という形」に変えることができ，言葉は物事に「意味」を与えることを表している。「私」は，万年筆で，さまざまな本の一節を書き写す作業の中で，この「法則」を自分のものにできたと思った。

問八＜文章内容＞キリコさんは，「私」の「書き物」の作業に「敬意さえ払っていた」が，他の大人たちは「誰も書かれた内容については興味を示さなかった」のである。

問九＜文章内容＞他の大人たちは，「私」の「書き物」には無関心であったが，キリコさんだけは，「明らかにこの作業を，勉学とは違う種類のものとして認めて」くれていた。だから，万年筆のインク切れで書けなくなったときも，「私」の「書き物」に「敬意さえ払っていた」キリコさんだけは，他の大人と違って，思ったとおり，「救ってくれた」と，「私」は感じたのである。

問十＜心情＞キリコさんは，「私」の「書き物」に理解を示し，敬意を払ってくれるうえ，壊れて書けなくなったと思われた万年筆を再び書けるようにして「救って」くれた。「私」は，そんなキリコさんのことを敬愛し，心が引かれているので，キリコさんの唇が「一層」光って見えたのである。

三 〔古文の読解―説話〕出典：『宇治拾遺物語』巻第十三ノ十一。

≪現代語訳≫今となっては昔のことだが，中国にいた僧が，インドに渡って，特別の目当てはなく，ただ物事を見たり聞いたりしたかったので，見物して歩きまわり，あちこち見ていった。ある山の片側に大きな穴があった。そこにいた牛がこの穴に入っていったのを(僧が)見て，穴の中に何があるか見てみたくなったので，牛の行くのについて，僧も入っていった。遠くまで行って，明るい所に出た。見回すと，別世界と思われて，見たこともない花ですばらしい色の花が咲き乱れていた。牛がこの花を食べた。(僧も)試しにこの花を一房取って食べたところ，うまいことといったら，天の甘露もこのようであろうかと思われて，(花の味が)すばらしかったのでたくさん食べたところ，(僧の体が)ひたすら肥え太った。／(僧は，なぜこんなに体が太るのか)理解できなくて恐ろしく思って，さっきの穴の方へ帰っていくと，はじめは簡単に通れた穴が，体が太くなって狭く思われて，どうにかこうにか穴の口までは出たけれども，(そこから)外に出られなくて，耐えがたいことこのうえもない。前を通る人に，「私を助けてくれ」と呼び続けたけれど，耳に聞き入れる人もいない。助ける人もなかった。(通りがかりの)人の目にも(僧の姿は)どのように見えたのだろうか，不思議なことだ。

問一＜歴史的仮名遣い＞歴史的仮名遣いの二重母音「au」は，現代仮名遣いでは「you」になる。

問二＜古典の知識＞「天竺」は，釈迦の生誕地であるインドのこと。

問三＜現代語訳＞「ゆかし」は，見たい，聞きたい，知りたい，心が引かれる，という意味。牛が穴に入っていったので，僧は，穴の中に何があるのかを見てみたいと思った。

問四＜古文の内容理解＞牛の後を追って入っていった穴の中は，見たこともないすばらしい色の花が咲き乱れる，とても美しい世界だった。

問五＜古文の内容理解＞僧が牛をまねて花を一房食べてみたところ，花の味の「うまき事」は，天の甘露を思わせるほどすばらしかったのである。

問六＜古文の内容理解＞僧は，花があまりにうまかったので，たくさん食べたところ，ひたすら肥え太ってしまった。僧は，なぜこんなに肥え太るのかがわからず，恐ろしく思った。

問七＜古文の内容理解＞僧は，入ってきた穴から出ようとしたが，体が太って穴から出られなくなり，穴の前を通る人に，私を助けてくれと呼び続けた。

問八＜古文の内容理解＞穴から出られなくなった僧は，穴の前を通る人々に助けてくれと呼んだが，その声を聞き入れる人もなく，助ける人もなかった。そのため，作者は，通りがかりの人には僧の姿がどのように見えていたのだろうかと，不思議に思ったのである。

問九＜古文の内容理解＞穴から出られなくなった僧が助けてくれと呼んでいるのに，誰も助けなかったのは，人々には僧の姿がどのように見えていたからなのだろうかと，作者が不思議に思った。

問十＜古文の内容理解＞中国にいた僧が，特別の目当てはなく，インドに渡った(春子…×)。山に大きな穴があって，牛につられてその穴に入っていった僧は，この世のものとも思えない美しい花の咲く世界に入り込んだが，牛をまねてその花を食べると急に体が肥え太り，穴の口には出たが，太ったために穴から出られなくなってしまった(夏子…○，秋子…×)。僧が助けを求めても，通りがかりの人は誰も気づかず助けなかったことを，作者は不思議に思った(冬子…×)。

四〔国語の知識〕

問一＜漢字＞①「踏襲」は，それまでのやり方を受け継いで，そのとおりにやること。　②音読みは「停滞」などの「タイ」。　③「断食」は，一定期間食事をしないでいること。　④音読みは「迫真」などの「ハク」。　⑤「賛否」は，賛成意見と反対意見のこと。　⑥「規制」は，ある目的のために，ルールを設け，物事を制限すること。

問二＜資料＞⑴チアリーディング部Aチームが，2022年のチアリーディング大会で，「出場全85チーム中13位(169点)という成績」であったことと，「Bチームの1年生」が「今大会が初めての出場」であったことは，客観的な事実である(①・③…A)。「悔いの残らない大会」となったというのは，チアリーディング部のメンバーの感想である(②…B)。　⑵「思うように練習ができない制限下」とあるように，2022年当時は，まだコロナ禍中にあり，感染を抑えるために，行動制限や，マスク着用の義務化，奨励がされていた。

2024年度 相模女子大学高等部（推薦）

【推薦入試の今後と対策】

本校の推薦入試は、面接のみを行っています。面接では、志願理由や高校生活に向けての抱負、将来への目標に関わる質問をしています。高校進学に向けて、明確な目標を持ち、それに向けて努力をしていることを積極的に伝えて欲しいと思います。

面接

〈特進コース〉

〔質問内容〈例〉〕

・志望動機

・将来なりたい職業についてとその努力方針

・関心のある最近のニュースとそれに対する意見

・自分の長所・短所

・勉強方法や取り組み方

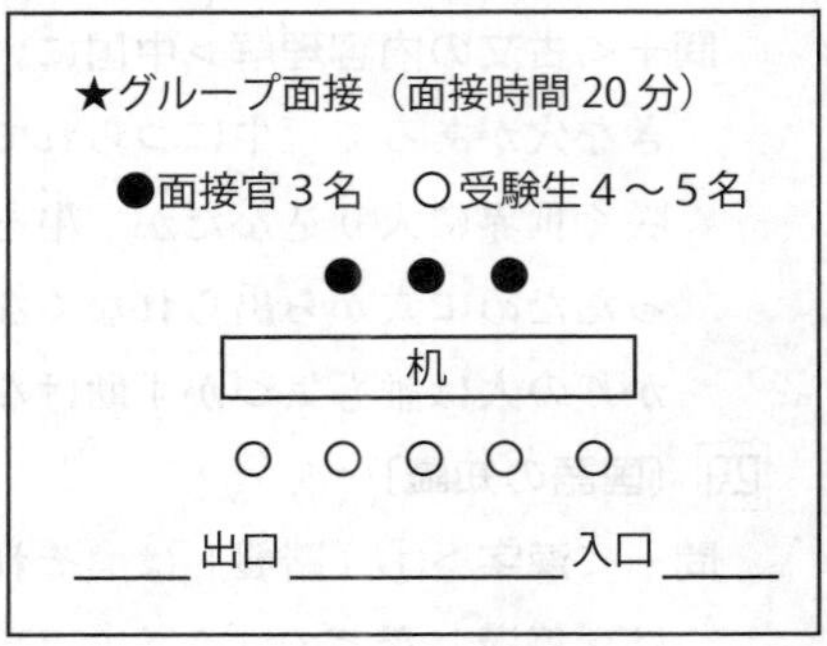

〈進学コース〉

〔質問内容〈例〉〕

・志望動機

・得意（不得意）な科目

・入学後の抱負（勉強や部活動について）

・学校見学や学校説明会に出席したかどうか

・中学時代に最も力を入れたこと

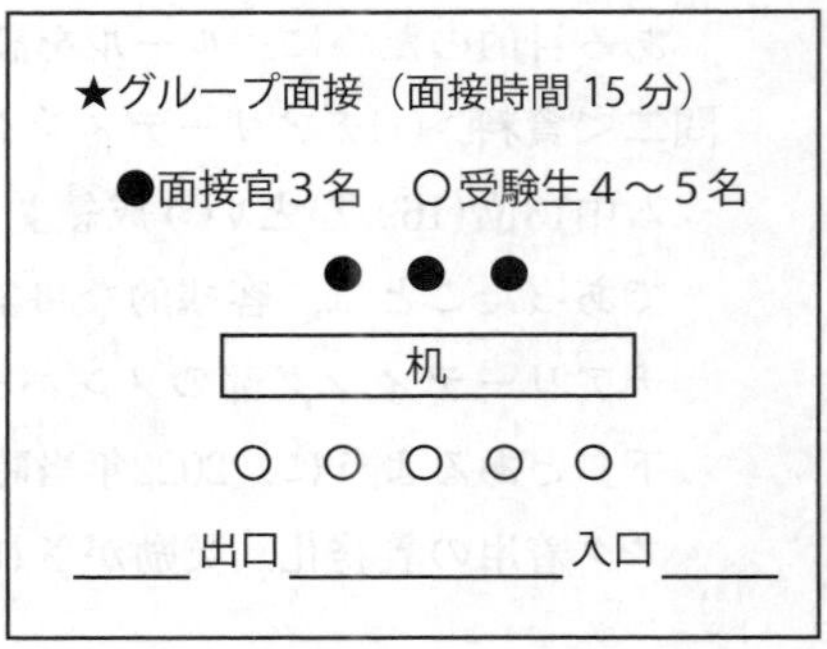

★面接のＰＯＩＮＴ

〈特進コース〉

・将来の目標に対する姿勢や意欲を持っていること。

・勉強を続ける意欲や努力目標があること。

〈進学コース〉

・高校入学後の取り組みに対して、積極的な姿勢があること。

2023年度 相模女子大学高等部

【英　語】（50分）〈満点：100点〉

【リスニングテスト】

1　放送の指示に従って答えなさい。Part A は１回のみ、Part B は２回流れます。

Part A　放送を聞き、その英文が示しているものを選び、記号で答えなさい。

1．ア．swallow　イ．eagle　ウ．polar bear　エ．penguin

2．ア．bookstore　イ．library　ウ．supermarket　エ．station

3．ア．flight attendant　イ．nurse　ウ．teacher　エ．dentist

4．ア．freezer　イ．fridge　ウ．air conditioner　エ．cleaning robot

5．ア．soccer　イ．badminton　ウ．basketball　エ．volleyball

Part B　対話文を聞き、次の質問の答えとして最も適切なものを選び、記号で答えなさい。

1．ア．To find her sister.　　イ．To eat a birthday cake.
　ウ．To buy a present.　　エ．To make jeans.

2．ア．price　　イ．design　　ウ．brand　　エ．weight

3．ア．Because she wears the same size as her sister.
　イ．Because she wanted to check the quality.
　ウ．Because she had a lot of time.
　エ．Because she wanted to buy it for herself.

4．ア．＄20　　イ．＄90　　ウ．＄100　　エ．＄110

※リスニングテスト放送文は，英語の問題の終わりに付けてあります。

2 （　　）に入る最も適切なものを選び、記号で答えなさい。

1．Our school usually (　　　) at eight twenty-five in the morning.
ア．has begun　　イ．begins　　ウ．is beginning　　エ．was beginning

2．I asked my Daddy (　　　) with me and said, "Let's enjoy shopping."
ア．come　　イ．comes　　ウ．coming　　エ．to come

3．This notebook is the cheapest (　　　) the five.
ア．as　　イ．than　　ウ．of　　エ．in

4．This song isn't (　　　) to many people, but I like it.
ア．know　　イ．knew　　ウ．known　　エ．knowing

5．Next Tuesday is Tom's birthday. I will give (　　　) a bag.
ア．he　　イ．his　　ウ．him　　エ．himself

3 次の会話文の（　　　）に入る最も適切なものを選び、記号で答えなさい。

1．A：（　　　）my shoes?

B：They are pretty.

ア．Can I order　　イ．How do you like

ウ．What do you think for　　エ．Have you got

2．A：Could you make me a salad without onions?

B：（　　　）　That's not a problem.

ア．Not so good.　　イ．Anywhere.

ウ．Congratulations.　　エ．Certainly.

3．A：Is there a post office near here?　I need to mail this package.

B：（　　　）

ア．Go ahead.　　イ．Just a little.

ウ．Yes, it's your mail.　　エ．Yes, it's over there.

4．A：（　　　）today?

B：It was fun.　I made a new friend.

ア．How was school　　イ．When did you come home

ウ．What did you learn　　エ．Why were you late

5．A：Would you like some tea?

B：（　　　）

ア．That's too bad.　　イ．Yes, I always drink coffee in the morning.

ウ．Yes, please.　　エ．I'm sorry, but I can't.

4 (A) タケシが英語の授業でクラスメイトにインタビューをして、レポートを書きました。以下の英文とグラフに関する質問に対する答えとして最も適切なものを選び、記号で答えなさい。

I asked my classmates what they did last weekend. Naoko answered that she used her smartphone at home and did homework at school. Hayato did club activities on the school ground and used his smartphone at home. Masa listened to music on the train and did homework in the library. Eri met her friends near her house.

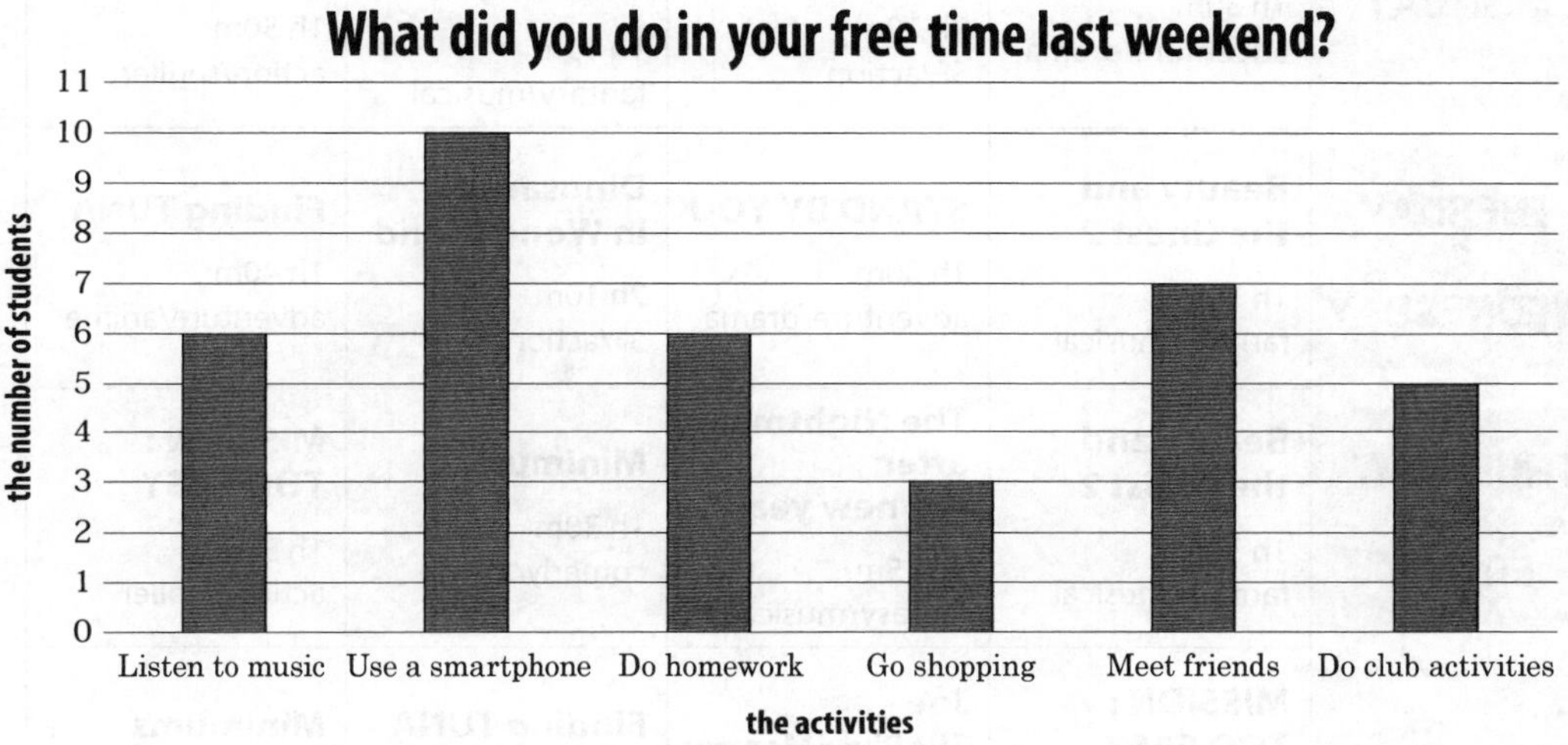

1. Who spent their free time only outside home?

ア. Naoko and Eri did.　　イ. Hayato and Masa did.

ウ. Masa and Eri did.　　エ. Naoko and Hayato did.

2. Which activity did more than eight students do?

ア. Listen to music.　　イ. Go shopping.

ウ. Meet friends.　　エ. Use a smartphone.

(B) 次のチラシを読み、あとの問いに記号で答えなさい。

MOVIE SCHEDULE

SGM GRAND CINEMA
FEB. 2023

NOW SHOWING

TICKET PRICES Adult : $10 each / Child under 12 : $6 each

day of week	10:00~	12:30~	15:00~	18:00~
MONDAY	**STAND BY YOU** 1h 30m adventure/drama	**Dinosaurs in Wonderland** 2h 10m SF/action	**The Nightmare after the new year** 1h 15m fantasy/musical	**MISSION : TOO EASY** 1h 50m action/thriller
TUESDAY & WEDNESDAY	**Beauty and the Ghost 2** 1h 30m fantasy/musical	**STAND BY YOU** 1h 30m adventure/drama	**Dinosaurs in Wonderland** 2h 10m SF/action	**Finding TUNA** 1h 40m adventure/anime
THURSDAY & FRIDAY	**Beauty and the Ghost 2** 1h 30m fantasy/musical	**The Nightmare after the new year** 1h 15m fantasy/musical	**Minimums** 1h 30m comedy/anime	**MISSION : TOO EASY** 1h 50m action/thriller
SATURDAY	**MISSION : TOO EASY** 1h 50m action/thriller	**Joe - The River Monster** 2h 20m SF/love story	**Finding TUNA** 1h 40m adventure/anime	**Minimums** 1h 30m comedy/anime
SUNDAY	**Finding TUNA** 1h 40m adventure/anime	**STAND BY YOU** 1h 30m adventure/drama	**Dinosaurs in Wonderland** 2h 10m SF/action	**Joe - The River Monster** 2h 20m SF/love story

Calendar

2 2023 February

SUN	MON	TUE	WED	THU	FRI	SAT
	30	31	1	2	3	4
5	6	7	8	9	10	11
12	13	14	15	16	17	18
19	20	21	22	23	24	25
26	27	28	1	2	3	4

Special Discount
50% off all ticket prices every MONDAY.

Free POPCORN Day
You can get an M size popcorn for free every WEDNESDAY!
Please come and get a popcorn bucket at our concession stand.

Free Collector's PRINT
You can get a free collector's print of "Finding TUNA" or "Beauty and the Ghost 2" from Feb.9th to Feb.17th.
Please buy a ticket and get the rare print!

※We are closed on February 22nd.

1．It's February 8th, today. You want to watch a fantasy movie and also want a collector's print. Which is the best day to go to the cinema?

ア．Feb. 9th　　イ．Feb. 11th　　ウ．Feb. 12th　　エ．Feb. 20th　　オ．Feb. 21st

2．It's February 13th, today. You want to watch the movie “Finding TUNA” and want to get a free popcorn. Which is the best day to go to the cinema?

ア．Feb. 8th　　イ．Feb. 14th　　ウ．Feb. 15th　　エ．Feb. 22nd　　オ．Feb. 24th

3．It's February 13th, today. A woman, her 11-year-old daughter and 8-year-old son will watch “The Nightmare after the new year” this afternoon. How much will they pay?

ア．＄8　　イ．＄11　　ウ．＄15　　エ．＄22

5 2人の生徒がラッコ（sea otter）のビデオを見ています。次の会話文を読み、あとの問いに答えなさい。

Jane: What are you watching?

Yuri: Oh, Jane, I'm watching videos of sea animals. Look, a sea otter is using a rock to open a shell. How cute! This weekend, I'm going to the city aquarium* with my sister. I hope I can see real sea otters there.

Jane: Hmm.... ①that might be difficult. You know why? There are only three sea otters in all Japanese aquariums.

Yuri: Only three! I can't believe it.

Jane: It is true. I've just done some research for my homework, and I was also surprised to learn that fact. Twenty years ago, there were more than 100 of them in 28 aquariums throughout the country.

Yuri: Why are there so few of them now?

Jane: Well, it has something to do with the international treaty* known as the Washington Convention*. They decided on some rules of the trade* of wild animals, and 2003 was the last year when Japan could import* sea otters.

Yuri: How long can they live?

Jane: They can live for about 20 years, but most of them died many years ago. The three sea otters in Japan are too（ ② ）to have babies now.

Yuri: There won't be any sea otters in Japan in the future then?

Jane: That's a good question. There are wild sea otters in the sea around Hokkaido.

Yuri: So, we can catch and bring some of them to the aquariums, right?

Jane: It's not that simple. We need 20 to 30 years of research first to save wild animals.

Yuri: Oh, that's such a long way to go, but I understand the importance of the treaty to（ ③ ）wildlife.

Jane: Even if we can't see them in Japanese aquariums, I hope many sea otters will be safe and protected in the natural world.

aquarium* 水族館　treaty* 条約　the Washington Convention* ワシントン条約
trade* 取引　import* 輸入する

1．下線部①をthatが指す内容を明らかにし、日本語に直しなさい。

2．（　②　）に入る最も適切な語を１つ選び、記号で答えなさい。

ア．light　　　イ．heavy　　　ウ．young　　　エ．old

3．（　③　）に入る適切な語を本文中から１語抜き出して答えなさい。

4．次の質問に英語で答えなさい。ただし、主語と動詞を含む文で答えること。

（1）How many aquariums in Japan had sea otters twenty years ago?

（2）When were the last sea otters imported to Japan?

（3）Which is more important to Jane, protecting sea otters in the natural world or keeping them in aquariums?

6 次は元アメリカ合衆国大統領候補のヒラリー・クリントンさんの子ども時代の話です。英文を読み、あとの問いに答えなさい。

Hillary Diane Rodham was born on October 26th, 1947, in Chicago, Illinois. Her father, Hugh, had a small business that made curtains. Her mother, Dorothy, stayed at home, and took care of Hillary and her two younger brothers, Hugh Jr. and Tony. Dorothy Rodham was a strong, loving woman, but she felt there were many things she could not do with her life. 【 A 】 She wanted more for her daughter.

When Hillary was three years old, her family moved to a house with a big yard. There were forty-seven kids around her house! Front doors were left open, and kids ran in and out of everyone's houses. People often called Hillary a ①tomboy. She loved playing softball and basketball, going swimming, and ice-skating on a nearby pond with her friends.

One day the kids in the town didn't let her play with them. Hillary ran home crying, but her mother didn't let her in. "You have to stand up for yourself," her mother told her. She sent Hillary back outside. 【 B 】 However, she stood up for herself — and it worked! After that, she was included in every game.

Hillary's father made her do her best. "Can you do better than that?" he often said. Hillary didn't mind. Unlike other fathers of girls, he never treated Hillary differently from her brothers. He taught her to throw a football, switch-hit in baseball, and take an interest in world events.

The Rodhams' dinner talks often turned to politics*. 【 C 】 "I learned that a person was not always bad just because you thought differently from him, and that if you believed in something, you should be ready to defend it," Hillary once wrote.

When Hillary was nine years old, some kids at school started saying she was ②stuck up. That wasn't true. Hillary had a secret. She often couldn't see if somebody was talking to her because she had bad eyesight and didn't like wearing her glasses.

Hillary needed her glasses, especially because she loved to read. Every week she walked to the library with her mother. Her mother thought education* was very important, especially for girls. 【 D 】

Hillary also loved being a Girl Scout, because she liked helping people. Near Hillary's home, there were big farms. Workers from Mexico came to pick the crops*. Those workers move from state to state when different crops are ready to pick. They work long hours for only a little money. Hillary wanted to help them. She took care of their children and held an event with her friends to get money for the workers. This was the beginning of Hillary's life as an activist —— someone who sees a problem and works to solve it.

politics* 政治　　education* 教育　　crops* 作物

1．下線部①、②の単語の意味を１つずつ選び、記号で答えなさい。

①　ア．恥ずかしがり屋　　イ．わがまま　　ウ．おてんば　　エ．オス猫

②　ア．うぬぼれた　　イ．勤勉な　　ウ．視力がいい　　エ．なまけた

2．次の文は、本文の【　A　】～【　D　】のどこかに入ります。最も適切な位置を１つ選び、記号で答えなさい。

Hillary was scared.

3．本文の内容に合うように、次の文に続く最も適切なものを１つ選び、記号で答えなさい。

Hillary's mother didn't let her in their house because［　　　　］

ア．Hillary was not clean after playing softball.

イ．Hillary didn't play basketball very well.

ウ．she was too busy to open the door.

エ．she wanted her daughter to be strong.

4．次の質問に対する答えとして最も適切なものを１つ選び、記号で答えなさい。

Why did Hillary and her friends hold an event?

ア．Because they wanted to go to Mexico.

イ．Because they wanted to help workers from Mexico.

ウ．Because they wanted to buy a farm.

エ．Because they wanted to move from state to state.

5．本文の内容と一致する文を１つ選び、記号で答えなさい。

ア．Hillary didn't like people who have different opinions from hers.

イ．The workers from Mexico stayed in Hillary's farm all year.

ウ．Hillary went to the library every week even though she didn't like reading.

エ．Hillary's father treated Hillary in the same way as he treated his sons.

オ．There were more than fifty children around Hillary's house when she lived in Chicago.

カ．Hillary didn't like sports when she was a child.

7 次の英文は、日本に来たばかりのブラウン先生が授業で生徒に問いかけたものです。これを読んで、あなたの考えとその理由を与えられた条件に従って英語で書きなさい。

My sister in London, Chloe, will come to Japan with her husband and her 15-year-old daughter this summer. They are going to stay in a hotel in Tokyo for a week. She wants to know where to visit. I want them to enjoy their stay. Which is the best place to visit in Japan?

＜条件＞

- 20語以上の英語で書くこと。符号（., ! ? など）は語数に含まない。
- 主語、動詞を含む文で書くこと。

<リスニングテスト放送台本>

[放送原稿] リスニングセクションの放送を開始します。解答を一時中断し、問題冊子の１ページを開いてください。試験監督は音量の確認をしてください。リスニングテストはA、B、２つのセクションに分かれています。Part Aは１回のみ、Part Bは２回流れます。
それでは、始めます。

1 放送の指示に従って答えなさい。

Part A 放送を聞き、その英文が示しているものを選び、記号で答えなさい。

1. This is a large, black and white bird that swims and cannot fly. It lives in a cold place.
   ア. swallow　イ. eagle　ウ. polar bear　エ. penguin

2. This is a place with a lot of books that you can look at or borrow.
   ア. bookstore　イ. library　ウ. supermarket　エ. station

3. This is the person who serves and takes care of passengers on an airplane.
   ア. flight attendant　イ. nurse　ウ. teacher　エ. dentist

4. This is a machine that makes the air in a room or building cooler and drier.
   ア. freezer　イ. fridge　ウ. air conditioner　エ. cleaning robot

5. This is a game played indoors between two teams of five players. Each team tries to win points by throwing a ball through a net.
   ア. soccer　イ. badminton　ウ. basketball　エ. volleyball

Part B 対話文を聞き、次の質問の答えとして最も適切なものを選び、記号で答えなさい。

A: Hello. May I help you?

B: Hi. Um, I'm looking for a sweater for my younger sister. Next Saturday is her 20th birthday. We'll have a surprise party for her.

A: Sounds great! She will be so happy.
Ladies' sweaters are over there. I'll show you. What kind of sweater do you want? What color does she like?

B: Well, she likes red and she often wears jeans. Do you have anything she can wear with jeans?

A: Yes, of course. This way, please. How about this one? This sweater is a bit expensive, but the quality is very good. I would recommend it.

B: Wow, the design is so cute! I'm sure she'll like it.

A: What size do you want?

B: She is as tall as me, so we usually wear the same size. Can I try it on?

A: Sure. The fitting room is next to the stairs.

B: Thank you. I spent many Sundays looking for a sweater. I'm lucky to find a nice one in New York! I really like it.
………It was the perfect size for me. Also, this is very warm and perfect for winter!

A: I'm glad you like it.

B: Thanks. How much is it?

A: It's $110.

B: $110? Hmm... It's a little expensive... but anyway I'll take this one. Could you wrap it as a gift for her?

A: Sure, I will. Wait a minute, please. ….Here you are.

B: Lovely! Thank you!

A: Have a nice birthday party!

1. Why did the woman come to the store?
ア. To find her sister.
イ. To eat a birthday cake.
ウ. To buy a present.
エ. To make jeans.

2. What did the woman like about the present?
ア. price　イ. design　ウ. brand　エ. weight

3. Why did the woman try on the present?
ア. Because she wears the same size as her sister.
イ. Because she wanted to check the quality.
ウ. Because she had a lot of time.
エ. Because she wanted to buy it for herself.

4. If the woman pays $200, how much change will she get?
ア. $20　イ. $90　ウ. $100　エ. $110

リスニングセクションは以上です。残りの問題の解答を再開してください。

【数 学】 （50分） 〈満点：100点〉

1

次の計算をしなさい。

(1) $-7-4^2 \div \left(-\dfrac{4}{3}\right)$　(2) $\dfrac{3x+5y}{2}-(x+2y)$　(3) $\dfrac{12}{\sqrt{6}}+(1-\sqrt{6})(3+\sqrt{6})$

2

次の方程式を解きなさい。

(1) $\dfrac{3}{5}x-4=1.4x$　(2) $\begin{cases} \dfrac{x}{2}-\dfrac{y}{3}=\dfrac{17}{6} \\ 0.7x+1.4y=-3.5 \end{cases}$　(3) $x^2-6x+7=0$

3

次の問いに答えなさい。

(1) 右の図の円Oにおいて，$\angle x$ の大きさを求めなさい。

(1)

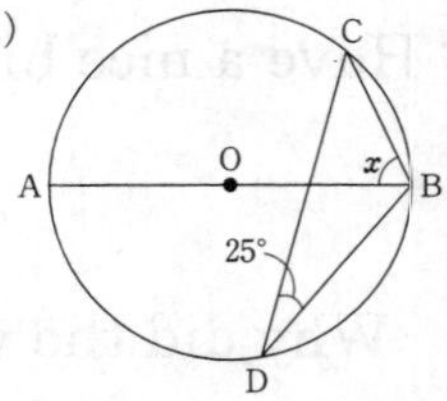

(2) $\sqrt{45n}$ と $\sqrt{3n+4}$ がともに整数になるような最小の自然数 n を求めなさい。

(3) ジョーカーを除く1組52枚のトランプから無作為に1枚のカードを引いたとき，それが絵札またはハートのカードである確率を求めなさい。

(4) 関数 $y=\dfrac{1}{a}x^2$ $(a>0)$ 上の点Aの x 座標が a である。原点Oと点Aの2点間の距離が6であるとき，a の値を求めなさい。考え方や途中経過もわかりやすく記入すること。

(5) 5人の生徒が反復横跳びを行い，その回数をそれぞれ記録した。Aさんの記録と残り4人の生徒の記録の差を調べると，それぞれ+5回，−3回，−6回，+2回であった。5人の回数の平均値が47.6回であるとき，Aさんの反復横跳びの回数を求めなさい。考え方や途中経過もわかりやすく記入すること。

4

右の図のように，関数 $y=ax^2$ (a は定数)…①と $y=-\dfrac{1}{2}x^2$…②があり，①上の点Aの座標は (1, 1)，②上の点Bの x 座標は−2である。また，y 軸上の正の部分に点P，①上の $x>0$ の部分に点Qがある。このとき，次の問いに答えなさい。

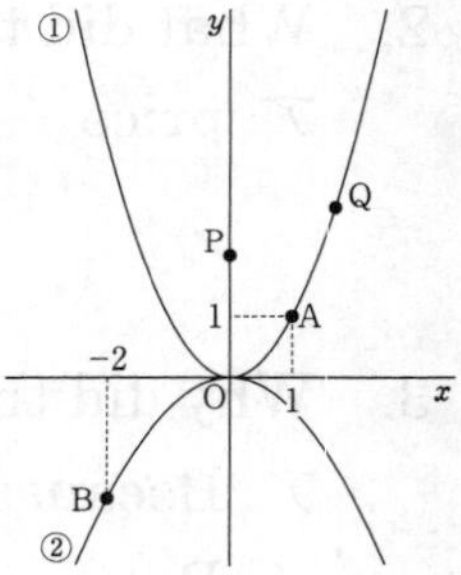

(1) a の値を求めなさい。

(2) △PABの面積が3であるとき，点Pの座標を求めなさい。

(3) (2)において，△PABと△QABの面積が等しくなるとき，点Qの座標を求めなさい。

5

右の図のように，1辺の長さが3の正方形ABCDと，各辺を1：2に内分する点K，L，M，Nがある。ALとKD，BMの交点をそれぞれP，Qとし，CNとBM，KDの交点をそれぞれR，Sとする。このとき，次の問いに答えなさい。

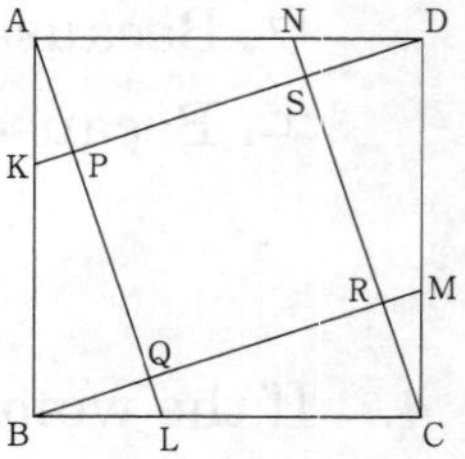

(1) 線分ALの長さを求めなさい。

(2) 線分APの長さを求めなさい。

(3) 四角形PQRSの面積を求めなさい。

6 右の図のように，底面がDE＝EF＝4cmの直角二等辺三角形で，高さ10cmの三角柱がある。辺ACの中点をMとし，辺BE上に，△APCの面積が$24cm^2$となるように点Pをとる。

このとき，次の問いに答えなさい。

(1) 線分BMの長さを求めなさい。

(2) 線分PMの長さを求めなさい。

(3) 3点A，C，Pを通る平面と点Bとの距離を求めなさい。

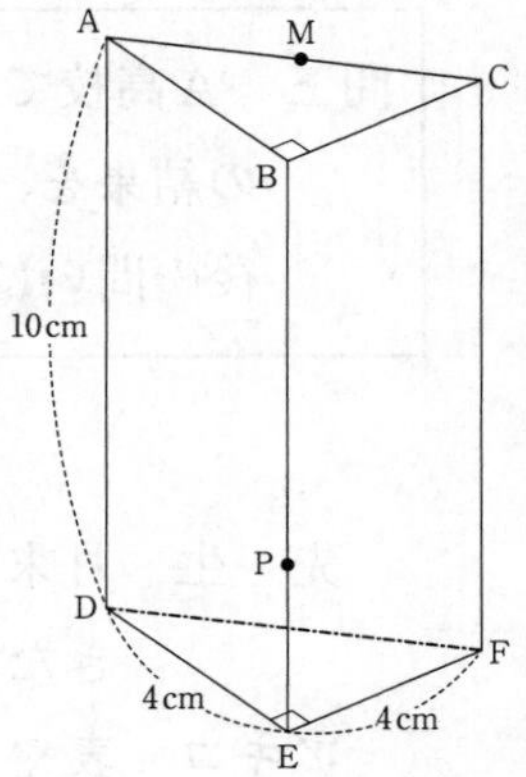

問三　A高校では、授業の中で「探究活動」を行っており、さまざまな実験や調査の結果を、グラフにまとめることになった。そこでの先生と生徒の会話を読み、後の問いに答えなさい。

先　生　月末に行われる課題研究発表会に向けて、これまでに皆さんが行ってきた実験や調査の内容を資料にまとめましょう。

アキコ　表やグラフを使うと、（　A　）的によくわかるから便利だよね。発表会に来るお客さんにも的確に伝えられそう。この間の情報Ⅰの授業で、エクセルを使ったグラフの作り方を習ったから、さっそくやってみようっと。

先　生　ちょっと待って。実験データや調査結果を統計資料にまとめるときは、目的に合ったグラフを選ぶことが重要だよ。全体に占める割合を示したいのか、年ごとの（　B　）をまとめたいのか、まずはそこからスタートしなければいけないね。

ナツキ　私たちの班では、2000年以降に国内外から神奈川県を訪れた観光客の動向を調べたんです。まず、箱根や鎌倉、横浜を訪れる観光客の数が、コロナ禍の前後でどう変化したかに注目しました。これは、【　X　】を使ってまとめるとよさそうですね。

フユミ　2019年までは、海外からの観光客もかなりたくさんいたよね。実際にはどんな国の人たちが観光に来ていたんだろう？　それも調べてみた？

ハルナ　もちろん！　2000年、2005年、2010年……と5年ごとのデータを国や地域ごとに色分けして【　Y　】で表してみたらどうかな？

アキコ　観光客全体の中での割合を示すという意味では、国ごとに色分けして【　Z　】にまとめるのもいいんじゃない？

ナツキ　一年だけの割合を示すなら、それでいいよね。でも、年ごとに日本に観光に来る人たちの数や出身国が異なるなら、ハルナさんの言うように【　Y　】がいいかもね。

フユミ　年度ごとの観光客数の増減と国ごとの割合の両方を一度に示すなら、［　Ⅰ　］のようなグラフを使ってみるのもいいと思うな。

① 空欄（　A　）・（　B　）に入る言葉として最も適当なものを次の語群から選び、漢字に直して答えなさい。

シュタイ　　ブンセキ　　シカク　　スイイ　　ブンサン

② 空欄【　X　】～【　Z　】に入るグラフの組み合わせとして最も適当なものを次から選び、記号で答えなさい。

ア　X　円グラフ　　　　Y　棒グラフ　　　Z　折れ線グラフ
イ　X　折れ線グラフ　　Y　円グラフ　　　Z　棒グラフ
ウ　X　棒グラフ　　　　Y　円グラフ　　　Z　折れ線グラフ
エ　X　折れ線グラフ　　Y　棒グラフ　　　Z　円グラフ

③ 空欄［　I　］に当てはまるグラフの例として最も適当なものを次から選び、記号で答えなさい。

ア　神奈川県を訪れた国内外の観光客数

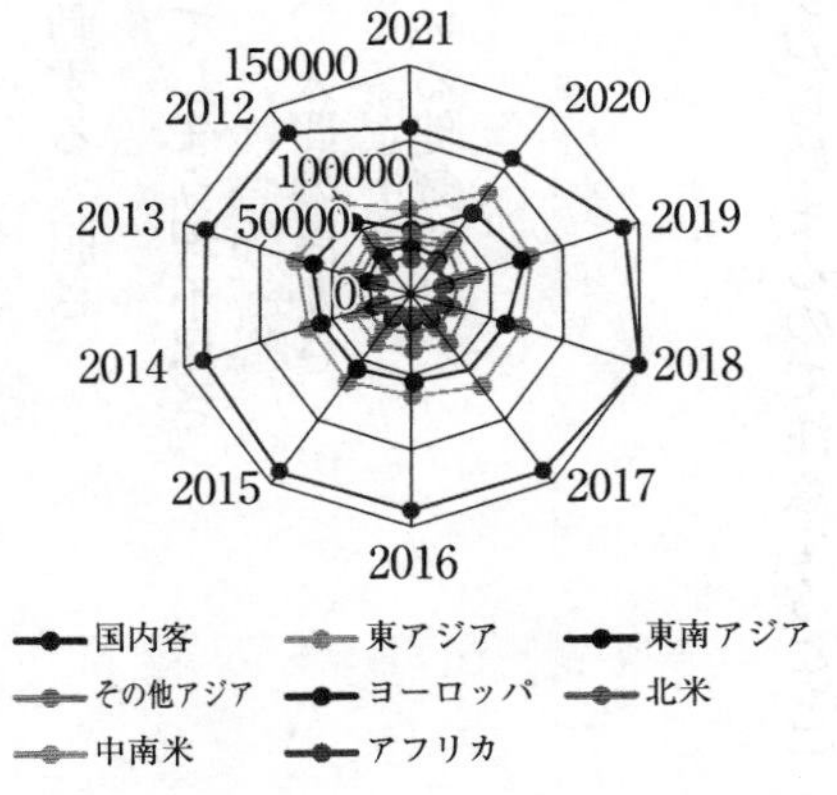

イ　神奈川県を訪れた国内外の観光客数

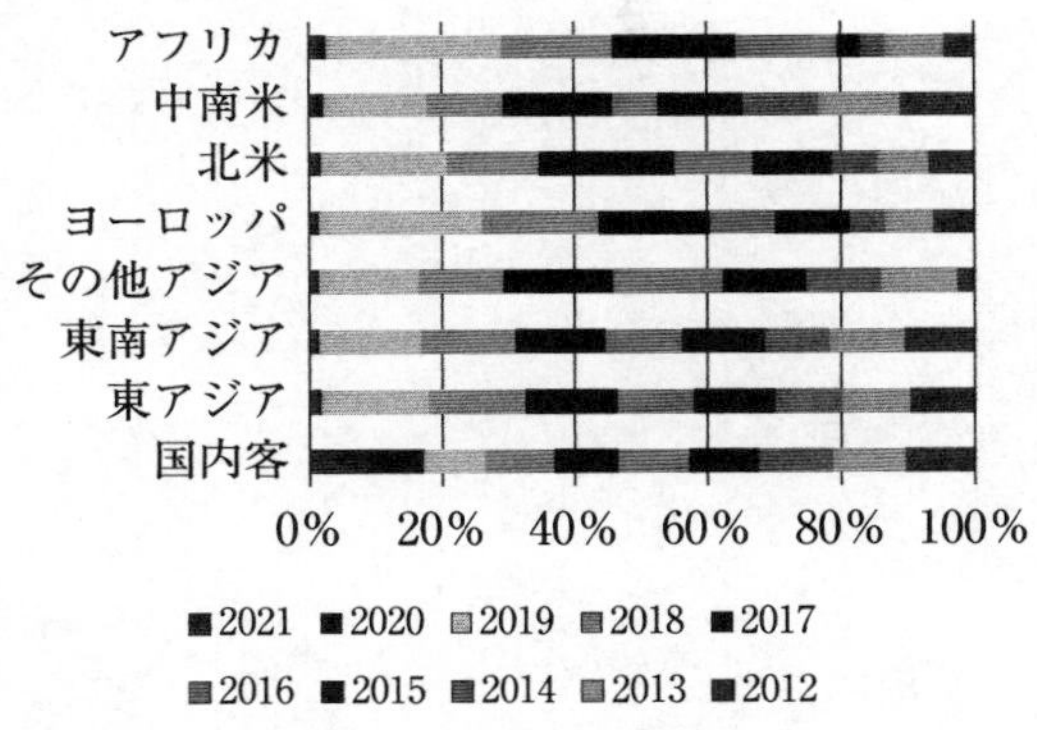

ウ　神奈川県を訪れた国内外の観光客数

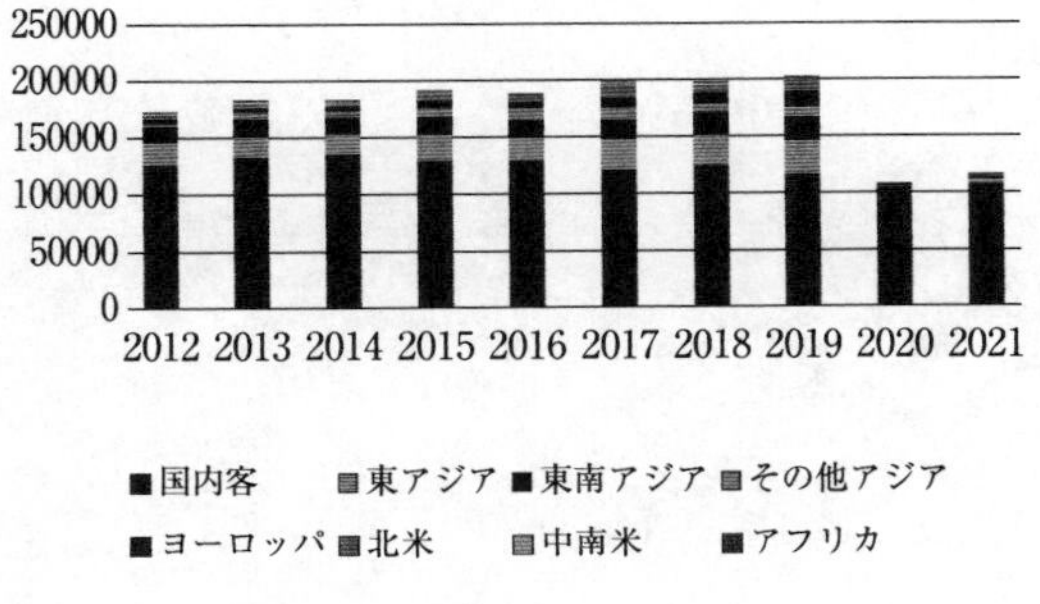

エ　神奈川県を訪れた国内外の観光客数

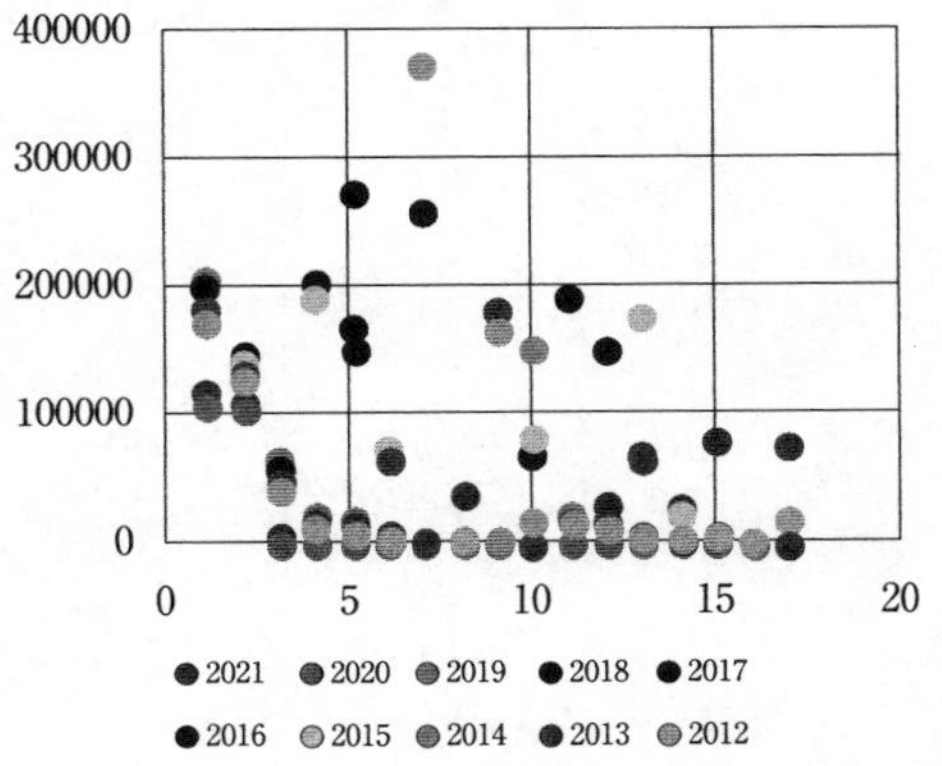

問九　この本文に述べられていることとして、最も適当なものを次から選び、記号で答えなさい。

ア　危機を察する明敏さと、何事にも動じることなく行動する大胆さ。

イ　事実を正確に記すべき立場の歴史官が、盗賊となってしまう理不尽さ。

ウ　盗人といえども弱者に対して思いやりを持つという、人間の温かさ。

エ　妻が夫を深く理解する重要性と、しっかりと支えている健気《けなげ》さ。

四

次の問一～問三に答えなさい。（なお、問三は18ページから始まるので注意すること）

問一　傍線部の漢字を答えなさい。

①　勝利をカクシンする

②　事件のカクシンに迫る

③　技術カクシンが進む

問二　次のことわざ・慣用句の（　）に入る漢字を答えなさい。

①　飛ぶ（　）を落とす勢い

②　（　）の上にも三年

③　背に（　）はかえられぬ

問六　傍線部４「盗人笑ひて」とあるが、なぜ笑ったと考えられるか。その理由として誤っているものを次から選び、記号で答えなさい。

ア　恥じらいながら懸命に答える姿をばかにしたかったから。

イ　同じ考えの先行者がすでにいたかと思うとおかしかったから。

ウ　身分を問わない丁重な対応ぶりが不釣り合いだったから。

エ　裸の姿で落ち着き払って座っている様子が滑稽《こっけい》であったから。

問七　傍線部５「しか言はむと思ひける」とは、「あのように言おうと思った」という意味であるが、「しか（あのように）」が指している箇所を３段落中から抜き出し、はじめと終わりの三字を答えなさい。

問八　傍線部６「さらに人の思ひ寄るべきことにあらず」とあるが、具体的にはどのようなことを指しているか。最も適当なものを次から選び、記号で答えなさい。

ア　車の中に隠れること　　イ　盗人を脅すこと

ウ　盗人をだますこと　　エ　車の中で着替えること

問三　傍線部２「逃げぬ」の解釈として最も適当なものを次から選び、記号で答えなさい。

ア　逃げなかった　　イ　逃げてしまった

ウ　逃げようとした　　エ　逃がしてやった

問四　傍線部３「あさまし」は「驚き、あきれる」という意味だが、そのように思ったのはなぜか。主語を明確にして二十字以内で説明しなさい。

問五　波線部ａ「問へば」・ｂ「答へければ」・ｃ「帰りにける」の主語の組み合わせとして最も適当なものを次から選び、記号で答えなさい。

ア　ａ　史　　ｂ　盗人　　ｃ　牛飼童

イ　ａ　牛飼童　　ｂ　史　　ｃ　盗人

ウ　ａ　盗人　　ｂ　盗人　　ｃ　史

エ　ａ　盗人　　ｂ　史　　ｃ　史

問一　二重線傍部「史」のふりがなは「さくわん」である。これを現代仮名遣いに直しなさい。

問二　傍線部1「阿蘇の某」について、

①　語り手は「阿蘇の某」をどのような人物だと言っているのか、4段落以降の本文中から八字で抜き出しなさい。

②　「阿蘇の某」が本文で述べられた「事件」に遭遇した際の道のりを示す矢印はどれか。最も適当なものを左図から選び、記号で答えなさい。

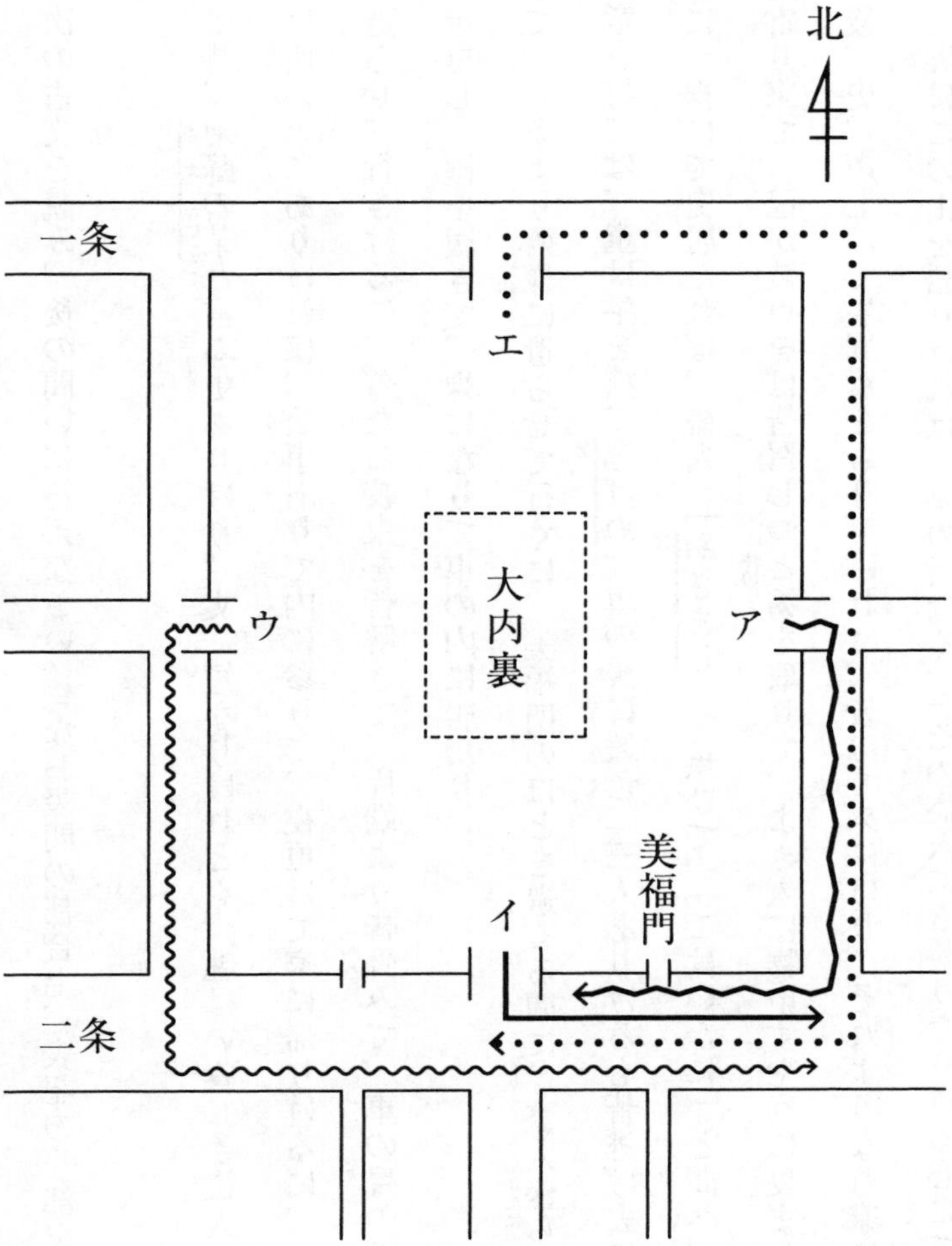

三

次の古文を読み、後の問いに答えなさい。（なお設問の都合上、表記の一部を改めた）

[1] 今は昔、[1]阿蘇《あそ》の某《なにがし》と言ふ史[注1]ありけり。丈、短《ひき》なりけれども、魂はいみじき盗人[注2]にてぞありける。

[2] 家は西の京にありければ、公事《くじ》ありて内に参りて、夜更けて家に帰りけるに、東の中の御門より出でて、車[注3]に乗りて大宮下り[注4]に遣《や》らせて行きけるに、着たる装束を皆解きて、片端より皆畳《たた》みて、車の畳《たたみ》の下にうるはしく置きて、その上に畳を敷きて、史は冠をし、襪《したうづ》[注5]を履きて、裸になりて車の内に居たり。

[3] さて、二条より西様《ざま》に遣らせて行くに、美福門のほどを過ぐる間に、盗人傍《かたは》らよりはらはらと出で来ぬ。車の轅《ながえ》[注6]につきて、牛飼童[注7]を打てば、[2]童は牛を捨てて逃げぬ。車の後に雑色《ざふしき》[注8]二三人ありけるも皆逃げ去《い》にけり。盗人寄り来て、車の簾《すだれ》を引き開けて見るに、裸にて史居たれば、盗人、「[3]あさまし」と思ひて、「こはいかに」と問へ[a]ば、史、東の大宮にてかくのごとくなりつる。公達《きんだち》[注9]寄り来て、己が装束をば皆召しつ。笏《しゃく》[注10]を取りて、よき人に物申すやうに畏《かしこ》まりて答へ[b]ければ、[4]盗人笑ひて捨てて去にけり。その後、史、声上げて牛飼童をも呼びければ、皆出で来にけり。それよりなむ家に帰りにける[c]。

[4] さて妻《め》にこの由《よし》を語りければ、妻の言はく、「その盗人にも勝りたりける心にておはしける」と言ひてぞ笑ひける。真《まこと》にいと恐ろしき心なり。装束の皆解きて隠し置きて、[5]しか言はむと思ひける心ばせ、[6]さらに人の思ひ寄るべきことにあらず。

[5] この史はきはめたる物言ひにてなむありければ、かくも言ふなりけり、となむ語り伝へたるとや。

（『今昔物語集』）

注1 史……歴史を記録する役人
注2 盗人……ここでは抜け目なく、したたかな者のこと
注3 車……牛車
注4 大宮下り……東大宮大路
注5 襪……足袋、靴下
注6 轅……牛車の前に長く並行して出た二本の棒
注7 牛飼童……牛車の牛を進行させる者
注8 雑色……雑用をする下男
注9 公達……貴族の若い子弟
注10 笏……正装の時、貴族が持つ細長い板

問九　傍線部8「――ふざけんな」には栢山のどのような思いが込められていると考えられるか。その説明として適当でないものを次から選び、記号で答えなさい。

ア　自分は決して数学では人に負けないはずだという自負。

イ　自分が数学を捨てるのではと思っている空気への抵抗。

ウ　数学を続けることに理由を求める周囲の人々への反発。

エ　何があっても自分は数学を諦めたりしないという決意。

問十　この小説の表現の特徴を説明したものとして最も適当なものを次から選び、記号で答えなさい。

ア　数式を含む緻密《ちみつ》な構成と言葉づかいによって過去と現在を自在に行き来することで読者を翻弄《ほんろう》し、不思議な浮遊感を生み出している。

イ　なぜ数学を学ぶのかという根源的な問いを追究する若者たちの姿を、話し手をぼかした会話体の文章を重ねることで普遍化している。

ウ　数学的な論文のように簡潔な短文を積み重ね、主題を数学的な関心に集中させることで物語進行の原動力と推進力を作り出している。

エ　テンポのよい会話や短文をベースに情景描写や比喩表現を挟み込み、数学に夢中で取り組む主人公の内面的な葛藤《かっとう》を描き出している。

問七　本文中の〈中略〉までの場面において、栢山と十河はそれぞれどのような心情を抱いているといえるか。その説明として最も適当なものを次から選び、記号で答えなさい。

ア　まだ証明されていない数学の問題に感動し、学問の奥深さに畏怖の念すら覚えている栢山に対し、未解決の難問に人生を狂わされた過去を持つ十河はその恐ろしさをひしひしと感じている。

イ　まだ誰にも証明されていない問題を解く喜びで武者震いすら覚えている栢山に対して、過去にその難問に挑戦し正解に近づいた経験を持つ十河は、栢山に解けるはずがないと見下している。

ウ　まだ誰にも解明されていない未知の問題に高揚し、自分で解いてみたいという欲求に駆られる栢山に対して、そのような問題に取り組んだがゆえの悲劇を知る十河は冷めた見方をしている。

エ　まだ誰にも証明されていない問題に挑戦できる喜びに打ち震える栢山に対し、十河は難問に挑戦しては失敗に終わった過去の数学者を蔑《さげす》み、栢山がその一人になることを危惧《きぐ》している。

問八　傍線部7「何かに届いた、気がした」とあるが、その「何か」として最も適当なものを次から選び、記号で答えなさい。

ア　勝負から逃れようとしても逃れられない宿命。

イ　目に見えない競争相手である「ノイマン」の真意。

ウ　何度も挫折しながら挑戦してきた難問の正解。

エ　これまでまったく気づいていなかった自己の内面。

問三　傍線部３「鳥肌が立つ感覚」とは、ここではどのような感情を表しているか。最も適当なものを次から選び、記号で答えなさい。

ア　恐怖を抱いている　　イ　興奮している　　ウ　仰天している　　エ　悪寒がする

問四　傍線部４「悔恨ではなく憐憫が窺えたからだ」とあるが、ここでの悔恨と憐憫の違いの説明として最も適当なものを次から選び、記号で答えなさい。

ア　悔恨とは自己を厳しく批判することであり、憐憫とは肉親のことをしみじみと思い出すことである。

イ　悔恨とは被った損害に対する怨嗟《えんさ》であり、憐憫とは起きてしまった失敗を素直に認めることである。

ウ　悔恨とは自分を顧みて苦々しく思う感情であり、憐憫とは他人をいつくしみつつ哀れむ感情である。

エ　悔恨とはいつまでもくよくよと悩むことであり、憐憫とは落胆しながらも気を取り直すことである。

問五　傍線部５「じゃあ」の後に続く言葉として適当でないものを次から選び、記号で答えなさい。

ア　ゴールドバッハ予想だって、きっと誰かが証明するはずじゃないか。

イ　ゴールドバッハ予想だってお前なら簡単に証明できるだろう。

ウ　どうしてゴールドバッハ予想に取り組むのはやめとけって思うんだ。

エ　ゴールドバッハ予想を証明することだって不可能じゃないだろう。

問六　傍線部６「あの数列には、手を出すな」とあるが、十河がそのように言うのはなぜか。その理由を本文中の語句を用いて二十字程度でまとめなさい。

このまま問題を解き続けても、永遠に追いつけないかもしれない。そう思わせれば、諦めると？

数学をやり続けることそのものまで、諦めてしまうと？

こんなに苦しいなら、数学を続けることそのものを放棄すると？

そう、思われているのか。

熱い何かは、煮え滾《たぎ》るようなたった一言に、凝縮した。

8──ふざけんな。

王城　夕紀『青の数学』

問一　傍線部１「嫌な匂いがする」とあるが、これはどのようなことを表しているか。最も適当なものを次から選び、記号で答えなさい。

ア　人を巧みに陥れ、ついには心を折ろうとするような悪意を感じさせるということ。
イ　真剣に取り組もうとする対象としてはあまりにもシンプルな内容だということ。
ウ　近寄ろうとする人を威圧し拒絶するような難攻不落の城壁を思わせるということ。
エ　出口が見つからないトンネルに人を引き込むような危険な魅力を持つということ。

問二　傍線部２「ゴールドバッハ予想」とは、どのような問題であるのか。比喩的に表現されている箇所を本文中より抜き出し、はじめと終わりの五字を答えなさい。

この勝負を。

いや。

数学を。

九十九書房で目の前にいた、童顔の笑みを思い出す。

――戸惑いながら数学をしているみたい。

どうして数学をやり続けているのか。キフユとの約束だから。七加のように数学が好きだとはっきり言えるほど好きなのかどうかも分からない。七加は戸惑いと言った。呪いと言った。それはそのとおりだと思う。

――なぜ行くの？

雪の喫茶店で、紅の唇から出た言葉を思い出す。

――じゃあなぜ数学をしているんですか。

どうして、誰も彼も、なぜ、と問うんだ。

ふつふつと湧き上がってくる何かがあった。それは、とても熱かった。

空っぽのまま進むには、苦しすぎると？

空っぽのまま進めるほど、甘くはないと？

理由がなければいけないのか。理由がなければ駄目なのか。

理由がなければ、やり続けることができないとでも思っているのか。

熱い何かは、胸を満たす。そこで止まらない。さらにせりあがって来る。

――このまま進んでも、何もないかもしれない。

スピード自慢には、スピード勝負で。

プレッシャーに弱ければ、そういう状況に追い込んで。

得意分野で潰《つぶ》し、弱点を容赦なく叩く。

奴に負けて、E^2に現れなくなった人間もいる。


スピードスターからのメッセージが頭に浮かぶ。

このルールも、俺の心を折ろうとするためのものなのか。

なぜ、こんなルールにしたのか。

また、その問いが頭を掠《かす》める。いや、何度もその問いに戻っていく。

そこに何かがある気がする。自分の中の何かが告げている。

また一問解き終わり、解答を入力しながら思考を続ける。

もしも。

彼が俺の心を折ろうとして、それが達成されようとしているのであれば。

そうだ。栢山は、顔を上げる。目の前の景色に、久しぶりに、自分がどこにいるのかを思い出す。しかし、その風景は目に入ってくるだけで、素通りしている。

今自分が考えていることそのものが、陥っている状況そのものが、答えのはず。
7 何かに届いた、気がした。
諦《あきら》めさせようとしているのか。

る広い空間の片隅で、問題を解き続けていた。見渡す限り人の姿はなく、時折、どこかでした音が遠く聞こえる。

解いても解いても、差は歴然とそこにあった。まるで永遠に追いつけない蜃気楼《しんきろう》のごとく。急《せ》かされるように、脅迫されるように問題に向かい続けるけれど、無駄でしかないように思われてくる。その思いを振り払おうとしてますます急かされ、加速せねばと追い詰められていく。

休むことなく、全力で走り続けなければ追いつけない。全力で走ったとしても追いつけるかどうか分からない。それでも、走るのを止《や》めれば、終わる。身体《からだ》は一切動かしていないのに、息が切れ、酸素が不足し、呼吸が早まる。身体がこわばり、だるささえ覚える。

追い詰められている。

これが追い詰められるということか。

疲労も限界に近い。

諦《あきら》めて足を緩めれば、終わる。分かっている。だが、このまま全速力で走り続けるにも限界がある。追いつけないかもしれないのに、それでも走り続けることの苦しさを、栢山は初めて知る。

数学を続けていけばいい。いつか、こういう思いを抱くことになるのか。

問題だけ解けばいい。そう考えても、余計な思いは悪魔のように侵入してくる。

ひとり計算をし続けた、顔も知らないコールのことを思う。

ノイマンは、ただ決闘するんじゃない。

心を折りに来る。

「自分が定めた問題に、一日中、平日も日曜も祝日も、何年も何十年も取り組み続けるんだ。でも、まったく成果は出ない。手がかりがあったと思ったら、三日後にはただの幻だったと分かる。それを、延々と繰り返していく日々。そもそも、その問題が解決可能か解決不可能か、それさえも分からない。おあつらえ向きにあらゆる数学的命題が証明可能なわけではない、と証明されている。自分の取り組んでいる問題が、もしそういう類《たぐい》の問題だったら？　その先には何もないところを、自分は進んでいるのかもしれない。限られた、数学者としての自分の大事な時間を費やして」

三十分の定時を知らせる時計の音が鳴る。一度だけの斉唱。

「フィールズ賞を知っているか」

「数学のノーベル賞」栢山は答える。

「フィールズ賞の対象が、なぜ40歳までなのか分かるか」

知っていたから、栢山は何も言わなかった。十河は二冊目の本の検分を終えて、珈琲《コーヒー》カップを手に取る。

「数学の才能は、早くに最盛期を迎えるとされているからだ。40歳を過ぎて、偉大な閃《ひらめ》きや発見を残すことは難しい。つまり、若いうちに開花しないなら、そもそも才能がないということになる」

限られた黄金時代を、底なし沼に費やす。

それは、自分の才能をどぶに捨てることに等しい。

「その覚悟があるなら、やればいい」忠告はした、と十河は栢山に目を向ける。

「6あの数列には、手を出すな」

〈　中略　〉

夜遅くまでやっている公立図書館も、夜にはほとんど無人だった。大きな閲覧テーブルの端に座り、高い天井と大きな窓があ

2以上の任意の自然数Nに対して、

$\frac{4}{N}=\frac{1}{l}+\frac{1}{m}+\frac{1}{n}$ を満たす自然数（l,m,n）が存在する。

あるいは、双子素数の問題。

差が2である素数の組（例えば11と13）を双子素数と言う。

双子素数は、無限に存在するか？

すべて、今なお未解決であり続ける問題。

「でも、誰も挑まなければ、解けないままになる」

十河は聞き飽きたとばかりに無反応だった。「フェルマーの最終予想。ポアンカレ予想。これらも難攻不落と思われていた。しかし、フェルマーの最終予想は幾人もの数学者の成果が積み重なった挙句、３６０年後に証明された。ポアンカレ予想も１００年を経てひとりの孤独な数学者によって証明された」そして、と言葉を継ぐ。「ゴールドバッハ予想も、すべての偶数は高々６つの素数の和で表せる、というところまでは証明できている。双子素数の問題も、差が2にはまだほど遠いが、差が２４６以下の素数の組は無限に存在することまでは証明されている」

「じゃあ」

「それでも、底なし沼には変わりない。想像してみろ」十河の口調はいつもと変わらず、淡々としている。だからこそ、触れたことのない未知の恐ろしさを感じさせた。

2よりも大きな全ての偶数は、二つの素数の和として表すことができる。

シンプル極まりない内容に、栢山は[3]鳥肌が立つ感覚を覚える。が、それを十河は察していた。「お前、今、面白いと思ったろ」

栢山は白状する。「思った」

「台無し？」

「俺は、この予想で数学者としての人生を台無しにした人を知っている」

十河は、本を検分するとまた山に積んで、別の本を取る。「この予想の証明を生涯のテーマと定めて取り組み、ついに証明できなかっただけでなく、数学者としての才能が開花する時期の全てをこれだけに費やしてしまったため、周りが業績を上げていく中で何の結果も残すことができず、とうとう居場所がなくなった」

まるで自分のことのように話す、と栢山は思ったが、おそらく違うと感じた。[4]悔恨《かいこん》ではなく憐憫《れんびん》が窺《うかが》えたからだ。彼自身ではなく、身近にいた人のことを思い出しているようだった。

「まだ、証明されていないんですか」

「だから、予想と言う」

「でも、いずれ誰かが証明するかもしれない」

「そう思って、我こそはという人間が挑んでいく。しかし、そうした者どもをことごとく呑《の》みこんで行く、そういう問題が数学にはあるんだ。底なし沼のように立ち向かう者をすべて呑み込む問題が」

十河は思い出すように虚空を見る。

例えば、エルデシュ・シュトラウス予想。

二

次の文章は王城夕紀の小説『青の数学』の一節である。これを読んで、後の問いに答えなさい。

高校生の栢山《かやま》は小学生の頃に数学の面白さを教えてくれた柊《ひいらぎ》先生（キフユ）の教え子で、古書店を営む十河《そごう》のもとに通っている。栢山は全国の中高生がインターネット上で数学の難問に挑戦し、競い合うサイト「E^2」に出入りしており、本文中の「スピードスター」や「ノイマン」は、参加者たちのハンドルネームである。

十河は、タブレットを手にとってその数列をしばらく見ていたが、やがて興味がうせたようにタブレットを栢山に返して寄越しながら、そう言った。

「なぜですか」

「[1]嫌な匂いがする」

「匂い？」

「お前、数覚は冴《さ》えているくせに、そういうことは分からないのか」

「そういうこと？」栢山は鸚鵡返《おうむがえ》しする。

面倒だな、という能面で十河はカウンターに積まれた本を手に取りながら、「これは経験によるものなのか」とひとりごちる。

何のことだか分からず、説明を求めてカウンター前に立ったままでいると、十河は億劫《おっくう》そうに口を開いた。

「[2]ゴールドバッハ予想は知っているか」

「知らないです」

そうか、と吐くとおもむろに暗唱する。

問九　二重傍線部Ｘ「一般読者」と二重傍線部Ｙ「良い読者」について、ある日の放課後、先生と生徒との間で次のような会話が交わされた。ＡさんからＤさんのうち、誤った発言をしている者を一人選び、記号で答えなさい。

先　生　本文には「読者」という表現がさまざまな箇所で使われていますが、二重傍線部ＸとＹの「読者」について、みなさんはどのように考えますか。

生徒Ａ　ＸとＹの「読者」とは、原文の意味を理解できるかどうかという想定上の違いはあるものの、作者によって書かれたものを受容するという点においては、本質的に同じだといってよいと思うな。

生徒Ｂ　ＸにおいてもＹにおいても、「読者」とは作者に対する脇役・引き立て役だから、勝手な推測などをはさまずに、自己を無にして読むということが大切なんだよね。

生徒Ｃ　Ｘに想定されるのは「読む」行為ですが、Ｙには「書く」行為までが想定されていると考えられます。Ｙには「読む」ことの中にも「内発的な表現欲求」が含まれているとみるべきで、同じではないと思う。

生徒Ｄ　「読者」としてはＸでもＹでも、作者の描いたストーリーや内容はもちろん、言葉の用い方や作品の背景を味わうことで、より一層深い読書ができるのではないかと思うよ。

問十　波線部「翻訳とはどんなものでしょうか？」に対する筆者の回答として適当でないものを次から選び、記号で答えなさい。

ア　翻訳においては、訳文を書くこと以前に原文を精密に読むことが何よりも重要である。

イ　翻訳は他者の需要があって成り立つものなので、常に読者の存在を念頭に置くべきだ。

ウ　翻訳者は原文の意味を伝えるだけでなく、自らの独自性や批評性を発揮すべきである。

エ　読者は通常、原文を見ていないので、訳文だけで完結する表現を心掛けねばならない。

問六　本文中では次の一文が抜けている。それを補うのに適当な箇所を［Ⅰ］～［Ⅳ］から選びなさい。

逆に言えば、よく読めれば、自然とよく訳せます。

問七　傍線部７「翻訳者黒子神話」について、「神話」という表現が使われている理由を端的に述べた箇所を、解答欄に合うように本文中より二十字程度で抜き出し、はじめと終わりの五字を抜き出しなさい。（句読点は含まない）

問八　傍線部８「読み」にカギカッコ（「　」）がつけられている理由として最も適当なものを次から選び、記号で答えなさい。

ア　ここでの読みとは、辞書などを用いて隅々まで細かく調べながら読んでいくという意味があるから。
イ　ここでは単に原文を読むだけでなく、その文章を自ら解釈していくという要素が込められているから。
ウ　ここでは実際に読むだけでなく、原文が出すサインを読み取るための努力が必要だと伝えたいから。
エ　ここでの読みとは、ＡＩが行うような機械的な翻訳ではなく、人間が行う読書のことを指しているから。

問三　傍線部３「人称代名詞の種類がずば抜けて多い日本語」とあるが、本文に挙げられている例の一つを用いた、夏目漱石の作品を答えなさい。

問四　傍線部４「他者に訳文を届ける」・傍線部５「他者に言葉を届ける」というように、筆者は翻訳を「届ける」と表現しているが、それはなぜか。書き出しを「筆者が翻訳を」とし、続きを十五字以内で簡潔にまとめなさい。

問五　傍線部６「翻訳には「正解の訳文」というものはありませんが、「的確な訳文」というのは存在します」とは、どのようなことを述べているか。その説明として最も適当なものを次から選び、記号で答えなさい。

ア　外国語の語彙をどのような日本語に変換するかは訳者に任されており、選ばれる語彙の範囲は意外に限られているということ。

イ　翻訳とは言葉の置き換えに留まらず「いかに本文を解釈するか」であるが、そこまでできる訳者は極めて少ないということ。

ウ　文法的に正しくなくても訳としては適切な場合もあるので、原文の表現やニュアンスに過剰にこだわる必要はないということ。

エ　翻訳に唯一絶対というものはないが、原文への理解度の深さと訳出言語の表現力の豊かさによる優劣は存在するということ。

問一　傍線部１「原文に劣らない文学性や表現力をもつ日本語に仕上げること」とはどういうことか。その説明として最も適当なものを次から選び、記号で答えなさい。

ア　原文には含まれていない趣向や発想を、ふんだんに取り入れること。

イ　原文に捉われることなく、気ままに自己の内的な要請に応《こた》えること。

ウ　原文の存在を意識させないほどに、自然な日本語文を作り出すこと。

エ　原文を複数の言語に移し替えた上で、もう一度日本語に直すこと。

問二　傍線部２「英文和訳と翻訳の違いとはなんでしょうか？」について、その説明として最も適当なものを次から選び、記号で答えなさい。

ア　英文和訳とは独創性を求めるものではなく忠実に学習成果を伝えるものであるが、翻訳は原文を知らない読者を意識した上で、その意図を伝えるものであるということ。

イ　英文和訳とは何よりも語学力や異文化の知識が必要なものであるが、翻訳には知識はそれほど必要ではなく、読者へのサービス精神が重要であるということ。

ウ　英文和訳と翻訳は突き詰めれば同じであると言え、その違いをあえて言うならば前者は学習成果を見せるものであり、後者は正確さを審査するものであるということ。

エ　英文和訳と翻訳にそれほどの違いはないのだが、どちらも読者への奉仕の精神が重要であり、何より人間性が大切であると言えるということ。

なる必要がある。Ⅲ

翻訳者も読者のひとりですが、ふつうの読者と違うのは、次の読者に作品を手渡す仕事があるということですね。Ⅳ今風に言うと、その本の「エンドユーザー」ではないということです。訳者が読み取ったものをよりよく次の読み手に伝えるには、どんな点に留意したらいいでしょうか。

日本には7「翻訳者黒子《くろこ》神話」というのが根強くあります。あるいは、翻訳者は空っぽの「導管《ダクト》」のようなもので、なにも考えずにその中に原文を通すのが理想である。といった言い方をしますが、これは一種、翻訳者のあこがれの境地を表現した幻のゴールなのです。たしかに翻訳に熟練してくると、「原文の会話が日本語で聞こえてくる」という域《ゾーン》に達したり、無意識のうちに訳文が出てくる気がしたりしますが、これも錯覚です。当然ながら、訳文の一語一句は自分の脳が考えだしたものです。あなたという「思考する主体」なしには、訳文が書かれるはずがないのです。

ただ、仲介者の存在をあまり感じさせない翻訳を目指して努力することは可能です。

翻訳者はかたよった主観を排して作業することが望ましいのですが、「訳者が前面に出ないこと」イコール「主体性を捨てること」「思考停止すること」ではありません。かたよった主観をなくして、忠実に翻訳するためにも、能動的に読むこと、原文にコミットする必要があります。受動的に読み、機械的に文字移植をするような翻訳では、読者になにも伝わりません。忠実な翻訳を実現するには、むしろ訳者が原文と能動的に関わっていく必要があります。

たとえば、先ほども挙げた人称の問題、言葉遊び、微妙な語調の変化、アイロニーや、原文にふくまれている暗示など、原文が出している「サイン」を読みとる力が必要です。

そうした丹念な8「読み」から良い訳文は作られます。

鴻巣　友季子『翻訳ってなんだろう？』

しかし翻訳はいくら芸術分野の翻訳でも、他者の需要と目があって初めて発生し存在しうる、というのが基本です。人と人の「仲立ち」が本分ですから、つねに「読者に伝える」ということを念頭におかなくてはなりません。言うなれば、サービス業ですね。自分がまず作品のことをわかっている必要がありますが、自分だけがわかっていてもだめなのです。

翻訳の目的は、あなたの知らない[4]不特定多数の他者に訳文を届けること。

そして三つめの大きな違いは、読む人が原文を持っているかどうかです。翻訳書の一般読者[X]は原文を傍らに置いて読んだりしません。つまり、原文抜きで、訳文だけで独立した表現として完結している必要があります。

原文を持っていない見知らぬ不特定多数の[5]他者に言葉を届ける。これは思いのほかむずかしい行為です。

では、より良い翻訳をするために大事なこととはなんでしょうか？

「翻訳って結局は日本語の問題だよね」とか、「いちばん大事なのは、やっぱり日本語力でしょう」とよく言われます。そのため、「わたしは日本語の語彙が少ないので、良い訳文がつくれません」と悩む人も出てきます。

最初にも言いましたが、翻訳でいちばん重要なのはいかに読むかで、わたしは翻訳講座などでも、「日本語力」「文章センス」はそんなに求めません。翻訳でそういうものが役に立つとしたら、十割のうち最後の一割ぐらいのものでしょう。

では、なにが大事なのか？　というと、ひたすら語学力です。語学力といっても、ＴＯＥＩＣスコアが何点というようなものだけではありません。原文の意味と意図をくみとる力です。単語をたくさん知っているとか、文法をよくわかっているとか、そうした能力はもちろん大切ですが、それだけではなく、異文化に対する知識、もっと重要なのは興味。また、わからないことが出てきたときのリサーチ力、もっと重要なのは調べようとする地道さ。どれだけ地味な作業ができるか、です。先ほどから言っているように、翻訳作業の九割がたは、「読む」作業なのです。［Ⅰ］[6]翻訳には「正解の訳文」というものはありませんが、[Y]「的確な訳文」というのは存在します。［Ⅱ］的確な翻訳をするには、まず的確に読む必要がある。良い翻訳者になるには、良い読者に

〈 中略 〉

では、[2]英文和訳と翻訳の違いとはなんでしょうか？ 翻訳の授業などで尋ねると、こんな答えが返ってきます。

「翻訳は、英文和訳のような単語レベルの置き換えではなく、文章の趣旨を読みやすく伝えるもの」

たしかに、英単語を辞書の中から機械的に選んだ日本語に置き換えただけでは用をなしませんね。他にはどんな違いがあるでしょう？ こんな答えもありました。

「翻訳は、特に小説だと全体の流れを見て、人称なども考慮しないといけない」

これは、[3]人称代名詞の種類がずば抜けて多い日本語ならではの難問ですね。一人称だけでも、わたし、ぼく、おれ、わし、吾《わが》輩《はい》、おいら、あたし、あちき等々、方言《ほうげん》や古語《こご》も入れたら数えきれないぐらいの代名詞があります。

翻訳も英文和訳も、突き詰めればやるべきことは同じだとわたしは思うのですが、あえて「翻訳」ではなく「英文和訳」と呼ぶときには、学習要素が強く前面に出ている印象があります。どちらが上とか下とかいう問題ではなく、たんに目的が違うということが一つ。英文和訳というのは、たいてい授業や試験で行うものを指しますね。その目的とは、「自分の学習のため」あるいは、試験などで「習ったことをわたしはよく理解していますよ」と教師や採点者に明示するためです。あまり独創的なフリースタイルで訳すと、評価する側も困ることになるかもしれません。つまり、あなたと教師や採点者との間のやりとりですね。むこうはあなたの訳文を読みますが、「読者」というより、指導者や審査者です。ここには、不特定多数の読者は存在しないことになります。翻訳と英文和訳の二つめの違いは「読者の有無」です。

翻訳とは、もともとその原文の言葉が理解できない人たちのために存在するものですから、あらかじめ「読者＝他者の目」を想定した表現行為です。この世に存在する芸術的な表現行為には、詩や小説や絵画や音楽や舞踊などたくさんの分野と形態がありますが、多くは作り手の内的な要請、つまり内発的な表現欲求がベースになっています。

二〇二三年度 相模女子大学高等部

【国語】（五〇分）〈満点：一〇〇点〉

一 次の文章を読んで、後の問いに答えなさい。

いきなりですが、翻訳とはどんなものでしょうか？

文芸翻訳の授業や講座でこう尋ねると、いろいろな答えが返ってきます。

「外国語を日本語に忠実に移し替えること」

もちろん、そのとおりですね。

「原文の意味だけではなく、ニュアンスやリズムなども日本語で表現する行為」

高度な回答ですが、そのとおりです、そこまで意識してのぞんでこそ翻訳と言えますね。

1「原文に劣らない文学性や表現力をもつ日本語に仕上げること」

おっと、翻訳者への要求がどんどん高くなってきました。たしかに、「翻訳とは原文と等価であるにとどまらず、独創性や批評性、より高い芸術性をもつべし」という認識が、世界の文学界に広まっています。まったくもって、そうありたいものです。

いま右に挙げた回答はどれも、翻訳の主な作業は訳文を「書く」ことだと解釈しているようです。しかし、みなさん、ひとつ忘れていないでしょうか？ 訳文を書く前に、することがあります。そうです、原文を読むことです。じつは翻訳とは、「原文を読む」部分の重要性が八割か、九割ぐらいではないかと、わたしは思っています。一語一句を訳すには、一語一句を精読し、的確に解釈しなくてはなりません。

つまり、翻訳というのは大部分が「読むこと」であり、精密な読書、あるいは深い読書のことなのです。

2023年度／相模女子大学高等部

英語解答

1 Part A　1…エ　2…イ　3…ア　4…ウ　5…ウ

Part B　1…ウ　2…イ　3…ア　4…イ

2 1　イ　2　エ　3　ウ　4　ウ　5　ウ

3 1　イ　2　エ　3　エ　4　ア　5　ウ

4 (A)　1…ウ　2…エ

(B)　1…ア　2…ウ　3…イ

5 1　(例)(市立)水族館で本物のラッコを見ることは難しいかもしれない。

2　エ　3　save

4　(1)　(例) Twenty-eight aquariums did.

(2)　(例) They were imported (to Japan) in 2003.

(3)　(例) Protecting sea otters in the natural world is.

6 1　①…ウ　②…ア

2　B　3　エ　4　イ　5　エ

7 (例) Please advise her to visit Minato Mirai in Yokohama on August 2nd. They'll hold a fireworks show. You can enjoy exciting fireworks. I believe they'll like it.

(27語)

1〔放送問題〕解説省略

2〔適語(句)選択・語形変化〕

1．usually「ふだんは，いつもは」があるので，‘現在の習慣’を表す現在形を選ぶ。主語が３人称単数なので一般動詞の語尾に -s がつく。　「私たちの学校はふだん朝の８時25分に始まる」

2．‘ask＋人＋to ～’「〈人〉に～してくれるよう頼む」の形にする。　「私はお父さんに私と一緒に来てくれるように頼み，『買い物を楽しもう』と言った」

3．最上級の文で「～の中で，～のうちで」というとき，‘数’を表す語句の前に置く前置詞は in ではなく of。　「このノートは５冊のうちで最も安い」

4．‘be動詞＋not＋過去分詞’の受け身形の否定文。‘be known to＋人’で「〈人〉に知られている」という意味を表す。　know－knew－known　「この歌は多くの人に知られているわけではないが，私は好きだ」

5．‘give＋人＋物’「〈人〉に〈物〉を与える」の形。「彼に」という意味を表す目的格の him を選ぶ。「次の火曜日はトムの誕生日だ。私は彼にかばんをあげるつもりだ」

3〔対話文完成─適文選択〕

1．A：私の靴，どう思う？／B：かわいいね。／／Bが「かわいい」と感想を述べているので，「(好き嫌いについて)～はどう思いますか」と尋ねる How do you like ～？が適する。

2．A：タマネギ抜きで私にサラダをつくっていただけますか？／B：かしこまりました。問題ありません。／／Aの要望に対し，Bは問題ないと続けて言っているので，‘承諾’を表す Certainly.「承知しました，かしこまりました」が適する。

3．A：この近くに郵便局はありますか？　この荷物を送る必要があるんです。／B：はい，あちらにありますよ。∥郵便局があるかと尋ねているので，‘場所’を答えているエが適する。

4．A：今日，学校はどうだった？／B：楽しかったよ。新しい友達ができたんだ。∥Bの返答から，学校での様子を尋ねていると推測できるので，アが適する。

5．A：お茶はいかがですか？／B：はい，お願いします。∥お茶を勧められているので，選択肢の中では，その勧めに従ってお茶をもらいたいという意味になるウが適する。

4〔英問英答—グラフ・表を見て答える問題〕

(A)＜レポート＞≪全訳≫僕はクラスメイトに先週末は何をしたかを尋ねた。ナオコは家でスマートフォンを使い，学校で宿題をしたと答えた。ハヤトは校庭で部活動をして，家でスマートフォンを使った。マサは電車で音楽を聴き，図書館で宿題をした。エリは自宅の近くで友達と会った。／先週末の自由時間に何をしたか？／生徒の数／音楽を聴く／スマートフォンを使う／宿題をする／買い物に行く／友達と会う／部活動をする／活動

＜解説＞1.「家の外だけで自由時間を過ごしたのは誰か」—ウ.「マサとエリ」　マサは電車と図書館，エリは自宅の近くで自由時間を過ごした。　2.「8人を超える生徒が行った活動はどれか」—エ.「スマートフォンを使う」　グラフ参照。「スマートフォンを使う」と答えた生徒は10人。

(B)＜チラシ＞≪全訳≫映画スケジュール／SGMグランドシネマ／2023年2月／上映中／チケット料金／大人：1人10ドル／12歳未満の子ども：1人6ドル

曜日	10:00〜	12:30〜	15:00〜	18:00〜
月曜日	君のそばに 1時間30分 冒険／ドラマ	不思議の国の恐竜 2時間10分 SF／アクション	新年早々の悪夢 1時間15分 ファンタジー／ミュージカル	ミッション：トゥーイージー 1時間50分 アクション／スリラー
火曜日・水曜日	美女と幽霊2 1時間30分 ファンタジー／ミュージカル	君のそばに 1時間30分 冒険／ドラマ	不思議の国の恐竜 2時間10分 SF／アクション	マグロを探せ 1時間40分 冒険／アニメ
木曜日・金曜日	美女と幽霊2 1時間30分 ファンタジー／ミュージカル	新年早々の悪夢 1時間15分 ファンタジー／ミュージカル	ミニマムズ 1時間30分 コメディ／アニメ	ミッション：トゥーイージー 1時間50分 アクション／スリラー
土曜日	ミッション：トゥーイージー 1時間50分 アクション／スリラー	川の怪物ジョー 2時間20分 SF／ラブストーリー	マグロを探せ 1時間40分 冒険／アニメ	ミニマムズ 1時間30分 コメディ／アニメ
日曜日	マグロを探せ 1時間40分 冒険／アニメ	君のそばに 1時間30分 冒険／ドラマ	不思議の国の恐竜 2時間10分 SF／アクション	川の怪物ジョー 2時間20分 SF／ラブストーリー

カレンダー／特別割引／毎週月曜日は全チケット料金が半額。／ポップコーン無料デー／毎週水曜日にMサイズのポップコーンを1つ無料でプレゼント！　売店でカップ入りのポップコーンをお受け取りください。／コレクターズプリントが無料／2月9日から2月17日まで，「マグロを探せ」または「美女と幽霊2」のコレクターズプリントを無料で差し上げます。ぜひチケットを購入して，希少なプリントを手に入れてください！／※2月22日は休館です。

＜解説＞1.「今日は2月8日である。あなたはファンタジー映画が見たくて，コレクターズプリントも欲しい。映画に行くのに最適な日はどれか」—ア.「2月9日」　コレクターズプリントの

対象となる映画は「マグロを探せ」と「美女と幽霊２」で，期間は２月９日から17日まで。ファンタジー映画は「美女と幽霊２」で，期間内で見られるのは，２月９日(木)，２月10日(金)，２月14日(火)，２月15日(水)，２月16日(木)，２月17日(金)である。　**２**.「今日は２月13日である。あなたは映画『マグロを探せ』が見たくて，無料のポップコーンが欲しい。映画に行くのに最適な日はどれか」―ウ.「２月15日」　ポップコーンが無料でもらえるのは毎週水曜日で，水曜日は「マグロを探せ」が上映されている。「今日」は２月13日なので，水曜日は15日と22日だが，22日は休館日である。　**３**.「今日は２月13日である。１人の女性と11歳の娘と８歳の息子が，今日の午後『新年早々の悪夢』を見る。彼らはいくら払うか」―イ.「11ドル」　２月13日は月曜日なので，全てのチケット料金が半額になる。通常料金は大人10ドル，12歳未満の子どもは６ドルなので，(10ドル＋６ドル×２人)×50％＝11ドル。

5〔長文読解総合―対話文〕

≪全訳≫❶ジェーン(Ｊ)：何を見ているの？**❷ユリ(Ｙ)**：ああ，ジェーン，海洋動物の動画を見てるの。ほら，ラッコが貝を開くのに石を使ってる。なんてかわいいんだろう！　今週末に姉〔妹〕と市立水族館に行くの。そこで本物のラッコを見られるといいな。**❸Ｊ**：うーん…，それは難しいかも。なぜだかわかる？　日本全国の水族館にラッコは３頭しかいないの。**❹Ｙ**：たったの３頭！　信じられない。**❺Ｊ**：本当よ。宿題で調べたばかりなんだけど，私もその事実を知って驚いたわ。20年前は全国の28の水族館に100頭を超すラッコがいたのに。**❻Ｙ**：今はどうしてそんなに数が少ないの？**❼Ｊ**：ワシントン条約として知られる国際条約が関係しているの。野生動物の取引に関するルールを決めて，日本がラッコを輸入できた最後の年は2003年だったのよ。**❽Ｙ**：ラッコの寿命はどのくらい？**❾Ｊ**：20年くらい生きられるんだけど，ほとんどは何年も前に死んでしまった。日本にいる３頭のラッコは年老いているので子どもを産むことができないの。**❿Ｙ**：じゃあ将来は日本にラッコが１頭もいなくなるの？**⓫Ｊ**：いい質問ね。北海道周辺の海には野生のラッコがいるよ。**⓬Ｙ**：それなら何頭か捕まえて水族館に連れてこられるよね？**⓭Ｊ**：そんなに単純な話でもないの。まずは野生の動物を救うために20年から30年の研究が必要なのよ。**⓮Ｙ**：えっ，そんなに長い道のりがあるんだ。でも野生動物を救うための条約の重要性はわかるわ。**⓯Ｊ**：日本の水族館で見られなくても，自然界で多くのラッコが安全で保護されるといいな。

１＜英文和訳＞ここでの that は「そのこと」という意味で，直前でユリが述べた「水族館で本物のラッコを見ること」を指している。might は「～かもしれない」という意味。

２＜適語選択＞直後でユリが，日本にラッコがいなくなってしまうのかと尋ねているので，現在日本にいる３頭のラッコは子どもが産めないと判断できる。最後にラッコを輸入したのは2003年なので，３頭のラッコは「年老いている」のである。‘too ～ to …’「…するには～すぎる，～すぎて…できない」

３＜適語補充＞直前の the treaty はワシントン条約のこと。直後の wildlife は「野生生物」という意味。ここまでのやりとりとこの後のジェーンの発言から，ワシントン条約は野生動物を守るためのものだと考えられる。直前のジェーンの発言に save「～を救う」がある。

４＜英問英答＞⑴「20年前，日本ではいくつの水族館がラッコを飼育していたか」―「28の水族館」第５段落第３文参照。主語を Twenty-eight aquariums とし，動詞は had sea otters を did で受けて答える。　(2)「日本に最後のラッコが輸入されたのはいつか」―「それらは2003年に(日本に)輸入された」　第7段落第2文参照。答えの文では the last sea otters を they で受けるとよい。「2003年に」は前置詞 in を用いて表す。　(3)「ジェーンにとって自然界でラッコを保護することと，水族館で飼育することでは，どちらがより大切か」―「自然界でラッコを保護すること」　最終段落より，ジェーンは自然界でラッコが保護されることを望んでいるとわかる。more important to Jane は質問文と重複するので省略してよい。

6 〔長文読解総合―伝記〕

≪全訳≫❶ヒラリー・ダイアン・ロダムは，1947年10月26日にイリノイ州のシカゴで生まれた。父親のヒューはカーテンをつくる小さな会社を経営していた。母親のドロシーは家にいて，ヒラリーと2人の弟，ヒュー・ジュニアとトニーの面倒をみていた。ドロシー・ロダムは，強く，愛情深い女性だったが，自分の人生にはできないことがたくさんあると感じていた。彼女は娘にもっと多くのことを望んでいた。❷ヒラリーが3歳のとき，一家は大きな庭のある家に引っ越した。彼女の家の周りには47人の子どもがいた！　玄関のドアは開け放たれ，子どもたちはそれぞれの家を走って出たり入ったりしていた。人々はよくヒラリーをおてんばだと言った。彼女はソフトボールやバスケットボールをしたり，泳ぎにいったり，近くの池で友達とスケートをしたりするのが大好きだった。❸ある日，町の子どもたちはヒラリーと一緒に遊んでくれなかった。ヒラリーは泣きながら家に逃げ帰ったが，母親は彼女を中に入れなかった。「自分で立ち向かいなさい」と母は彼女に言った。母はヒラリーを外に連れ戻した。B<u>ヒラリーは怖かった</u>。しかし，彼女は自分で立ち向かい，それがうまくいったのだ！　それ以来，ヒラリーは全ての遊びに参加した。❹ヒラリーの父はヒラリーにベストを尽くさせるようにした。「もっとうまくやれるかい？」と彼はよく言った。ヒラリーは嫌だとは思わなかった。他の女の子の父親と違って，父はヒラリーを兄弟と区別して扱ったことはなかった。彼はヒラリーにフットボールの投げ方や野球で右と左の両方で打つことや世界の出来事に関心を持つことを教えた。❺ロダム家の夕食時の会話は，よく政治に向けられた。「単に自分とは考えが違うからといって，その人が必ずしも悪いとはかぎらないこと，そして何かを信じるなら，それを擁護する覚悟をすべきだということを学びました」とヒラリーはかつて書いたことがある。❻ヒラリーが9歳のとき，学校の何人かの子どもたちが彼女はうぬぼれ屋だと言い始めた。それは真実ではなかった。ヒラリーには秘密があったのだ。ヒラリーは視力が悪いのにメガネをかけるのが嫌いだったから，誰かが自分に話しかけているのかどうかわからないことがよくあったのだ。❼特にヒラリーは読書が大好きだったので，メガネが必要であった。毎週ヒラリーは母と一緒に歩いて図書館に通った。母は，特に女の子にとって教育が非常に重要だと考えていた。❽ヒラリーはガールスカウトも大好きだった。人を助けるのが好きだったからだ。ヒラリーの家の近くには，大きな農場があった。メキシコから労働者たちがやってきて，作物を収穫していた。その労働者たちは別の作物が収穫できる時期になると，州から州へと移動していた。彼らはわずかな賃金のために長時間働いた。ヒラリーは彼らを助けたいと思った。彼女は彼らの子どもの面倒をみたり，労働者のためにお金を集めるイベントを友達と一緒に開催したりした。これが活動家――問題に気づきその解決に取り組む人――としてのヒラリーの人生の始まりだった。

1＜単語の意味＞①直後の文より，彼女はソフトボールやバスケットボール，水泳やスケートなどを楽しむ活発な女の子であったことがわかる。　②3つ後ろの文より，彼女は視力が悪いために，人から話しかけられてもわからず，無視しているような印象を与えていたことがうかがえる。be stuck up で「うぬぼれている，お高くとまっている」という意味を表す。

2＜適所選択＞脱文は「ヒラリーは怖かった」という意味。第３段落の空所Ｂの前では，仲間外れにされて泣いて帰ってきたヒラリーに対し，母親は自分で立ち向かうように言い，彼女を外へ追い返す。空所Ｂに入れると，直後に‘逆接’を表す However「しかし」があり「自分で立ち向かった」にうまくつながる。

3＜内容一致＞「ヒラリーの母親は(　　)ので彼女を家に入れなかった。」―エ．「娘に強くなってほしいと思った」　第３段落参照。母は泣いて帰ってきたヒラリーに対して，自分で立ち向かうように言い，彼女が強くなることを求めている。

4＜英問英答＞「ヒラリーと彼女の友人たちはなぜイベントを開催したのか」―イ．「メキシコから来た労働者たちを助けたかったから」　最終段落参照。安い賃金で長時間働くメキシコから来た労働者たちを助けたいと思い，子どもの面倒をみたり，寄付金を集めるイベントを開催したりした。

5＜内容真偽＞ア．「ヒラリーは自分と違う意見を持つ人が好きではなかった」…×　第５段落参照。家族との会話の中で，自分と考え方が違うからといってその人が必ずしも悪いとはかぎらないということを学んでいる。　イ．「メキシコから来た労働者たちは一年中ヒラリーの農場に滞在した」…×　第８段落第２～４文参照。労働者たちはヒラリーの家の近くの農場に収穫の時期だけ来ていた。　ウ．「ヒラリーは読書が好きではなかったが毎週図書館に通った」…×　第７段落第１文参照。ヒラリーは読書が大好きだった。　エ．「ヒラリーの父はヒラリーを息子たちと同じように扱った」…○　第４段落第４文に一致する。　オ．「ヒラリーがシカゴに住んでいたとき，彼女の家の周りには50人を超える子どもたちがいた」…×　第２段落第２文参照。子どもは47人だった。　カ．「ヒラリーは子どもの頃，スポーツが好きではなかった」…×　第２段落最後の２文参照。彼女はさまざまなスポーツを楽しんでいた。

7 〔条件作文〕

≪全訳≫ロンドンにいる私の姉〔妹〕，クロエが夫と15歳の娘と一緒にこの夏日本に来ます。彼女たちは１週間，東京のホテルに滞在する予定です。彼女はどこを訪れればよいか知りたがっています。私は彼女たちに滞在を楽しんでもらいたいと思っています。日本で訪れるのに最適な場所はどこですか。

＜解説＞日本で訪れるのに最適な場所を答え，そこで何ができるかを具体的に述べるとよい。解答例は「８月２日に横浜のみなとみらいに行くよう彼女にアドバイスしてください。そこで花火大会があります。わくわくする花火を楽しむことができます。彼女たちは気に入ると思います」という意味。解答例のほか，東京スカイツリーから景色を眺める，隅田川で屋形船に乗る，秋葉原で買い物をする，などが考えられる。

数学解答

1 (1) 5　(2) $\dfrac{x+y}{2}$　(3) -3

2 (1) $x=-5$　(2) $x=3,\ y=-4$

(3) $x=3\pm\sqrt{2}$

3 (1) 65°　(2) 20　(3) $\dfrac{11}{26}$

(4) $3\sqrt{2}$　(5) 48回

4 (1) 1　(2) (0, 2)　(3) (2, 4)

5 (1) $\sqrt{10}$　(2) $\dfrac{3\sqrt{10}}{10}$　(3) $\dfrac{18}{5}$

6 (1) $2\sqrt{2}$cm　(2) $6\sqrt{2}$cm

(3) $\dfrac{8}{3}$cm

1 〔独立小問集合題〕

(1)＜数の計算＞与式 $=-7-16\div\left(-\dfrac{4}{3}\right)=-7-16\times\left(-\dfrac{3}{4}\right)=-7-(-12)=-7+12=5$

(2)＜式の計算＞与式 $=\dfrac{3x+5y-2(x+2y)}{2}=\dfrac{3x+5y-2x-4y}{2}=\dfrac{x+y}{2}$

(3)＜数の計算＞与式 $=\dfrac{12\times\sqrt{6}}{\sqrt{6}\times\sqrt{6}}+(3+\sqrt{6}-3\sqrt{6}-6)=\dfrac{12\sqrt{6}}{6}+(-3-2\sqrt{6})=2\sqrt{6}-3-2\sqrt{6}=-3$

2 〔独立小問集合題〕

(1)＜一次方程式＞両辺を５倍して，$3x-20=7x$，$3x-7x=20$，$-4x=20$　$\therefore x=-5$

(2)＜連立方程式＞$\dfrac{x}{2}-\dfrac{y}{3}=\dfrac{17}{6}$……①，$0.7x+1.4y=-3.5$……②とする。①×6 より，$3x-2y=17$……①′　②より，$7x+14y=-35$，$x+2y=-5$……②′　①′＋②′より，$3x+x=17+(-5)$，$4x=12$　$\therefore x=3$　これを②′に代入して，$3+2y=-5$，$2y=-8$　$\therefore y=-4$

(3)＜二次方程式＞解の公式より，$x=\dfrac{-(-6)\pm\sqrt{(-6)^2-4\times1\times7}}{2\times1}=\dfrac{6\pm\sqrt{8}}{2}=\dfrac{6\pm2\sqrt{2}}{2}=3\pm\sqrt{2}$ となる。

≪別解≫$x^2-6x=-7$ として，両辺に９を加えると，$x^2-6x+9=-7+9$，$(x-3)^2=2$，$x-3=\pm\sqrt{2}$　$\therefore x=3\pm\sqrt{2}$

3 〔独立小問集合題〕

図１

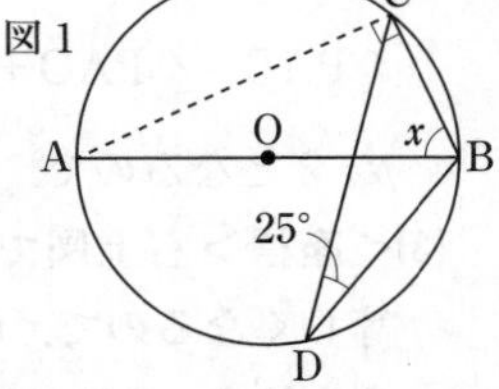

(1)＜平面図形―角度＞右図１のように，２点Ａ，Ｃを結ぶと，線分ABは円Ｏの直径なので，∠ACB＝90°となる。また，$\overset{\frown}{BC}$ に対する円周角より，∠BAC＝∠BDC＝25°である。よって，△ABCにおいて，内角の和が180°より，$\angle x$＝180°－(∠ACB＋∠BAC)＝180°－(90°＋25°)＝65°となる。

(2)＜数の性質＞$\sqrt{45n}=\sqrt{3^2\times5\times n}$ より，$\sqrt{45n}$ が整数となる自然数 n は，$n=5p^2$（p は自然数）と表せる。これより，$n=5\times1^2=5$，$5\times2^2=20$，$5\times3^2=45$，……となる。$n=5$ のとき，$\sqrt{3n+4}=\sqrt{3\times5+4}=\sqrt{19}$ であり，整数にならない。$n=20$ のとき，$\sqrt{3n+4}=\sqrt{3\times20+4}=\sqrt{64}=8$ となり，整数になる。よって，$\sqrt{45n}$，$\sqrt{3n+4}$ がともに整数になる最小の自然数 n は $n=20$ である。

(3)＜確率―トランプ＞52枚のトランプから１枚のカードを引くとき，引き方は52通りある。このうち，引いたカードが絵札またはハートであるのは，絵札のカードがハート，ダイヤ，スペード，クラブのＪ，Ｑ，Ｋで $4\times3=12$（枚），絵札以外のハートのカードが $13-3=10$（枚）より，$12+10=22$（通り）ある。よって，求める確率は $\dfrac{22}{52}=\dfrac{11}{26}$ である。

(4)＜関数―a の値＞$a>0$ より，$\dfrac{1}{a}>0$ なので，関数 $y=\dfrac{1}{a}x^2$ のグラフは，上に開いた放物線となる。

図2
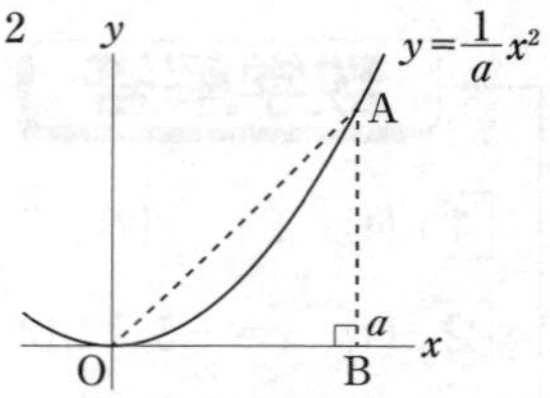

右図2で，点Aは関数$y=\frac{1}{a}x^2$のグラフ上にあり，x座標はaなので，y座標は$y=\frac{1}{a}\times a^2=a$より，A$(a,\ a)$となる。これより，点Aから$x$軸に垂線ABを引くと，OB$=a$，AB$=a$となり，△OABはOB$=$ABの直角二等辺三角形である。よって，OB：AB：OA$=1:1:\sqrt{2}$より，OA$=\sqrt{2}$OB$=\sqrt{2}a$となる。OA$=6$なので，$\sqrt{2}a=6$が成り立ち，$a=3\sqrt{2}$である。

(5)＜**一次方程式の応用**＞Aさんの反復横跳びの回数をx回とすると，残り4人の回数は$x+5$回，$x-3$回，$x-6$回，$x+2$回と表せる。5人の回数の平均値が47.6回だから，回数の合計について，$x+(x+5)+(x-3)+(x-6)+(x+2)=47.6\times5$が成り立つ。これを解くと，$5x-2=238$，$5x=240$，$x=48$となるので，Aさんの反復横跳びの回数は48回である。

4 〔関数—関数$y=ax^2$と一次関数のグラフ〕

≪**基本方針の決定**≫(2)　点Pのy座標を文字でおき，その文字を使って，△PABの面積を表す。

(3)　QP∥ABとなることに気づきたい。

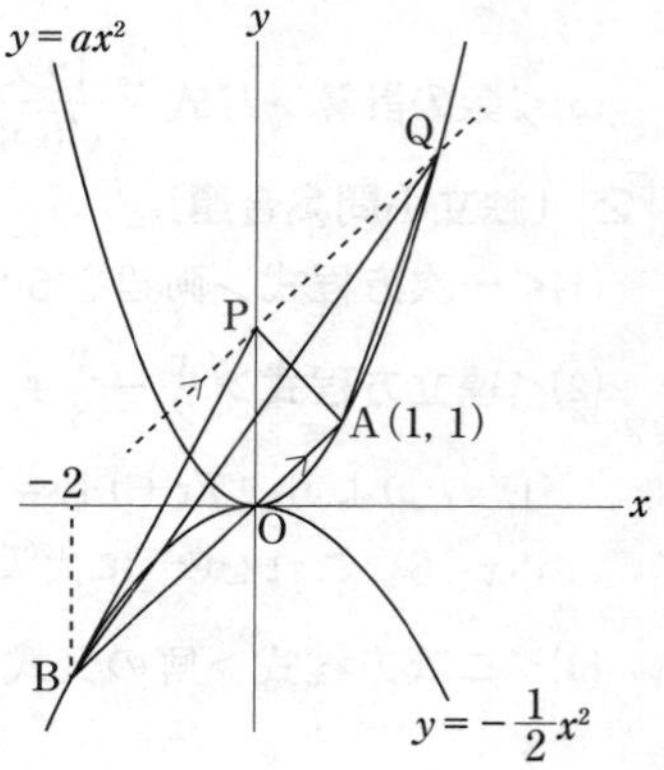

(1)＜**比例定数**＞右図で，放物線$y=ax^2$はA(1, 1)を通るので，$x=1$，$y=1$を代入して，$1=a\times1^2$より，$a=1$となる。

(2)＜**座標**＞右図で，点Bは放物線$y=-\frac{1}{2}x^2$上の点で，x座標が-2なので，y座標は$y=-\frac{1}{2}\times(-2)^2=-2$より，B$(-2,\ -2)$となる。2点A，Bの座標より，直線ABの傾きは$\frac{1-(-2)}{1-(-2)}=1$となるので，その式は$y=x+b$とおける。点Aを通るから，$1=1+b$，$b=0$となり，直線ABの式は$y=x$となる。これより，直線ABは原点Oを通る。P$(0,\ p)$とすると，OP$=p$となり，辺OPを底辺と見ると，2点A，Bの$x$座標から，△PAOの高さは1，△PBOの高さは2となる。よって，△PAO$=\frac{1}{2}\times p\times1=\frac{1}{2}p$，△PBO$=\frac{1}{2}\times p\times2=p$より，△PAB$=$△PAO$+$△PBO$=\frac{1}{2}p+p=\frac{3}{2}p$と表せる。△PABの面積が3のとき，$\frac{3}{2}p=3$が成り立ち，$p=2$となるので，P(0, 2)である。

(3)＜**座標**＞右上図で，△PAB，△QABの底辺を辺ABと見ると，△PAB$=$△QABのとき，高さが等しくなるので，QP∥ABとなる。(2)より，直線ABの傾きは1だから，直線QPの傾きも1である。また，P(0, 2)だから，切片は2であり，直線QPの式は$y=x+2$となる。(1)より，点Qは放物線$y=x^2$と直線$y=x+2$の交点となるので，2式からyを消去して，$x^2=x+2$，$x^2-x-2=0$，$(x+1)(x-2)=0$より，$x=-1$，2となり，点Qのx座標は正なので，2である。$y=2^2=4$より，Q(2, 4)となる。

5 〔平面図形—正方形〕

≪**基本方針の決定**≫(1)　三平方の定理を用いる。　　(3)　四角形PQRSは正方形である。

(1)＜**長さ**＞次ページの図で，BC$=3$，BL：LC$=1:2$より，BL$=\frac{1}{1+2}$BC$=\frac{1}{3}\times3=1$となる。よって，△ABLで三平方の定理より，AL$=\sqrt{\text{AB}^2+\text{BL}^2}=\sqrt{3^2+1^2}=\sqrt{10}$となる。

(2)＜**長さ**＞次ページの図で，KB∥DMであり，AB$=$CD，AK：KB$=$CM：MD$=1:2$より，KB$=$MDだから，1組の対辺が平行で長さが等しくなり，四角形KBMDは平行四辺形となる。これより，

KD∥BMだから，AP：PQ＝AK：KB＝1：2となり，AP＝$\dfrac{1}{1+2}$AQ＝$\dfrac{1}{3}$AQとなる。また，AB＝DA，∠ABL＝∠DAK＝90°であり，BC＝AB，BL：LC＝AK：KB＝1：2より，BL＝AKだから，2組の辺とその間の角がそれぞれ等しくなり，△ABL≡△DAKである。よって，∠ALB＝∠DKAである。KD∥BMより，∠DKA＝∠ABQだから，∠ALB＝∠ABQとなる。これと∠BAL＝∠QABより，2組の角がそれぞれ等しくなり，△ABL∽△AQBとなる。したがって，AB：AQ＝AL：ABだから，3：AQ＝$\sqrt{10}$：3が成り立ち，AQ×$\sqrt{10}$＝3×3，AQ＝$\dfrac{9\sqrt{10}}{10}$となるので，AP＝$\dfrac{1}{3}$×$\dfrac{9\sqrt{10}}{10}$＝$\dfrac{3\sqrt{10}}{10}$である。

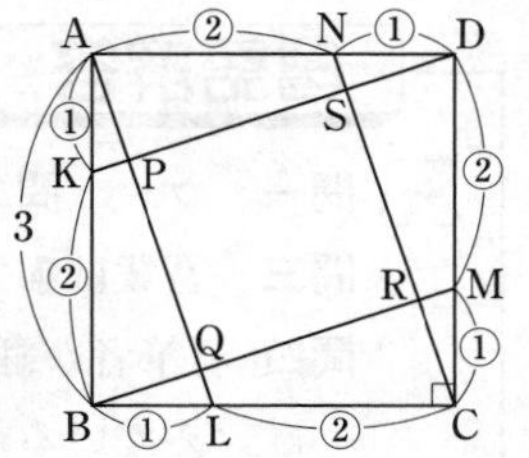

(3)＜面積＞右上図で，△ABL∽△AQBより，∠AQB＝∠ABL＝90°となり，∠PQR＝90°となる。同様にして，∠QRS＝∠RSP＝∠SPQ＝90°となる。また，AP：PQ＝1：2より，PQ＝2AP＝2×$\dfrac{3\sqrt{10}}{10}$＝$\dfrac{3\sqrt{10}}{5}$となり，同様にして，QR＝RS＝SP＝$\dfrac{3\sqrt{10}}{5}$となる。よって，四角形PQRSは正方形だから，その面積は，PQ²＝$\left(\dfrac{3\sqrt{10}}{5}\right)^2$＝$\dfrac{18}{5}$となる。

6〔空間図形—三角柱〕

≪基本方針の決定≫(3)　三角錐ABCPの体積を利用する。

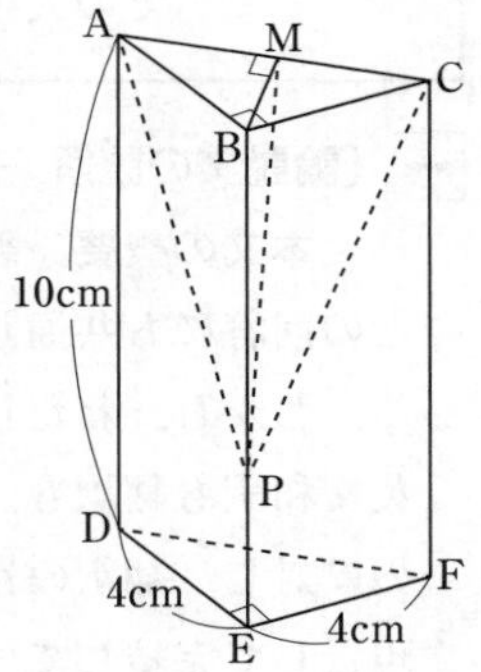

(1)＜長さ＞右図で，△ABCはAB＝BC＝4の直角二等辺三角形であり，点Mは辺ACの中点なので，∠BAM＝45°，∠AMB＝90°より，△ABMも直角二等辺三角形となる。よって，BM＝$\dfrac{1}{\sqrt{2}}$AB＝$\dfrac{1}{\sqrt{2}}$×4＝$2\sqrt{2}$(cm)である。

(2)＜長さ＞右図で，AB＝CB＝4，BP＝BP，∠ABP＝∠CBP＝90°より，△ABP≡△CBPとなるから，△APCはAP＝CPの二等辺三角形である。点Mは辺ACの中点なので，PM⊥ACとなり，△APCの面積が24cm²だから，$\dfrac{1}{2}$×AC×PM＝24である。AC＝$\sqrt{2}$AB＝$\sqrt{2}$×4＝$4\sqrt{2}$なので，$\dfrac{1}{2}$×$4\sqrt{2}$×PM＝24が成り立ち，PM＝$6\sqrt{2}$(cm)である。

(3)＜長さ＞右上図で，3点A，C，Pを通る平面と点Bとの距離は，点Bから3点A，C，Pを通る平面に引いた垂線の長さなので，三角錐ABCPの底面を△ACPとしたときの高さとなる。この高さを$h$cmとする。BE⊥〔面ABC〕より，∠PBM＝90°だから，△BMPで三平方の定理より，BP＝$\sqrt{\mathrm{PM}^2-\mathrm{BM}^2}$＝$\sqrt{(6\sqrt{2})^2-(2\sqrt{2})^2}$＝$\sqrt{64}$＝8となる。これより，〔三角錐ABCP〕＝$\dfrac{1}{3}$×△ABC×BP＝$\dfrac{1}{3}$×$\left(\dfrac{1}{2}\times4\times4\right)$×8＝$\dfrac{64}{3}$となる。よって，$\dfrac{1}{3}$×△ACP×$h$＝$\dfrac{64}{3}$である。また，△ACP＝$\dfrac{1}{2}$×AC×PM＝$\dfrac{1}{2}$×$4\sqrt{2}$×$6\sqrt{2}$＝24だから，$\dfrac{1}{3}$×24×$h$＝$\dfrac{64}{3}$が成り立ち，$h$＝$\dfrac{8}{3}$となる。したがって，求める距離は$\dfrac{8}{3}$cmである。

＝読者へのメッセージ＝

関数$y=ax^2$のグラフは放物線です。放物線は，英語でパラボラ(parabola)といいます。パラボラアンテナは放物線の形を利用してつくられています。

国語解答

一 問一 ウ　問二 ア
問三 吾輩は猫である
問四 ［筆者が翻訳を］サービス業だと考えているから。
問五 エ　問六 Ⅲ
問七 翻訳者のあ～幻のゴール［であるから。］
問八 イ　問九 (生徒)Ｂ〔Ｂさん〕
問十 ウ

二 問一 エ
問二 底なし沼の～み込む問題
問三 イ　問四 ウ　問五 イ
問六 自分の才能をどぶに捨てることに等しいから。(21字)〔数学者としての人生を台無しにするから。〕
問七 ウ　問八 エ　問九 ア
問十 エ

三 問一 さかん
問二 ① きはめたる物言ひ　②…ア
問三 イ
問四 阿蘇の史〔某〕が牛車の中に裸で座っていたから。
問五 エ　問六 ア
問七 東の大～召しつ　問八 ウ
問九 ア

四 問一 ① 確信　② 核心　③ 革新
問二 ① 鳥　② 石　③ 腹
問三 ① Ａ 視覚 Ｂ 推移
②…エ　③…ウ

一〔**論説文の読解―芸術・文学・言語学的分野―文学**〕出典；鴻巣友季子『翻訳ってなんだろう？』

≪本文の概要≫翻訳とはどのようなものかという質問に対しては，さまざまな答えが返ってくるが，どの回答にも共通しているのは，翻訳の主な作業は，訳文を「書く」ことだと解釈していることである。しかし，わたしは，翻訳とは大部分が「読むこと」であり，精密な読書が重要だと考えている。英文和訳も翻訳も，突き詰めればやるべきことは同じだが，英文和訳が自分の学習を目的としているのに対し，翻訳の目的は不特定多数の他者に訳文を届けることであり，さらに訳文だけで独立した表現として完結している必要がある。また，良い翻訳をするためには，日本語力よりも原文の意味と意図を読み取る力が必要となる。的確な翻訳をするためにはまず的確に読むことが大切で，微妙な語調の変化やアイロニー，暗示といった原文が出している「サイン」を能動的に読み取る力が必要なのである。

問一**＜文章内容＞**翻訳とは，「原文と等価」にとどまっているものではなく「独創性や批評性，より高い芸術性」を持つべきものであるという認識が，世界の文学界に広まっている。つまり，原文を日本語に「移し替える」だけではなく，一つの日本語の作品としての「文学性」を備えたものに「仕上げること」が，翻訳者に求められているのである。

問二**＜文章内容＞**英文和訳は，「自分の学習のため」にあるもので，学習の成果を教師や採点者に示すものである。それに対して翻訳は，「その原文の言葉が理解できない人たちのため」のもので，「作り手の内的な要請」，つまり作者の意図を伝えるものである。

問三**＜文学史＞**夏目漱石の『吾輩は猫である』は，猫の視点で人間社会を風刺的に描いた小説である。

問四**＜文章内容＞**翻訳は，「他者の需要と目があって初めて発生し存在しうる」ものなので，「読者に伝える」ことを目的とする「サービス業」のようなものといえる。

問五＜文章内容＞翻訳には，「正解」のように絶対的に正しいとされるものはないが，「原文の意味と意図をくみとる力」や「異文化に対する知識」などによって読み取ったものを，ていねいに表現することで，より「的確な訳文」にすることはできる。

問六＜文脈＞「的確な翻訳をするには，まず的確に読む必要」があり，「良い翻訳者になるには，良い読者になる必要がある」ということは，逆の見方をすれば，「よく読めれば，自然とよく」訳すことができるということになる。

問七＜文章内容＞翻訳者は，何も考えずに，空っぽの「導管」のようなものの中に「原文を通すのが理想である」とも言われるが，実際には「訳文の一語一句は自分の脳が考えだしたもの」なので，翻訳者が「黒子」のような役割であるのがよいという考えは，「翻訳者のあこがれの境地を表現した幻のゴール」のようなものだといえる。

問八＜表現＞「読み」は，「受動的」に原文を読むことではなく，原文から出されている「サイン」を自ら解釈しようとする「能動的」な関わりが必要となる行為である。

問九＜文章内容＞「一般読者」も「良い読者」も，書かれたものを読むという点においては同じであり(生徒A…○)，作品の背景や文章中に用いられている言葉などを味わうことで，より深い読書をすることができる(生徒D…○)。ただし，「良い読者」であることは，「良い翻訳者」になるために必要なことであり，「読む」という作業の根底には，書くために必要な「内発的な表現欲求」があると考えられる(生徒C…○)。また，翻訳者は何も考えずに翻訳するのが理想であるとも言われるが，実際には翻訳者が「思考する主体」となって，「訳文の一語一句」が考え出される(生徒B…×)。

問十＜文章内容＞翻訳には，原文から出されている「サイン」を読みとるための精密な読書が必要である(ア…○)。また，常に「読者に伝える」ということを念頭に置く必要があり(イ…○)，翻訳を読む人が原文を持っていないことを前提としたうえで「訳文だけで独立した表現として完結」させることも大切である(エ…○)。翻訳は「独創性や批評性，より高い芸術性をもつべし」という文学界に広まっている認識に対して「わたし」は，「そうありたいもの」だと考えている(ウ…×)。

二 〔小説の読解〕出典；王城夕紀『青の数学』。

問一＜文章内容＞「匂い」の意味がわからない栢山に，十河はゴールドバッハ予想によって「数学者としての人生を台無しにした人」のことを語り始めた。十河は，一度のめり込んだら元には戻れなくなる危険な魅力を，栢山が熱中している「その数列」の中に感じ取ったのである。

問二＜表現＞ゴールドバッハ予想は，「この予想の証明を生涯のテーマと定めて」取り組んでも，結局は証明できずに終わり，「人生を台無し」にしてしまうものである。つまり，一度入り込んだら抜け出せない「底なし沼のように立ち向かう者をすべて呑み込む問題」である。

問三＜表現＞本来「鳥肌が立つ」は，恐怖などを感じて腕などの肌の毛穴が縮むさまを表す表現だが，最近は感動や興奮している気持ちを表す場合にも用いられることがある。栢山は，ゴールドバッハ予想の内容を十河から聞かされ，興味を感じ，気持ちが高ぶったのである。

問四＜語句＞「悔恨」は，過ちを後悔して残念に思うこと。「憐憫」は，かわいそうに思うこと。栢山は，ゴールドバッハ予想によって人生を台無しにした人のことを，十河が「まるで自分のことのように話す」と感じたが，十河には，自分のしたことを悔いる様子はなく，他者をあわれむ態度が感じられたので，「彼自身」のことではないと思い直した。

問五＜文章内容＞フェルマーの最終予想もポアンカレ予想も結局は証明されたし，ゴールドバッハ予想も「すべての偶数は高々6つの素数の和で表せる」というところまで証明できているのであれば，そのうち誰かが証明する可能性がある(ア・エ…○)。だからその証明に取り組むことをやめなければならない理由にはならない(ウ…○，イ…×)，と栢山は思った。

問六＜文章内容＞「数学の才能は，早くに最盛期を迎えるとされている」ので，ゴールドバッハ予想と同じ危険性が感じられる「あの数列」に熱中することは，「自分の才能をどぶに捨てることに等しい」と，十河は忠告したのである。

問七＜心情＞ゴールドバッハ予想によって人生を台無しにした人のことを聞いても，栢山は「誰も挑まなければ，解けないままになる」と言い，「その数列」に挑もうという姿勢を見せた。一方の十河は，栢山のその言葉を聞いても「聞き飽きたとばかりに無反応」な態度を見せ，悲惨な体験をした人を知っているだけに，栢山に冷めた態度で接した。

問八＜文章内容＞ノイマンは対戦者の「心を折りに来る」というスピードスターからのメッセージを思い浮かべた栢山は，「自分の中の何かが告げている」と思った。ノイマンが，「この勝負」や「数学」を自分に諦めさせようとしているのだとしても，その計略に反発する自分の内側の強い思いが「熱い何か」になり，「ふざけんな」という「一言に，凝縮」されて発せられたのである。

問九＜文章内容＞栢山は，「永遠に追いつけないかもしれない」と思わせることで，自分が「数学を続けることそのものを放棄する」とノイマンが考えているかもしれないと思った。また，周囲の誰も彼もが，なぜ数学をするのかと問うのは，理由がなければ数学を続けられないと皆に思われているからかと思った。栢山は，それらの思いを自ら打ち消すかのように，心の中で「ふざけんな」と叫んだ。

問十＜表現＞短文の連続によってテンポのよい文体になっており，さらにその合間に「煮え滾るような」といった比喩表現などが挿入されていることにより，数学に熱中する心情や，数学を続けることの意義を深く考える栢山の内面が描き出されている。

三〔**古文の読解─説話**〕出典；『今昔物語集』巻第二十八ノ第十六。

≪現代語訳≫今ではもう昔の話だが，阿蘇の何とかという歴史を記録する役人がいた。背丈は，低かったが，性根は抜け目なく，したたかな者であった。

家は西の京にあり，公務があって内裏に参上し，夜が更けてから家に帰ろうとしたところ，東の中の門より出て，牛車に乗って東大宮大路を南に向かわせていたが，着ていた装束を全て脱いで，片端からたたみ，車の畳の下にきちんとそろえて置いて，その上に畳を敷いて，史は冠をつけ，足袋だけを履いて，裸になって車の中に座っていた。

そうして，二条から西に向けて(牛車を)進めさせていくうち，美福門の辺りを過ぎる頃，盗人が周囲からばらばらと出てきた。車の轅に手をかけ，牛飼童を殴ったので，童は牛を捨てて逃げてしまった。車の後ろに雑用をする下男が二人か三人いたがみんな逃げ去ってしまった。盗人が近寄ってきて，車の簾を引き開けて見ると，裸で史が座っていたので，盗人が，「あきれたことだ」と思い，「これはどうしたことか」と問うと，史は，「東大宮大路でこのようになったのです。公達が寄ってきて，私の装束を全て召し上げたのです」と笏を取って，貴人に申し上げるようにかしこまって答えたので，盗人は笑って(史を)置いて去っていった。その後，史が，大声で牛飼童を呼んだところ，みんな出てきた。それから家に帰っていった。

そうして妻にこのいきさつを話したところ，妻は，「(あなたは)その盗人にも勝った性根をお持ちでしたね」と言って笑った。実に恐ろしいほどの性根である。装束を全て脱いで隠しておき，そのように言おうと思った配慮は，まったく普通の人が思いつけることではない。

この史は上手さを極めたといえるほど話の達者な人だったので，このように言ったのだ，と語り伝えられているということだ。

問一＜歴史的仮名遣い＞歴史的仮名遣いの「くわ」は，現代仮名遣いでは「か」となる。

問二＜古文の内容理解＞①語り手は，史のことを，話の上手さを極めている人だと述べている。　②史は，「東の中の御門」から出て，東大宮大路を二条通りの方に向かい，二条通りに出てからは西へ向かい，美福門に至った。

問三＜現代語訳＞「ぬ」は，完了の意味を表す助動詞で，～てしまった，などと訳す。

問四＜古文の内容理解＞簾を引き開けた盗人は，史が裸で座っていたので，驚きあきれた。

問五＜古文の内容理解＞a．盗人は，裸で座っている史に，これはどうしたことかと尋ねた。　b．史は，裸で座っていることの理由を，盗人に答えた。　c．盗人が立ち去った後，牛飼童を呼び戻した史は，みんなで家に帰った。

問六＜古文の内容理解＞盗人は，裸で座っている史を見てあきれてしまい(エ…○)，さらに「公達」が自分と同じようなことをしたということを聞いて，おかしなことだと思った(イ…○)。さらに，史が笏を持ち，貴人に話すような様子で，盗人である自分に説明したこともおかしいと感じた(ウ…○，ア…×)。

問七＜古文の内容理解＞史は，自分が裸で座っている理由を，東大宮大路で，公達に装束を全て持っていかれたからだ，と説明した。

問八＜古文の内容理解＞史が，盗人たちを見事にだまして，何も奪われることなく難を逃れたやり方は，普通の人が思いつけるようなものではなかった。

問九＜古文の内容理解＞史は，危機を予測し，事前に難を逃れるための準備をし，さらに冷静な態度と見事な話し方で，盗人たちをだました。

四〔**国語の知識**〕

問一＜漢字＞①「確信」は，固く信じて疑わないこと。　②「核心」は，物事の中心となる大切なところのこと。　③「革新」は，制度や方法などを改めて新しくすること。

問二＜ことわざ・慣用句＞①「飛ぶ鳥を落とす勢い」は，勢力や権威が盛んなさま。　②「石の上にも三年」は，どんなにつらくても耐えていればいつかは成功するということ。　③「背に腹はかえられぬ」は，本当に大切なものを守るには他のものを犠牲にしても仕方がないこと。

問三．①**＜語句＞**表やグラフで表すと，目で見て，およその状況などが把握できるが(…Ａ)，全体の割合を示すのか，年ごとの移り変わりを表すのかによって(…Ｂ)，グラフを選ぶことが大切である。　②**＜資料＞**連続した年度における増減の推移などを表す場合には折れ線グラフが適している(…Ｘ)。それに対して，一定の期間内の増減を棒の長短で比較したり，色をつけて印象的に表示したりする場合には棒グラフが適している(…Ｙ)。また，円全体を100％としてそれぞれの項目ごとの割合を示す場合には円グラフが適している(…Ｚ)。　③**＜資料＞**棒グラフにおいて，それぞれの棒の内訳を色分けすると，年度ごとの増減の推移と国ごとの割合の両方を示すことができる。

2023年度 相模女子大学高等部（推薦）

【推薦入試の今後と対策】

本校の推薦入試は、面接のみを行っています。面接では、志願理由や高校生活に向けての抱負、将来への目標に関わる質問をしています。高校進学に向けて、明確な目標を持ち、それに向けて努力をしていることを積極的に伝えて欲しいと思います。

面接

〈特進コース〉

〔質問内容〈例〉〕

・志望動機
・将来なりたい職業についてとその努力方針
・関心のある最近のニュースとそれに対する意見
・自分の長所・短所
・勉強方法や取り組み方

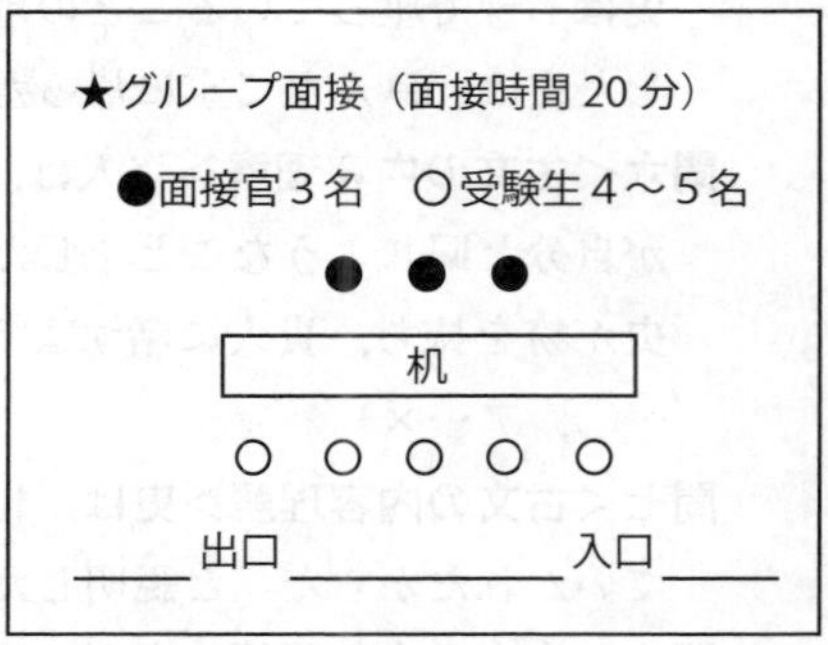

〈進学コース〉

〔質問内容〈例〉〕

・志望動機
・得意（不得意）な科目
・入学後の抱負（勉強や部活動について）
・学校見学や学校説明会に出席したかどうか
・中学時代に最も力を入れたこと

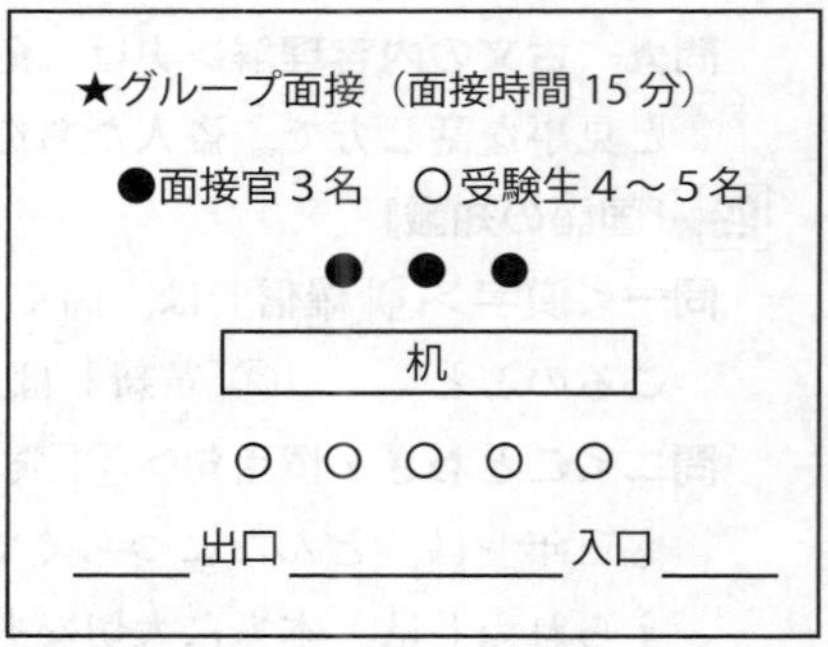

★面接のＰＯＩＮＴ

〈特進コース〉

・将来の目標に対する姿勢や意欲を持っていること。
・勉強を続ける意欲や努力目標があること。

〈進学コース〉

・高校入学後の取り組みに対して、積極的な姿勢があること。

2022年度 相模女子大学高等部

【英　語】（50分）〈満点：100点〉

【リスニングテスト】

1 放送の指示に従って答えなさい。Part Aは１回のみ、Part Bは２回流れます。

Part A　５つの対話文を聞いて、それぞれの質問に対する答えとして最も適切なものを選び、記号で答えなさい。

１．A. She thinks it's great!
　　B. She doesn't like it.
　　C. She's alright.
　　D. She's not sure yet.

２．A. Yes, they finished it quickly.
　　B. No, it was too difficult to understand.
　　C. They finished it together.
　　D. They didn't have any homework.

３．A. Under her table.
　　B. Paul has the book.
　　C. On her table.
　　D. Next to the bookshelf.

４．A. Happy.
　　B. Sad.
　　C. Excited.
　　D. Sleepy.

５．A. An hour.
　　B. 40 minutes.
　　C. 30 minutes.
　　D. 25 minutes.

Part B　対話文を聞き、次の質問の答えとして最も適切なものを選び、記号で答えなさい。

1．A. Paul and Alice's friend.
　B. The new language exchange student.
　C. A new girl at Paul and Alice's school.
　D. Paul's sister.

2．A. She has been to England once.
　B. She has been to England twice.
　C. She has never been to England.
　D. She is from England.

3．A. It was delicious.
　B. It was too oily.
　C. It was terrible.
　D. He didn't eat fish and chips.

4．A. They asked someone for the direction.
　B. They got there by themselves.
　C. They stayed in another hotel.
　D. They went to a restaurant.

※リスニングテスト放送文は，英語の問題の終わりに付けてあります。

2 （　　）に入る最も適切なものを選び、記号で答えなさい。

1．Our school usually (　　) at eight twenty-five in the morning.
ア．has begun　イ．begins　ウ．is beginning　エ．was beginning

2．I asked him (　　) with me.
ア．come　イ．comes　ウ．coming　エ．to come

3．This notebook is the cheapest (　　) the five.
ア．as　イ．than　ウ．of　エ．in

4．This song isn't (　　) by many people.
ア．know　イ．knew　ウ．known　エ．knowing

5．Next Tuesday is Tom's birthday.　I will give (　　) a bag as a present.
ア．he　イ．his　ウ．him　エ．himself

3 （　　）に入る最も適切なものを選び、記号で答えなさい。

1．A：(　　) my shoes?
B：They are pretty.
ア．Can I order　イ．How do you like
ウ．What do you think for　エ．Have you got

2．A：Could you make me a salad without onions?
B：(　　)　That's not a problem.
ア．Not so good.　イ．Anywhere.
ウ．Congratulations.　エ．Certainly.

3．A：I like this jacket.　(　　)
B：Of course.　Please use the fitting room over there.
ア．What size is it?　イ．Can I try it on?
ウ．How much is it?　エ．When do you close?

4．A：(　　　) today?

B：It was fun.　I made a new friend.

ア．How was school　　　　イ．When did you come home

ウ．What did you learn　　　エ．Why were you late

5．A：Would you like some tea?

B：(　　　)

ア．That's too bad.　　　　イ．I'm sorry, but I couldn't.

ウ．Yes, please.　　　　エ．No, you don't have to.

4 A　次の広告を読み、あとの問いに答えなさい。

1．When do visitors need to leave the zoo?

ア．By 4 P. M.　　イ．By 5 P. M.

ウ．By 6 P. M.　　エ．By 7 P. M.

2．How much is admission for a 10-year old child?

ア．$ 2　　イ．$ 3

ウ．$ 5　　エ．$ 6

3．When can visitors see the bird show?

ア．On Mondays.　　イ．On Tuesdays.

ウ．On Wednesdays.　　エ．On Thursdays.

B　次のインターネットサイトの記事を読み、あとの問いに答えなさい。

SAGAMI BAY

★★★★☆ 1,021 reviews

#1 of 14 Restaurants in Woodlands, Japanese, Sushi, Asian

212 Milford Road, Woodlands, Auckland 0620 New Zealand

✆+64 7-4214 42042

Website

Open now: 11:30 AM – 2:30 PM / 5:30 PM – 10:00 PM

No reservation needed

RATINGS		
	Food	★★★★☆
	Service	★★★★★
	Value	★★★★☆

Jassie1995
★★★★★

Wonderful !
We are regular customers at Sagami Bay. The food is always great. The views of the beach are very beautiful. They treat our young girl so kindly each time. They offer a kids menu every day. We regularly visit.

NZ Kiwichick
★★★★★

The best Japanese restaurant
The fresh salmon is the best I have ever had. This is a really good place if you like sushi. The service is excellent. They have English and Japanese menus. They also have Chinese and French speaking staff.

Swimmer Margaret
★★★

O.K. but …
Though the service was nice, the view is beautiful, sashimi was good, too, but the other foods were too salty with too much sauce for my taste.

1．When you visit this restaurant, (　　　).

ア．you can enjoy many kinds of sauces for food

イ．you cannot see the view of the beach

ウ．you need to make a reservation

エ．you can meet staff who can speak Chinese

2．According to this website, (　　　).

ア．there is only one restaurant in Woodlands

イ．all the food served by this restaurant is salty, so nobody wants to return again

ウ．you can see more than one thousand people's comments about this restaurant

エ．customers cannot visit this restaurant in the morning

3．According to these three persons' reviews, this restaurant (　　　).

ア．serves only sushi

イ．welcomes small kids

ウ．does not face the beach

エ．does not have menus in Japanese

5 魔法使い（The Wizard）とネズミの物語の英文を読み、あとの問いに答えなさい。

The Wizard of Wallaby Wallow was very busy. He was trying to put his magic *potions in order. He had potions for turning people into everything from an ant to a zebra. Each potion was in a little bottle with a *label that told what kind of potion it was. However, everything was so mixed up that it took him hours to find the one he wanted. So, he took all the bottles from the shelves and started to put them back in *alphabetical order very carefully.

All the potions for turning people into things beginning with "A", like ants, were placed on the shelf labeled "A". Bears, bees etc., went on the shelf labeled B and so on.

"I wonder what kind of potion this is?" said the wizard as he looked carefully at the bottle in his hand. "The label has come off."

Just then there was a knock on the door. "Oh, who is it?" asked the wizard. "I don't want to meet anyone now," said the wizard. He opened the door. "Go away! *Shoo!" he said.

The visitor was a mouse. "Shoo!! I'm busy!" said the wizard again. The mouse, however, didn't leave because people often shouted shoo at him.

"I want to buy a magic potion," said the mouse. "I am tired of being a mouse. Nobody likes mice. They set *traps for us and cats try to eat us. It's not an easy life and I want to be something else."

"Like what?" asked the wizard.

"[A] I just wanted to come and see what kind of potions you have and choose one."

"I am very busy now," said the wizard. "Come back tomorrow and... Wait a minute!" he said. He remembered the bottle with no label. "Here! Take this one. It's free!" He handed the bottle to the mouse.

"It has no label," said the mouse. "What will it turn me into?"

"Something else," said the wizard. "You said that you don't want to be a mouse!" said the wizard. He shut the door and went back to putting his potions in order.

The mouse went home and put the bottle on the kitchen table. He tried to guess what the potion would turn him into.

"A turtle, maybe? They live for a long time, but they aren't very pretty and also they're very slow. A turtle would not be good," thought the mouse.

"[B] are fast, but they work very hard. I don't want to work hard," he thought.

"[C] go on picnics, but they are stepped on. [D] sing happy songs, but [D] eat insects." The thought of eating an insect made the mouse sick.

"If this potion turned people into mice, that wouldn't help me at all!" thought the mouse.

"Now if I turned into an elephant, that would be wonderful!" thought the mouse. "But if I were an elephant, my house would be too small for me!"

The mouse loved his house. So, he hoped that he wouldn't be turned into an elephant.

In fact, the mouse couldn't think of anything the potion would turn him into. He was not sure what potion would make him happy.

"Being me has its problems," he finally decided, "but at least I know what they are. Maybe being a mouse isn't that bad."

So, he took the potion back to the wizard and knocked on the door. The wizard was still busy putting the bottles in order. He didn't notice the mouse at first.

"You've changed!" said the wizard.

"I don't know..." said the mouse. "I wasn't a very happy mouse before. And now? Well, I'm... something else."

"So, my magic potion changed you?" asked the wizard.

"In fact, it did," answered the mouse.

The wizard began to smile. "That's the first time that one of my potions has ever worked!" said the wizard happily.

"It looks like it worked twice," said the mouse. "(E)It made us both happy! It's a wonderful potion." With that, the mouse turned and headed for home.

The wizard went back into his shop, and took the labels off all the bottles. He then made the prices higher. After that, he put them back on the shelves *randomly because putting them in order was [F].

Jack Kent, The Wizard of Wallaby Wallow (Parents' Magazine Press, 1971)

*potion 水薬　*label ラベル、ラベルを貼る　*alphabetical アルファベット順の
*shoo シッシ（と言って追い払う）　*trap わな　*randomly でたらめに

1．[A] に入れるのに最も適切なものを下から選び、記号で答えなさい。

ア．I can't believe it.　　イ．I haven't decided yet.
ウ．Of course, a lion.　　エ．No, thanks.

2．[B]、[C]、[D] に入れるのに最も適切なものを下からそれぞれ1つずつ選び、記号で答えなさい。ただし、選択肢は全て大文字から始まる表記にしてある。

ア．Ants　　イ．Bees　　ウ．Birds　　エ．Zebras

3．下線部(E)It made us both happy! について、魔法使いとネズミが幸せになった理由をそれぞれ日本語で答えなさい。

4．［　F　］に入れるのに最も適切なものを下から選び、記号で答えなさい。

ア．important　　イ．not important

ウ．difficult　　エ．not difficult

5．本文の内容と一致するものを下から１つ選び、記号で答えなさい。

ア．The wizard had lots of magic bottles without labels on them.

イ．The mouse was afraid of the wizard because the wizard shouted at him.

ウ．The wizard knew what the mouse would become when he gave the bottle to the mouse.

エ．The mouse tried the bottle at home because he wanted to find out what potion it was.

オ．The mouse found that he was satisfied with his little house.

6

以下の条件にしたがって、あなたが考える日本の良いところを３つ、英語で説明しなさい。

＜条件＞

- 20語以上の英語で書くこと。符号（．，！？ など）は語数に含まない。
- 主語、動詞を含む２つ以上の英文で答えること。

＜リスニングテスト放送台本＞

Part A

(1)

Mark:　Hi Meg!　How was your first week at school?

Meg:　It was great, thank you! I made lots of new friends already!

Mark:　Wonderful!

Question: How does Meg feel at her new school?

(2)

Mark:　Linda, did you finish your homework?

Linda:　No, it was too difficult, I couldn't understand it!

Mark:　Me too!

Question: Was the homework easy?

(3)

Conversation 3

Sue:　Jason, where did you put my English book?

Paul:　It's on your table.

Sue:　Ah, thank you!

Question: Where is her English book?

(4)

Mark: What's wrong, Kate?

Kate: I'm too sleepy to study!

Mark: Oh, maybe you should take a rest!

Question: How does Kate feel?

(5)

Man: Mara, how long does it take you to eat dinner?

Maria: Hmm, it takes me about 30 minutes to eat dinner.

Mark: Oh, that's fast, it takes me about 40 minutes!

Question: How long does it take the man to eat his dinner?

Part B

Alice:	Hi, Paul. How are you?
Paul:	I'm good thanks, how are you, Alice?
Alice:	I'm fine thank you! Did you hear about the new foreign exchange student who will come to our school next week?
Paul:	Yes, I heard she is from England. Her name is Elizabeth, but everyone calls her Beth.
Alice:	I'm looking forward to meeting her – I've never been to England, so I want to ask her a lot of questions. Have you ever been to England?
Paul:	Yes, I have been there once on holiday with my family. We got lost in London and had to ask someone how to get to our hotel!
Alice:	Oh no! Did you eat fish & chips when you were there?
Paul:	Yes, we ate fish & chips many times, it was delicious!

Questions:

(1) Who is Beth?

(2) How many times has Alice been to England?

(3) What did Paul think of the fish & chips?

(4) How did Paul's family get to their hotel?

【数　学】　(50分)　〈満点：100点〉

1

次の計算をしなさい。

(1)　$-3-5^2\div\left(-\dfrac{5}{2}\right)$　　(2)　$\dfrac{3a-1}{4}-\dfrac{a+2}{3}$　　(3)　$\dfrac{10}{\sqrt{5}}+(2-\sqrt{5})(3+\sqrt{5})$

2

次の方程式を解きなさい。

(1)　$\dfrac{4}{3}x-2=1.5x$　　(2)　$\begin{cases} x+y=-3 \\ 2x-y=9 \end{cases}$　　(3)　$3x^2-4x-5=0$

3

次の問いに答えなさい。

(1) 右の図のように，点Oを中心とし線分ABを直径とする半径3の半円がある。$\overset{\frown}{AB}$上の2点P，Qに対し，∠QPB = 36°のとき，扇形OBQの面積を求めなさい。ただし，円周率をπとする。

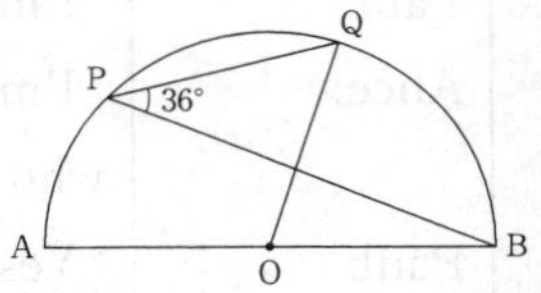

(2) $1<\sqrt{\dfrac{n}{2}}<3$となるような自然数nの値は全部で何個あるか求めなさい。

(3) 2つのさいころを同時に投げるとき，出る目の和が5の倍数となる確率を求めなさい。

(4) 1000ℓの水槽に毎分15ℓで水を入れ始め，途中から毎分25ℓに変更して水を入れ続ける。1時間以内に水槽を満たすためには，水を入れ始めてから何分以内に毎分25ℓに変更する必要があるか，整数で答えなさい。考え方や途中経過もわかりやすく記入すること。

(5) 2点A（－3，2），B（1，－1）がある。直線$y=2x+a$（aは定数）が線分AB（両端の点A，Bを含む）上の点を通るとき，aがとることのできる値の範囲を求めなさい。考え方や途中経過もわかりやすく記入すること。

4

右の図のように，2つの関数$y=ax^2$（aは定数）…①，$y=-\dfrac{2}{3}x$…②のグラフがある。点Aは関数①，②のグラフの交点で，そのx座標は-2である。3点B，C，Dは関数①のグラフ上にあり，点Bのx座標は3，点Cのx座標は4であり，線分BDはx軸と平行である。また，点Eは関数②のグラフと直線CDとの交点である。このとき，次の問いに答えなさい。

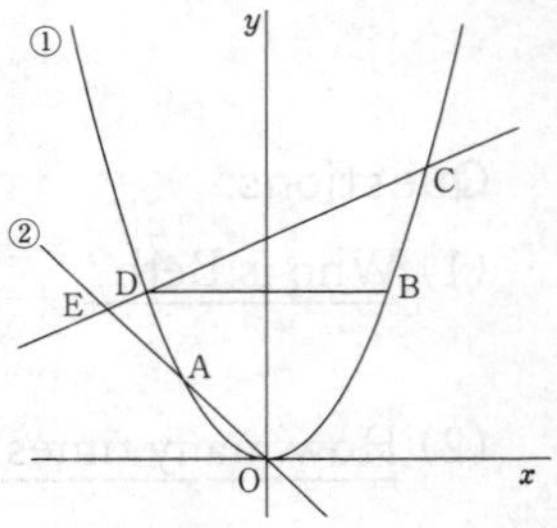

(1) aの値を求めなさい。

(2) 直線CDの式を求めなさい。

(3) 線分CD上に2点C，Dとは異なる点Pをとる。△EAPの面積が△ABDの面積と等しくなるとき，点Pの座標を求めなさい。

5

右の図のように，平行四辺形ABCDの辺AB，AD，BC上にそれぞれ点E，F，Gがあり，AE : EB = 2 : 1，AF : FD = 1 : 1，BG : GC = 1 : 1である。2直線BC，DEの交点をHとし，DHとCFの交点をI，FGとDEの交点をJとする。このとき，次の問いに答えなさい。ただし，最も簡単な整数比で答えること。

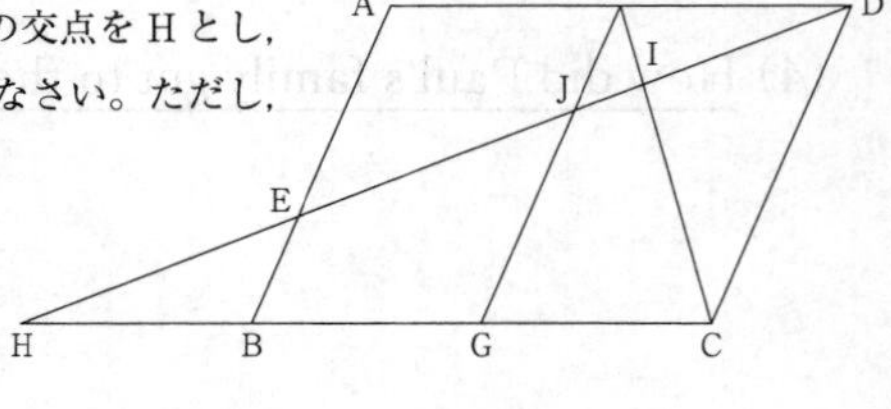

(1) FI : ICを求めなさい。

(2) DI : IEを求めなさい。

(3) △FIJの面積が3のとき，平行四辺形ABCDの面積を求めなさい。

6 右の図のように，１辺の長さ 3cm の立方体 ABCD－EFGH があり，点 P が対角線 AG 上にある。このとき，次の問いに答えなさい。

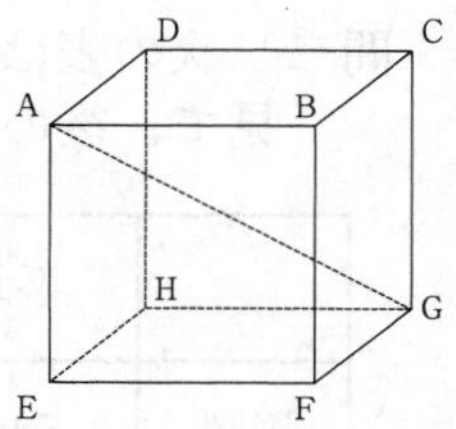

(1) AP：PG ＝ 1：2 となるとき，四角すい P－EFGH の体積を求めなさい。

(2) 線分 CP と線分 AG が垂直に交わるとき，線分 CP の長さを求めなさい。

(3) (2) のとき，四角すい P－EFGH の体積を求めなさい。

問二　次の表は「日本におけるさまざまな面での男女の差」を示している。これを見て、後の問いに答えなさい。

	平均年収	非正規雇用率	大学進学率	大学卒初任給（年収）	ホームレスの数
男性	540万円	22.8%	56.6%	212.8万円	4253人
女性	296万円	56.0%	50.7%	206.9万円	171人
平均	436万円	39.4%	53.6%	209.8万円	

※ 上の表は2019年の次の統計による。
・国税庁「民間給与実態調査」
・内閣府「男女共同参画白書」
・文部科学省「大学入学者数等の推移」
・厚生労働省「賃金構造基本統計調査」
・厚生労働省「ホームレスの実態に関する全国調査（概数調査）結果について」
ただし、男女不明者の数は131人となっている。

上記のデータから読み取れる内容として、正しいものには「○」を、間違っているものには「×」をつけなさい。

① 日本の男女は、大学進学率にはそれほど差がないのに、雇用や年収には大きな差が出てくる。
② 日本の非正規雇用率は女性のほうが高いにもかかわらず、ホームレスの数は圧倒的に男性のほうが多い。
③ 女性の平均年収は男性の約55%ほどであり、ホームレスの男女比と比例している。
④ 現代日本における男性の平均年収は、女性の平均年収の約1.8倍である。
⑤ 日本の男性の初任給は平均年収と比べると$\frac{2}{5}$程度（約40%）であるが、女性のほうは$\frac{4}{5}$程度（約80%）である。

② 「後の千金」と同じような意味を持つことわざ・慣用句はどれか。最も適当なものを次から選び、記号で答えなさい。

ア　まさかの時の友こそ真の友　　イ　歳月は人を待たず

ウ　明日の百より今の五十　　エ　魚心あれば水心

四　次の各問いに答えなさい。

問一　次の傍線部の漢字はひらがなに、カタカナは漢字に直しなさい。

① 憎悪をあらわにした形相。

② 試行錯誤を繰り返す。

③ 大きな損害をコウムる。

④ 老人フクシ対策が重要だ。

⑤ 経費をサクゲンする。

問六　傍線部4「さらにそれまでえ待つまじ」は「とてもそれまでは待てないだろう」という意味だが、どのようなことを言おうとしているのか。最も適当なものを次から選び、記号で答えなさい。

ア　今、喉が渇いて死にそうなのだから、二、三日後に江湖に放されても間に合わないということ。

イ　今、輪跡の水で何とか耐えているので、二、三日後には必ず江湖に放すと約束してほしいということ。

ウ　今、江湖まであと少しの所までやってきたので、二、三日後には江湖で一緒に遊べるだろうということ。

エ　今、こうやって二、三日ぶりに人と話ができたが、江湖からの帰りにはもういないだろうということ。

問七　傍線部5「一提ばかりの水」は、荘子にとっては何に当たるか。本文中から九字で抜き出しなさい。

問八　傍線部6「さてなん助けし」とあるが、荘子は鮒をどのように助けたのか。最も適当なものを次から選び、記号で答えなさい。

ア　鮒の望み通り江湖まで連れて行き　　イ　鮒の言ったように少しの水を与えて

ウ　自分が食べるはずだった粟を与えて　　エ　鮒の願い通り江湖の水を汲んできて

問九　傍線部7「後の千金」について、

①「後の千金」とはどのような意味を表す言葉か。意味を説明した次の文章の空欄［　A　］［　B　］にそれぞれ当てはまる一語を考えて答えなさい。

必要な［　A　］に必要な［　B　］がなければ何の役にも立たないということ。

問三　傍線部１「今五日ありておはせよ」について、なぜこのように言ったのか。理由として最も適当なものを次から選び、記号で答えなさい。

ア　荘子にあげるものがないくらい生活が苦しいが、時間を稼いで何とか都合をつけようと思ったから。

イ　荘子にあげるのに適当なものを持っていないので、失礼のないよう遠回しに断るつもりだったから。

ウ　荘子にあげる穀物が少ししかなかったので、収穫するまで待っていてほしいと思ったから。

エ　荘子にあげるものが少ししかなかったが、近々大金を手に入れる見通しがあったから。

問四　傍線部２「鮒一つふためく」について、本文の内容の説明として誤っているものを次から選び、記号で答えなさい。

ア　鮒は輪跡に溜まった水の中で喉が渇いて死にそうになっていた。

イ　荘子は湖にいるはずの鮒が輪跡にいることを不思議に思って声をかけた。

ウ　鮒は神の使いとして飛んでいる最中に誤って輪跡に落ちてしまった。

エ　輪跡にたまった水たまりに対してとても大きな鮒だった。

問五　傍線部３「何ぞの鮒にかあらん」とあるが、荘子はどのような疑問を持ったのか。最も適当なものを次から選び、記号で答えなさい。

ア　いったい誰が鮒を落としていったのだろうか。

イ　どうして昨日と同じ所に鮒が落ちているのか。

ウ　いったいこの鮒はどうしたというのだろうか。

エ　どうして鮒を食べてはいけないと言うのだろうか。

『[4]さらにそれまでえ待つまじ。ただ今日[5]一提ばかりの水をもて喉をうるへよ』といひしかば、[6]さてなん助けし。鮒のいひし事、我が身に知りぬ。さらに今日の命、物食はずは生くべからず。後の千の金さらに益なし」とぞいひける。それより、「[7]後の千金」といふ事名誉せり。

『宇治拾遺物語』

※1　荘子……　中国・戦国時代の思想家
※2　粟……　穀物
※3　やんごとなき……　賢く尊い
※4　輪跡……　わだち。車輪が通った後の溝
※5　河伯神……　河の神

問一　波線部a「食物絶えぬ」の「ぬ」と意味・用法が異なるものを次から選び、記号で答えなさい。

ア　桜、いま散りぬ。
イ　翁、竹を取ること久しくなりぬ。
ウ　三河の国、八橋といふ所に至りぬ。
エ　京には見えぬ鳥なれば、みな人知らず。

問二　波線部b「参る」は「食べる」という意味の謙譲語である。では、「食べる」の尊敬語は何か。一語の現代語で答えなさい。

問十　この小説の表現についての説明として最も適当なものを次から選び、記号で答えなさい。

ア　純一の暮らす家や庭の木々の様子が、秋の美しい自然とともに丹念に描写されており、それが登場人物や家族を象徴的に表現する役割を果たしている。

イ　お互いを思いやりつつもなぜかすれ違ってしまう家族のありようを、亜由子、純一、真二それぞれに視点を推移させることによって描き出している。

ウ　紅葉したナナカマドを丁寧に描写し、その色鮮やかさを印象づけることによって、子どもから大人へと急速に成長する純一の内面を象徴的に描いている。

エ　家族が暮らす新しい家を、カーテンや窓、植木、隣家にいたるまで詳細に記すことによって、住人一人ひとりの内面や互いの関係を暗示している。

三

次の古文を読んで、後の問いに答えなさい。

今は昔、唐に荘子[※1]といふ人ありけり。家いみじう貧しくて、今日の食物絶えぬ[a]。隣に監河侯《かんかこう》といふ人ありけり。それがもとへ今日食ふべき料の粟[※2]を乞《こ》ふ。河侯が曰《いは》く、「[1]今五日ありておはせよ。千両の金を得んとす。それを奉らん。いかでかやんごとなき人[※3]に、今日参る[b]ばかりの粟をば奉らん。返す返すおのが恥なるべし」といへば、荘子の曰く、「昨日道をまかりしに、跡に呼ばふ声あり。顧みれば人なし。ただ車の輪跡[※4]のくぼみたる所にたまりたる少水に、[2]鮒《ふな》一つふためく。[3]何ぞの鮒にかあらんと思ひて寄りて見れば、少しばかりの水にいみじう大きなる鮒あり。『何ぞの鮒ぞ』と問へば、鮒の曰く、『我は河伯神[※5]の使に、江湖へ行くなり。それが飛びそこなひて、この溝に落ち入りたるなり。喉《のど》渇き死なんとす。我を助けよと思ひて呼びつるなり』といふ。答へて曰く、『吾《われ》今二三日ありて、江湖といふ所に遊びしに行かんとす。そこにもて行きて放さん』といふに、魚の曰く、

問七　傍線部６「(どっちが真二かな)」という表現から読み取れる内容として最も適当なものを次から選び、記号で答えなさい。

ア　違いを個性として尊重し、各々の美質を見出だそうとする意識が芽生えたということ。

イ　ひよわな自分を発見し、心の底で相手をうらやむような卑屈な心境になったということ。

ウ　知らず知らずのうちに比較しようとする心理が、心の内に入り込んでいるということ。

エ　実の兄弟である確証となる共通項を見つけたい、という思いに捉われているということ。

問八　傍線部７「次第にたまらなくなってくる」という純一の心情の説明として最も適当なものを次から選び、記号で答えなさい。

ア　多くの美点を備えた弟をついうっとうしく思う自分が情けなく、兄としてできることはないか葛藤している。

イ　我慢強く優しい人柄にもかかわらず大切にされない弟がかわいそうで、わがことのように悔しく感じている。

ウ　親の期待が自分にないことを寂しく受け入れている弟の気持ちを想像して、自分まで気分が落ち込んでいる。

エ　兄である自分の影に隠れて見向きもされない弟が、うまく長所を発揮できないことにいらだちを募らせている。

問九　傍線部８「(この地球儀だって……)」とあるが、後にどのような語句が省略されていると考えられるか。二十字程度で考えて答えなさい。

問四　傍線部３「もう亜由子は忙しそうに階段を駆け降りて行った」とあるが、この時の母の様子を説明したものとして最も適当なものを次から選び、記号で答えなさい。

ア　純一と真二とで部屋の大きさが違うことに罪悪感を覚え、純一の発言をさえぎろうとする様子。

イ　年下の真二の部屋の方が小さいのは当然だと考えており、純一の意見など気にも留めない様子。

ウ　真二の部屋の大きさに異論を唱える純一の態度に腹を立て、その場から立ち去ろうとする様子。

エ　真二と純一の部屋の大きさよりも切実な問題を抱えているため、純一の疑念に気づかない様子。

問五　傍線部４「思いちがい」とあるが、伯父について母はどのような思いちがいをしているというのか。最も適当なものを次から選び、記号で答えなさい。

ア　父は伯父を心から信頼しているということ。

イ　父は伯父をこころよく思っていないということ。

ウ　伯父の設計する家は評価が高いということ。

エ　伯父は思いやりのある温かな人だということ。

問六　傍線部５「真二と自分の姿をそのナナカマドに見たような気がした」とあるが、二本のうち「真二」に相当するナナカマドはどのような状態か。次の文の（　）に当てはまるように、本文中の語句を用いてそれぞれ二字で答えなさい。

葉が（　①　）、実が（　②　）状態のナナカマド

問一　傍線部1「宮の森のこの家」の図示として最も適当なものを次から選び、記号で答えなさい。

ア

イ

ウ

エ

問二　傍線部2「今吠えている犬をまだ見ていない」という表現には、純一のどのような内面が投影されているか。その説明として最も適当なものを次から選び、記号で答えなさい。

ア　声のする方向を次々と変える犬の存在を心から信じられないでいる。

イ　犬を放し飼いにしている隣人に対し、反発のようなものを覚えている。

ウ　宮の森での新しい生活が、まだ現実のものと感じられないでいる。

エ　新しい家に移ってきたが、そこでの生活を受け入れられないでいる。

問三　波線部A「ズボンのポケットに両手を突っこんで」、B「口を尖らせながら」に共通して表れているのはどのような気持ちか。本文中から二字で抜き出しなさい。

「わたし、真二のことはもう諦めたわ」

とか、

「頼れるのは純一だけね。真二は勉強が全然駄目なの」

と言っているのを聞いても、真二はにこにこしている。そんな真二を、亜由子はまた、

「何を言われても、笑ってばかりいるんだから」

と、腹立たしそうに言う。機嫌が悪い時の亜由子は、真二の前に食器をがちゃんと音を立てて置く。真二はそんな時、ちょっと淋しそうに笑っている。

(真二だって、わかっているんだ)

純一は足をぶらぶらさせながら、[7]次第にたまらなくなってくる。

[8](この地球儀だって……)

机の上の大きな地球儀に手を伸ばして、純一はくるりと回転させた。地球儀はアフリカ大陸を見せてとまった。真二に与えられた地球儀は握り拳《こぶし》二つ程の小さな地球儀だ。純一の地球儀はドッジボールのボールよりひとまわりも大きい。去年、亜由子は真二を塾にしばらく通わせたが、不経済だと言ってすぐに止めさせた。

「お金ばかりたくさんとられて」

亜由子はそう言っていた。

三浦　綾子『水なき雲』

同じナナカマドの木とは思えぬ程だ。

（青いほうが丈夫なのかな）

葉が赤くなるのは、人間で言えば白髪になるのと同じかも知れないと、純一は思った。だが、秋になっても紅葉しないナナカマドはやはり不自然に思われた。何となく純一は、5 真二と自分の姿をそのナナカマドに見たような気がした。小犬をつれた若い女が、黄色いエプロンをかけて、ゆるい坂を登って来るのが見えた。純一は窓から顔を突き出して、並んでいる真二の部屋のほうを見た。そこにもナナカマドの木が二本立っているが、この二本は、向いの家の庭のナナカマドよりも、鮮やかな紅葉だ。母の亜由子は、

「白い壁に、赤いナナカマドが、とても素敵だわ」

と、幾度も和朗に言っていたが、あの木のために真二の部屋が暗くて可哀そうだとは、一度も言わなかった。純一は再び、向いの家のナナカマドを眺めた。

6 （どっちが真二かな）

人目を惹く紅葉のほうが、自分のような気がした。今年三年生になった真二は、ますます成績が下がっていた。根気がないのだ。時折熱を出す。頭が痛いということがある。よく口をぽかんとあけていて、見るからに賢そうには見えない。だが図工は相変わらずうまく、学校ではいつも貼り出されていた。また作文もかなり上手で、文集のトップに取り上げられることが度々あった。しかし算数が最も不得手で、理科や社会科も頭に入らないようだった。

（だけど……ママはもっと真二をかわいがってもいいと思うな）

純一は窓をしめてベッドに腰をおろした。

（真二は……偉い奴だなあ）

部屋が小さかろうと、うす暗かろうと、只《ただ》の一度も文句を言わない。いや、部屋のことだけではない。亜由子が、和朗や鈴橋の祖母に、

「今日はお義兄さんと打ち合せがあるから、遅くなるわ」

と、亜由子が和朗に言っているのを、純一は幾度か聞いた。あの苦虫を噛《か》みつぶしたような遠野木の伯父に、もう一つの顔があるらしい。純一は何となく不安を感じた。

（ほんとだろうか）

母の亜由子が４思いちがいをしているような、そんな不安だった。

そして、今、純一は、その母にも伯父にも、敵意に似たものを持っていた。それは、真二の部屋と自分の部屋の大きさがちがっていたからである。その上、真二の部屋の日当りが悪かったからである。

（もしママや伯父さんが真二のような部屋をあてがわれたら、どう思うだろう）

決して愉快ではない筈《はず》だと純一は思う。誰だってあんな部屋を与えられたら、淋しいにちがいないと思う。そんな部屋を造った母と伯父とが、純一には許せないのだ。どんな気持で、どんな相談をしながら、あんな部屋を造ったのか。

純一はパジャマのままベッドを降りて、窓べに立った。太いひもを引くと、カーテンはするするとあく。それは真二の部屋も同じではある。純一は窓をがらりとあけた。秋の朝の冷気がさっと部屋の中に入りこんだ。純一はカーテンを肩にまきつけて窓の外を眺めた。紅葉の盛りの山がすぐ間近にある。大倉山のシャンツェの白い滑走路がくっきりと浮き出て見える。向いの家の庭に目を移すと、燃えるようなドーダンツツジの赤が目を射た。庭の手前に、小豆色がかったナナカマドの紅葉が美しい。真紅のその実に、朝日が射して、ぬれたように光っている。その傍らに、もう一本のナナカマドが立っている。

（へえー、あれもナナカマドか）

純一は引っ越して来て五日目の今日、初めてそれがナナカマドであることに気づいた。片方は目を奪うような紅葉なのに、その隣のナナカマドの葉がまだ青々としている。

（どうして赤くならないんだろう）

日当りも、立っている場所も同じだというのに、全く別の木のように、一方は赤く、一方は青い。もしその実の赤がなければ、

（ママ、ぼく知ってるんだよ）
（ママはほんとは、ぼくをひいきしているんだ）
（それは、なぜかと言ったら、ぼくが成績がいいからなんだ）
（ママはね、真二を馬鹿にしてるんだ）

　純一は不意に起き上がって、じっとベッドの上に坐《すわ》っていたが、そのままばたんと仰向けに寝た。乱暴な仕種だった。

　この家の設計は、最初和朗と亜由子が相談しながら進めていた。だがそのうちに、亜由子は言い出した。

「やっぱり、山鼻のお義兄さんに相談して見るわ」

　駅や植物園に近い前の家は、幸いある不動産会社が買ってくれた。その一画に大きなビルの建つ話が運よく持ち上がったのだ。和朗の父がくれた家は古くはあったが、土地に値打ちがあった。八十坪の土地を売って、百坪の土地を買い、なお家の建築にまわす金ができた。銀行から少しローンは借り受けたが亜由子が願っていた以上の、瀟洒《しょうしゃ》な家が建ち上がった。地坪二十七坪、二階二十坪、地下十坪、計五十七坪の、この辺ではさほど大きな家とはいえないが、玄関の上に半円のバルコニーを設けた白い家は、雑木林を背に人目を惹《ひ》いた。チョコレート色の落ちついた屋根の色も家に風格を与え、家の形も今時珍しい出窓を使って、かえって西欧風の雰囲気を出した。

　この宮の森は、札幌の西にあって、大倉山シャンツェや円山動物園を抱え、見事な杉林や、美しい雑木の森の残っている山腹の閑静な高級住宅地である。バンガロー風の家があると思えば、塀も家屋も総煉瓦《れんが》で造った見事な邸宅がある。赤い御影石のどっしりとした門の中に、一見料亭風の家があるかと思うと、広い温室を持つ教会風の家もある。それぞれに個性豊かな、そして豪華な家々の中に、桜田和朗の家が小さいながらも人目を惹いたのは、さすがにその才をうたわれる遠野木則雄の設計によったからであった。

「山鼻のお義兄さんって、見た目よりはずっと親切で、やさしい方ね」

　亜由子はそんなことを言うようになった。

長い間、純一は真二と同じ部屋だった。朝々真二の寝顔を眺めながら、

（可愛い奴だ）

と思ったものだ。その真二と別々の部屋になった。それはいい。自分一人の部屋を持つことには、それなりの楽しさがあった。だが純一にとって不満なのは、真二の部屋が、自分の部屋よりも狭い四畳半だったことだ。いや、そればかりではない。真二の部屋の傍には大きなナナカマドの木が二本立っていて、枝葉が窓を覆い、うす暗いのだ。朝の間、北東の窓から日の光が僅《わず》かに射すだけだ。この家に移って来た時、母の亜由子が純一と真二に言った。

「こっちが純一の部屋よ。真二は小さいから小さい部屋ね」

真二は無邪気に喜んで、自分の部屋に飛びこんで行った。だが純一は、ズボンのポケットに両手を突っこんで、黙って亜由子の顔を見ていた。

「どうしたの、純一」

「ママ、真二は小さいから小さい部屋ってこと、ないでしょう」

純一が低い声で言った。

「あら、小さいから小さい部屋で悪かった？　当り前じゃない？」

「当り前かなあ」

言った時、もう亜由子は忙しそうに階段を駆け降りて行った。それから今日までの四日間、純一は何となくおもしろくないのだ。純一は今五年生で、真二は三年生だ。だが、いつまでも二人は子供ではいない。真二のほうが背丈が伸びるということだってある。今は小さくても、大きくなる日があるのだ。

（山鼻の俊磨兄ちゃんを見るといい）

中学一年の俊磨は、また背丈が伸びて、うしろから見ると、高校生のような感じがする。純一は口を尖《とが》らせながら、亜由子の顔を思い浮かべる。

問十　この文章には「宙に浮くすすめ」という小見出しが付いているが、どのような意味で付けられたと考えられるか。最も適当なものを次から選び、記号で答えなさい。

ア　固定観念に基づいて考えるのではなく、より自由に考え生きていくべきだということ。
イ　一つの国に留まっているのではなく、より広い世界に羽ばたいていくべきだということ。
ウ　自分の考え方に固執することなく、他の人の優れた考えに合わせるべきだということ。
エ　地球の重力の影響から離れた無重力空間で、新たな思想を作り出すべきだということ。

二

次の文章は、三浦綾子の小説『水なき雲』の一節である。主人公の純一は小学五年生で、二学年下の弟、真二と父の和朗、母の亜由子の四人で暮らしている。これを読んで、後の問いに答えなさい。

近くの家で犬が吠えている。純一はその声で目がさめた。厚い緑のカーテンが窓を覆っていて、部屋の中は暗い。が、隙間《すきま》からの光で夜が明けていると純一は知った。

[1]宮の森のこの家に越して来て、まだ一週間にならない。純一は、[2]今吠えている犬をまだ見ていない。細い道路を隔てて、何百坪もありそうな広い屋敷があって、その屋敷の中で犬が吠えているのだ。牛乳屋が通っても、新聞配達が通っても犬は吠える。その声から察すると、飼い主の屋敷にふさわしく大きな犬らしい。犬は屋敷の中に放し飼いされているらしく、純一の寝ているベッドの右手から、あるいは左手からと、声の聞える位置が常に変る。

純一は仰向けになったまま、うす暗がりの天井を見た。純一の部屋は六畳の洋間で、天井も壁もクリーム色で仕上げられている。純一専用の洋ダンスが壁にはめこまれ、その横には本棚も造りつけられてある。立派な部屋だが、純一はこの家に来た時から心が浮かない。

問七　傍線部６「西欧的になっていない人」とは、どういう人か。最も適当なものを次から選び、記号で答えなさい。

ア　知識が乏しくても強い信仰心だけで内面が満たされる人。

イ　ひとつの基準に縛られることなく多様な考えができる人。

ウ　ヨーロッパの大陸的な生活習慣になじむことができない人。

エ　生きる自信を持つことができずにくよくよと悩んでいる人。

問八　傍線部７「人間精神の基盤をも相対化しないといけないのではないか」とあるが、「相対化」の例として適当でないものを次から一つ選び、記号で答えなさい。

ア　地球が天体の中心にあって不動のものだと考えるのではなく、他の星などの運行と比較することで天体全体の状況を知る。

イ　自分の言動が適切であるのか不適切であるのかを判断するために、さまざまな他人の言動を参考にして考え、見つめ直す。

ウ　物事の評価を行うに際して数量的な問題は考慮せずに、一定の価値基準を設けてそれに達するか否かを尺度として評価する。

エ　あるひとつの原理を誰もが理解できるように説明するために、多くの人の知恵を持ち寄って検討し、論理体系を整備する。

問九　傍線部８「科学ではなく知性こそが」とあるが、筆者が「科学」と「知性」を区別していることからどのような考えが見てとれるか。その説明として最も適当なものを次から選び、記号で答えなさい。

ア　無重力空間に出ていけば科学的な知識では太刀打ちできないことも多いため、科学を万能視すべきではないという考え。

イ　唯一の正解を求めてそれを絶対視するのではなく、答えを探すこと自体を大切にしてこそ豊かに生きられるという考え。

ウ　西洋ではキリスト教が科学と同様の役割を果たしていた時代もあり、科学だけを特別視するのは間違いだという考え。

エ　今後、科学に代わる新しい学問が重視されることが予想されるため、理系ばかりをもてはやすべきではないという考え。

問三　傍線部２「カオス」の本文中での意味に最も近いものを次から選び、記号で答えなさい。

ア　無作為　イ　無造作　ウ　無秩序　エ　無機質

問四　傍線部３「人間はその遊びがすごく好きなのだ」とあるが、「その遊び」の説明として最も適当なものを次から選び、記号で答えなさい。

ア　どこまでも抽象的な思考を重ねて、得体の知れない生物を作り出す空想。
イ　未確認だと思われるものであっても何とか明らかにしようとする論証。
ウ　想像力をふくらませて、いかにもありそうな仮想世界を再現する試み。
エ　論理的なつじつま合わせだけを考えた、現実とはかけ離れた思考の実験。

問五　傍線部４「ちゃんとした理屈に則っていると思えるような議論をすると、幽霊でも何でも存在すると証明できてしまう」とあるが、ここでの「幽霊（など）」に該当するものとして、傍線部４より前の部分で具体的に取り上げられているものを一語で抜き出しなさい。

問六　傍線部５「人間は論理が通れば正しいと考えるほどバカである」とはどのようなことを述べたものか。最も適当なものを次から選び、記号で答えなさい。

ア　人間は他の動物たちに比べて知能が高い分、かえって理屈には弱いということ。
イ　自分たちが科学に支配されている状況を自覚せず、不快とも感じていないこと。
ウ　どんな言説でも、書籍となって発表されたことは真実だと感じてしまうこと。
エ　人間はひと通りの説明がつくと、それをやみくもに信じてしまうということ。

それはとても不安定だけれど、それでこそ、生きていくことが楽しくなるのではないだろうか。

よって立つ地面はないということが、物理的な意味でも精神的な意味でもこれからの人間の最大のテーマなのだと思う。あるものに否応《いやおう》なくのっかり、それに頼って生きていくのはこれまでの話、普通の話という気がする。

科学者として話をしてくださいとよく頼まれる。ぼくはずっとそれが不満だった。

科学だけではつまらないでしょう？　知性というもの、それがあるということはどういうことか、そういう話をしたい。

それはやわらかで何ものにも縛られない。8科学ではなく知性こそが、このいきもののほんとうの力だと思っている。

日高　敏隆『世界を、こんなふうに見てごらん』

※カルト……　ある人、事物に対する熱狂的崇拝。特に少数で組織される狂信的宗教集団のこと。

問一　次の一文が入るのに最も適当な箇所を、本文中の［Ⅰ］～［Ⅳ］の中から選んで、記号で答えなさい。

近い将来、人類はほんとうに無重力空間に出ていく。

問二　傍線部1「では人間の打ち立てた科学的説明とは、いったい何なのだ」とあるが、そのことを説明した次の文の空欄に当てはまる語を、本文中より一語で抜き出しなさい。　※答えとなる語は複数あるが、その中の一つを答えればよい。

「科学的」であるとみなされるためには、物事の因果関係、つまりは物事の始まりと終わりまで一貫した［　　　］があるということが必要である。

　しかしぼくは、科学もひとつのものの見方にすぎないと教えてくれるいくつかの書物に早く出会えて、ほんとうによかったと思っている。

　おかげで科学によって正しい世界が見えると信じ込む人間にならずにすんだ。

　西欧はキリスト教という一神教を信じるがゆえに、絶対の神の法則を解き明かす科学が発展したという。

　しかしぼくの学んだフランスは、西欧の一部ではあるが、[6]西欧的になっていない人が、数少ないながらもいるところだった。

　その意味でヨーロッパの知識層はすごいと思っている。生きる自信を宗教に頼らない層がちゃんとある。もちろんキリスト教に頼る一般の人々は非常に多いけれど。

　そういう、西欧的でない人は絶えず悩みながら生きている。楽ではないから。

　でもそういう人たちに出会ったときは、非常にうれしかった。

　彼らはものごとを相対化して見るツールのひとつとして科学を使っている。科学が絶対と信じ、それを唯一のものの見方とする姿勢ではないのだ。

　神であれ、科学であれ、ひとつのことにしがみついて精神の基盤とすることは、これまでの人類が抱えてきた弱さ、幼さであり、これからはそういう[7]人間精神の基盤をも相対化しないといけないのではないか。

　頼るものがあるほうが人間は楽だ。それにしたがい、疑問には目をつぶればいいのだから。

　でも引きこもりやカルト※、無差別殺人といったさまざまな現代の問題には、どれも自分の精神のよって立つところを求めて、暗い洞窟《どうくつ》に入り込んでいった様子が見える。

　どんなものの見方も相対化して考えてごらんなさい。科学もそのうちのひとつの見方として。

　自分の精神のよって立つところに、いっさい、これは絶対というところはないと思うと不安になるが、その不安の中で、もがきながら耐えることが、これから生きていくことになるのではないかとぼくは思う。

　ならばその精神もまた同じように、絶対のよりどころのない状態をよしとできるように成長することが大切ではないだろうか。

人間の場合は、筋さえつけば現実に存在してしまうというところまでいくのが特徴だ。

鼻行類は、徹底的に理屈をこねるとほんとうに存在することになるという、よい例だろう。

著者は、よくぞここまでというくらい、いっしょうけんめい考えた。それは、遊びとしてすごくおもしろい遊びで、[3]人間はその遊びがすごく好きなのだ。そしてときにそうした遊びに足もとをすくわれたりもする。そういう動物はほかにいない。

そのことに気がついている人は、『機械の中の幽霊』（日高敏隆、長野敬訳　ちくま学芸文庫）を書いたアーサー・ケストラーをはじめとして、昔からけっこういる。

[4]ちゃんとした理屈に則っていると思えるような議論をすると、幽霊でも何でも存在すると証明できてしまう。

それをおもしろがるのはよいけれど、理屈にだまされることには気をつけなければ、と思った。そして次に、それで遊んでやろう、あるいは人を遊ばせてやろうと思った。

何が科学的かということとは別に、まず、[5]人間は論理が通れば正しいと考えるほどバカであるという、そのことを知っていることが大事だと思う。

そこをカバーするには、自分の中に複数の視点を持つこと、ひとつのことを違った目で見られることではないかと思う。

一般の人は科学の目で、逆に科学者は一般の人の目でものを見ると、いつもとは別の見方が開けるだろう。誰にとってもものごとを相対化して見ることは必要だ。

Ⅲ

普通、我々は、科学的な目とは、あるパターンのものの見方だと思っている。日常、人々はいちいち科学的なパターンでものを見ないから、正しくないようにいわれるがそんなことはない。

正しく見えることと、ほんとうに正しいかどうかは関係ない。そう見れば見えるというだけの話だ。

まだ若手の研究者だったころから、ずいぶんそういう議論をしてきた。

相手は自分たちを進歩的だと思っている科学者の会だったりしたから、その人たちにはきっとどうしようもない人間だと思われていただろう。

じゃないかと。

ところがそこにはみごとな理屈があり、鼻行類という生物種がいて、その中でも肉食のもの、花に擬態《ぎたい》するものなどさまざまに分かれていて、それぞれどうやって生きているかまで細かく書いてある。解剖図まである。

そういう、いわば理論生物学ともいえる話を、ハラルト・シュテュンプケというドイツ人が考えた。

人間は理屈にしたがってものを考えるので、理屈が通ると実証されなくても信じてしまう。

実は人間の信じているものの大部分はそういうことではないだろうか。

いつもぼくが思っていたのは、科学的にものを見るということも、そういうたぐいのことで、そう信じているからそう思うだけなのではないかということだ。

本来いない動物の話を、あたかもいるように理屈っぽく考えて示すと、人はそれにだまされる。

真《ま》に受けた学生や大学教授もずいぶんいた。正式な問い合わせや標本貸出の依頼もあったくらいだ。

そういう結果になるようなことを、なぜあなたは研究者としてやったのか。はじめからうそだとわかっているものをやるのは研究者としてよくないと、その当時ずいぶん怒られた。

それに対してぼくはこう答えていた。人間はどんな意味であれ、きちんとした筋道がつくとそれを信じ込んでしまうということがおもしろかったので、そのことを笑ってやりたいと思って出したのです。わたしたちはこっけいな動物だということを示したかったのです、と。

すると今度は、あなたは人が悪いといわれた。

そもそも理屈は人間だけのものかというと、そうではない。

こうだからこうなるだろうという推測は動物もしている。

たとえばここにフンがあれば、それを残した動物がわかり、近くにその動物すなわち食いものがあるようだと推察する。どのくらいの理屈かということはあるけれど。

ティングしているという科学的説明がされ、実に納得する。

でもほんとうにずっと観察していると、その説明ではダメな場合もたくさんあるということがわかってくる。

では[1]人間の打ち立てた科学的説明とは、いったい何なのだ。そういうことを思うようになった。

自然界の事例をたくさん見れば、いきものが失敗することはままある。科学的にこういう習性があるから、そのいきものの行動はこのように予想がつくと教わったが、どうもそううまくいかない場合がたくさんあるらしい。

ならば世の中に理屈はないかというと、ないわけではない。

うまくいった場合は、なるほど、こうしたからうまくいったのかということがわかり、うまくいかない場合も、こうしたからまずかったのかということがわかる。

しかし、理屈がわかってもその通りにならないことはたくさんあって、よくわからなくなった。ほんとうにそういうものがあるのか。

こんな議論もした。絵を描くときに、ある色を作り出そうとする。何色と何色を混ぜればその色ができるという理屈はわかっているから、それにしたがうと近い色が出てくる。でも近いだけでその色になるわけではない。

理想通りにうまくいくことのほうがめずらしいのであって、現実にはノイズが入るのが普通ではないか。

Ⅱ

つまりこの世はめちゃくちゃな[2]カオスというわけではなく、そこには何か筋道があるらしい。それを探るためには科学的にものを見ることが大切だ。それ以外に、ささやかな筋道すら見つける方法はないということだ。

となるとぼくには、今度は、科学的にものを見るとはどういうことかがわからなくなった。どういうことが科学的な手法なのか。

そのころぼくが手がけた翻訳書のひとつに『鼻行類《びこうるい》』(ハラルト・シュテュンプケ著　日高敏隆、羽田節子訳　平凡社ライブラリー)という本がある。今は消滅した群島に生息していたという、鼻で歩く奇妙ないきもののことを記述した本だ。

翻訳しているとき、周囲にはさんざんにいわれた。だいたいそんな動物はいない。そこに書いてある話はうそに決まっている

二〇二二年度　相模女子大学高等部

【国　語】（五〇分）〈満点：一〇〇点〉

一　次の文章を読んで、後の問いに答えなさい。

これからの時代、人類にとってよい未来を切り開いていくためには、科学者だけでなく、一般の人々も科学を知らなければならない。すべての人間が科学的でなくてはいけない。そんなふうにいわれる。

その発想は何も今に始まったものではなく、戦後からずっと続いてきた風潮だと思う。子どもたちに科学的な見方・考え方を教育する運動というのも十年、二十年前からあった。

Ｉ　自分が研究者と呼ばれる者になり、ぼく自身、そうだ、ぼくは科学をやっているんだ、という気になったころ、ふと気がつくと世の中には、普通の人も日常生活を科学的に考えなければというテレビ番組や新聞・雑誌の記事があふれていた。

「科学的に見ないとちゃんと正しくものが理解できない」

そういう意見を耳にしてぼくは疑問に思った。じゃあ、科学的に見ればちゃんとものがわかるというのは、ほんとうのことなんだろうか。そもそも科学というのはそんなにちゃんとしたものなんだろうか。そんなことをつい考えてしまったのだ。

それからは科学的といわれる態度をめぐってずいぶん議論した。

科学的にこうだと考えられるという話が、しばらくするとまったく間違いだったということはよくある。

たとえば、ある昆虫が非常に的確に行動しており、獲物《えもの》をつかまえるにはどこから近づいて、相手のどこを狙《ねら》えばいいかちゃんと知っていて、それを実行しているという。

実際にその様子を目撃すると確かにすごいなと思う。そのいきものにはそういう行動のパターンがあり、それに則《のっと》ってハン

2022年度／相模女子大学高等部

英語解答

1 Part A　1…A　2…B　3…C　4…D　5…B
Part B　1…C　2…C　3…A　4…A

2 1　イ　2　エ　3　ウ　4　ウ　5　ウ

3 1　イ　2　エ　3　イ　4　ア　5　ウ

4 A　1…ウ　2…イ　3…ア
B　1…エ　2…ウ　3…イ

5 1　イ　2　B…イ　C…ア　D…ウ
3　魔法使いの理由…自分の薬が効いたと思ったから。
ネズミの理由…自分が幸せなネズミだと気づいたから。
4　イ　5　オ

6 (例) First, Japan is a safe country. You can go out by yourself late at night. Second, you can enjoy beautiful mountains. Mt. Fuji is especially beautiful. Third, foods are fresh and delicious. Sushi is very popular overseas, too. (38語)

1〔放送問題〕解説省略

2〔適語(句)選択・語形変化〕

1．usually「ふだんは，いつもは」があるので，‘現在の習慣’を表す現在形を選ぶ。主語が３人称単数なので３単現のｓがつく。　「私たちの学校はふだん朝の８時25分に始まる」

2．‘ask＋人＋to ～’「〈人〉に～してくれるよう頼む」の形にする。　「私は彼に私と一緒に来てくれるように頼んだ」

3．最上級の文で「～の中で，～のうちで」というとき，‘数’を表す語句の前に置く前置詞は in ではなく of。　「このノートは５冊のうちで最も安い」

4．‘be動詞＋過去分詞’の受け身形。　know－knew－known　「この歌は多くの人に知られているわけではない」

5．‘give＋人＋物’「〈人〉に〈物〉を与える」の形。「彼に」という意味を表す目的格の him を選ぶ。「次の火曜日はトムの誕生日だ。私はプレゼントとして彼にバッグをあげるつもりだ」

3〔対話文完成―適文選択〕

1．A：私の靴，どう思う？／B：かわいいね。／／Bがかわいいという感想を述べているので，「(好き嫌いについて)～をどう思いますか」と尋ねる How do you like ～？が適する。

2．A：タマネギ抜きでサラダをつくっていただけますか？／B：かしこまりました。問題ありません。／／Aが料理の仕方について注文をつけたのに対し，Bは問題ないと言っているので，その依頼を受ける表現として Certainly.「承知しました，かしこまりました」が適する。

3．A：このジャケットが気に入りました。試着してもいいですか？／B：もちろんです。あちらの試着室をご利用ください。／／Bが fitting room「試着室」を使うようにとAに勧めているので，試着してみてもいいかと尋ねるイが適する。　try ～ on「～を試着する」

4．A：今日は学校はどうだった？／B：楽しかったよ。新しい友達ができたんだ。／／Bの返答から，学校での様子を尋ねられていると推測できるので，学校はどうだったかと尋ねるアが適する。

5．Ａ：お茶はいかがですか？／Ｂ：はい，お願いします。／／お茶を勧められているので，ここではその勧めに従ってお茶をもらいたいと伝えるウが適する。

4 〔長文読解総合〕

Ａ＜英問英答—広告＞≪全訳≫ヨークトン市立動物園／年中無休。午後５時まで入園できます。動物園は午前９時開園，午後６時閉園です。／入園料：大人…５ドル，12歳以下の子ども…３ドル／入園料には日替わりショーの料金が含まれます／月曜日…賢くカラフルなオウムたち／火曜日…ゾウと友達になろう／水曜日…世界のネコたち／木曜日…サル，サル，サル／金曜日…キリンに大接近／ぜひお越しください！／マウンテンビューロード1990／(555)454-210410／www.zoomania.yorkton.org

＜解説＞1.「来園者はいつこの動物園から退出する必要があるか」—ウ.「午後６時までに」　閉園時間は６時である。　2.「10歳の子どもの入園料はいくらか」—イ.「３ドル」　12歳以下の入園料は３ドルである。　3.「来園者が鳥のショーを見られるのはいつか」—ア.「月曜日」　parrot(s)「オウム」

Ｂ＜内容一致—記事＞≪全訳≫❶サガミベイ／レビュー数1021／ウッドランズにある14のレストランのうちナンバーワンの和食，すし，アジア料理の店です。　ミルフォードロード212，ウッドランズ，オークランド，0620，ニュージーランド／電話 +647-4214-42042／ウェブサイト／現在営業中：午前11時30分～午後２時30分，午後５時30分～午後10時／予約不要／評価　料理，サービス，価格 ❷Jessie1995／すばらしい！：私たちはサガミベイの常連客です。お料理はいつでも最高です。ビーチの眺めもとってもきれいです。店員さんたちはうちの幼い娘にいつもすごく優しく対応してくれます。お子さまメニューが毎日提供されています。うちは定期的に通っています。❸NZ Kiwichick／最高の和食レストラン：新鮮なサケは今まで食べた中で一番おいしかった。すしが好きなら，本当にいいお店です。サービスもすばらしい。英語と日本語のメニューがあります。あと，中国語とフランス語を話せるスタッフもいます。❹Swimmer Margaret／悪くはないけど…：サービスは良かったし，眺めもきれいだったし，刺身もおいしかった，だけどそれ以外の料理はソースの使いすぎで私にはしょっぱすぎました。

＜解説＞1.「このレストランを訪れると，(　　)」—エ.「中国語を話せるスタッフに会える」　第３段落最終文参照。　2.「このウェブサイトによると，(　　)」—ウ.「このレストランについて，1000人以上のコメントを見ることができる」　第１段落参照。1021のレビューがある。　3.「これら３人のレビューによると，このレストランは(　　)」—イ.「小さい子どもを歓迎している」　第２段落最後から３，２文目参照。

5 〔長文読解総合—物語〕

≪全訳≫❶魔法使いのワラビー・ワロウはとても忙しかった。彼は魔法の水薬を順番に並べようとしているところだった。彼は人間をアリからシマウマまであらゆるものに変えられる水薬を持っていた。それぞれの水薬は，それがどんな種類の水薬なのかを示すラベルを貼った小さなビンに入っていた。ところが，全部がひどくごちゃ混ぜになっていたため，欲しいビンを見つけ出すのに何時間もかかっていたのだ。そこで彼は全てのビンを棚から取り出して，大変な注意を払ってアルファベット順に戻すことにしたのである。❷ant(アリ)などの「Ａ」で始まるものに人間を変える水薬は全て，「Ａ」のラベルを貼った棚に置いた。bear(クマ)，bee(ハチ)などはBのラベルを貼った棚に，といった調子である。❸「これは何の種類の水薬だったかな？」と，手にしたビンをしげしげと眺めながら魔法使いは言った。「ラベルが剝がれちゃってるよ」❹ちょうどそのとき，ドアをノックする音がした。「えっ，誰？」と魔法使いは尋ねた。「今は誰にも会いたくないんだがね」と魔法使いは言った。彼はドアを開けた。「あっちへ行って！　シッシッ！」と彼は言った。❺訪問者は1匹のネズミだった。「シッシッて言ってるだろ！　私は忙しいんだよ！」と魔法使いはまた言った。しかしネズミは立ち去らなかった，というのは，彼は人間からシッシッと追い払われるのには慣れっこだったからである。❻「魔法の水薬を買いたいんです」とネズミは言った。「ネズミでいるのはもううんざりなんです。ネズミを好きな人なんていやしません。人間は僕らのためにネズミ捕りを仕掛けるし，ネコは僕らを食べようとするし。平穏な生活が送れないんです，それで何か他のものになりたいんです」❼「例えば何に？」と魔法使いは聞いた。❽「Aまだ決めてないんです。あなたがどんな種類の水薬を持ってるのか見せてもらって，そしてどれか選ばせてもらおうと思って」❾「私は今ものすごく忙しいんだ」と魔法使いは言った。「明日またおいで，そしたら…。ちょっと待った！」と彼は言った。彼はラベルのないビンのことを思い出した。「ほら！これを持っておいき。これなら無料だよ！」　彼はネズミにそのビンを手渡した。❿「ラベルがありませんね」とネズミが言った。「これを飲むと僕は何に変化するんです？」⓫「何か他のものだよ」と魔法使いは言った。「お前はネズミでいるのが嫌だって言ってたじゃないか！」と魔法使いは言った。彼はドアを閉めると，自分の水薬を順番に並べる作業に戻った。⓬ネズミは家に帰り，キッチンのテーブルの上にビンを置いた。彼はこの水薬が自分を何に変えてくれるのか，当ててみようとした。⓭「もしかすると，カメかな？　カメは長生きするよ，でもあんまりかわいくないし，それにものすごくのろいんだよな。カメだったらちょっと嫌だな」とネズミは考えた。⓮「ハチはすばやいけど，重労働だな。必死に働くのは嫌だな」と彼は考えた。⓯「アリはピクニックに行けるけど，踏んづけられちゃうな。鳥はうれしそうに歌を歌ってるけど，鳥は昆虫を食べるんだよな」　昆虫を食べると考えただけで，ネズミは気分が悪くなった。⓰「もしこの水薬が人間をネズミに変えるものだとしたら，僕には全然役に立たないぞ！」とネズミは思った。⓱「だけど，もしもゾウに変身するんだったらすてきだろうな！」とネズミは考えた。「でももし僕がゾウになったら，今の家じゃ僕には小さすぎるぞ！」⓲ネズミは自分の家が大好きだった。だから彼は自分がゾウには変身しないことを願った。⓳実のところ，ネズミはその水薬を飲めば自分が何に変わるのか，思いつくことができなかった。いったいどんな水薬なら自分を幸せにしてくれるのか，よくわからなかった。⓴「僕が僕であることにはそれなりに問題がある」　彼はついにこう考えた。「だけど，少なくともそれがどんな問題なのかはわかってる。ひょっとすると，ネズミでいるってことはそんなに悪いことじゃないのかもな」㉑そこで彼はその水薬を魔法使いのところに返しにいき，ドアをノックした。魔法使いはまだビンを順番に並べるのに忙しかった。彼は最初ネズミに気づかなかった。㉒「お前，変わったのか！」と魔法使いは言った。㉓「僕，よくわからないんです…」とネズミは言った。「僕，前はあんまり幸せなネズミじゃありませんでした。でも今はどうだろう？　そうだな，僕は…前の自分とは違う何かになった気がします」㉔「じゃあ，私の魔法の水薬がお前を変えたってわけだな？」と魔法使いが尋ねた。㉕「実はそうなんです」とネズミは答えた。㉖魔法使いは笑顔になった。「私の水薬がどれか1つでも効いたのはこれが初めてだぞ！」と魔法使いはうれしそうに言った。㉗「2回も効き目があったみたいですね」とネズミは言った。「あの薬は僕たち2人とも幸せにしてくれましたもの！　すばらしい水薬ですね」　そう言うと，ネズミはきびすを返して家へと向かった。28魔法使いは自分の店に戻ると，全てのビンからラベルを剝がした。それから水薬の価格を値上げした。その後，彼はビンをでたらめに棚に置いたが，それはなぜなら順番通りに並べることは重要ではなかったからである。

1＜適文選択＞他の動物に変身する薬を買いに来たネズミに，魔法使いが何になりたいのかと尋ねたところ，ネズミはどんな種類があるのかを見てこれから選ぶつもりだと答えているので，「まだ決めていない」という意味のイが適する。

2＜適語選択＞B．動きはすばやいが一生懸命働かなければならない生物はbee(s)「ハチ」。　C．ピクニックに行く，つまりのんびり歩いているが，誰かに踏まれてしまう生物はant(s)「アリ」。　D．楽しそうに歌っているが，昆虫をエサとしている生物はbird(s)「鳥」。

3＜文脈把握＞魔法使いはネズミが以前とは違う自分になれたと感じているのは自分の水薬の効果だと思って喜んでいる(第24～26段落)。また，ネズミは変身できる水薬を手に入れたのをきっかけに，どんな生き物になれば幸せになれるかと思いめぐらすことで，どんな生き物にも一長一短があることに思い当たり，結局ネズミである自分には，自分なりの幸せがあるということに気づくことができた(第20段落および第23段落)。

4＜適語(句)選択＞最初，魔法使いは欲しいビンをすぐに見つけ出せるようにラベルを貼ったビンをアルファベット順に並べていた。だが，ラベルの剝がれたビンをもらって帰っていった不幸そうなネズミが，以前とは違う自分を手に入れて再び訪れ，水薬のおかげだと言ってくれたため，中身もわからない水薬で幸せになれるのなら，わざわざラベルを貼って順番に並べることに意味はないと魔法使いは考えたのである。

5＜内容真偽＞ア．「魔法使いはラベルを貼っていない魔法のビンをたくさん持っていた」…×　第1段落第4文参照。　イ．「魔法使いが自分に向かって怒鳴ったので，ネズミは魔法使いを恐れた」…×　第5段落最終文参照。人間の大きな声に慣れていたので魔法使いに大きな声を出されてもひるまなかった。　ウ．「魔法使いがネズミにビンを渡したとき，魔法使いはネズミが何になるのかを知っていた」…×　第10，11段落参照。　エ．「ネズミはそれが何の水薬なのかをはっきりさせたかったので，家に帰るとビンの中身を飲んでみた」…×　第12段落以降参照。結局飲まなかった。　オ．「ネズミは自分が小さな家に満足しているということに気がついた」…○　第17，18段落に一致する。

6〔テーマ作文〕

日本が他の国と比べて優れているところや，日本固有の文化や風土などを挙げる。解答例のほか，四季それぞれの自然や行事を楽しめること，マンガなどの大衆文化が盛んなこと，外国の文化を積極的に取り入れる柔軟性があること，人々が親切で忘れ物などを届けてくれる人が多いこと，などが考えられる。

2022年度／相模女子大学高等部

数学解答

1 (1) 7　(2) $\dfrac{5a-11}{12}$　(3) $\sqrt{5}+1$

2 (1) $x=-12$　(2) $x=2,\ y=-5$

(3) $x=\dfrac{2\pm\sqrt{19}}{3}$

3 (1) $\dfrac{9}{5}\pi$　(2) 15個　(3) $\dfrac{7}{36}$

(4) 50分以内　(5) $-3\leqq a\leqq 8$

4 (1) $\dfrac{1}{3}$　(2) $y=\dfrac{1}{3}x+4$

(3) $\left(1,\ \dfrac{13}{3}\right)$

5 (1) 1：3　(2) 3：5　(3) 144

6 (1) 6cm^3　(2) $\sqrt{6}$ cm　(3) 3cm^3

1〔独立小問集合題〕

(1)<数の計算>与式 $=-3-25\times\left(-\dfrac{2}{5}\right)=-3-\left(-\dfrac{25\times2}{5}\right)=-3-(-10)=-3+10=7$

(2)<式の計算>与式 $=\dfrac{3(3a-1)-4(a+2)}{12}=\dfrac{9a-3-4a-8}{12}=\dfrac{5a-11}{12}$

(3)<数の計算>与式 $=\dfrac{10\times\sqrt{5}}{\sqrt{5}\times\sqrt{5}}+6+2\sqrt{5}-3\sqrt{5}-5=\dfrac{10\sqrt{5}}{5}-\sqrt{5}+1=2\sqrt{5}-\sqrt{5}+1=\sqrt{5}+1$

2〔独立小問集合題〕

(1)<一次方程式>両辺を6倍して，$8x-12=9x$，$8x-9x=12$，$-x=12$　$\therefore x=-12$

(2)<連立方程式>$x+y=-3$……①，$2x-y=9$……②として，①＋②より，$x+2x=-3+9$，$3x=6$　$\therefore x=2$　これを①に代入して，$2+y=-3$　$\therefore y=-5$

(3)<二次方程式>解の公式を利用して，$x=\dfrac{-(-4)\pm\sqrt{(-4)^2-4\times3\times(-5)}}{2\times3}=\dfrac{4\pm\sqrt{76}}{6}=\dfrac{4\pm2\sqrt{19}}{6}$ $=\dfrac{2\pm\sqrt{19}}{3}$である。

3〔独立小問集合題〕

(1)<平面図形―面積>右図1で，$\overset{\frown}{BQ}$に対する円周角と中心角の関係より，$\angle QOB=2\angle QPB=2\times36^\circ=72^\circ$である。よって，〔おうぎ形OBQ〕$=\pi\times OB^2\times\dfrac{72^\circ}{360^\circ}=\pi\times3^2\times\dfrac{1}{5}=\dfrac{9}{5}\pi$である。

図1

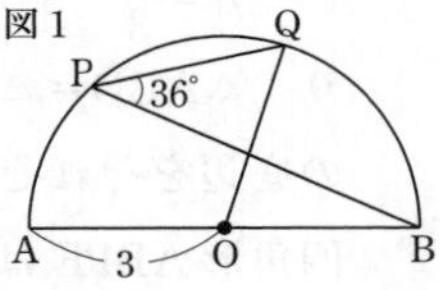

(2)<数の性質>$1<\sqrt{\dfrac{n}{2}}<3$より，$\sqrt{1}<\sqrt{\dfrac{n}{2}}<\sqrt{9}$だから，$1<\dfrac{n}{2}<9$となる。全体を2倍して，$2<n<18$である。これを満たす自然数$n$は，3以上17以下の自然数だから，$17-3+1=15$(個)ある。

(3)<確率―さいころ>2つのさいころをA，Bとすると，それぞれ目の出方は6通りあるので，目の出方は全部で，$6\times6=36$(通り)ある。このうち，出た目の和が5の倍数となるのは，(A，B)＝(1，4)，(2，3)，(3，2)，(4，1)，(4，6)，(5，5)，(6，4)の7通りあるから，求める確率は$\dfrac{7}{36}$である。

(4)<一次方程式の応用>1000Lの水槽を1時間で満たすとき，毎分15Lで水を入れる時間をx分とすると，毎分25Lで水を入れる時間は$60-x$分と表せる。よって，水槽に入れた水の量について，$15x+25(60-x)=1000$が成り立つ。これを解くと，$15x+1500-25x=1000$，$-10x=-500$，$x=50$(分)となる。したがって，1時間以内に水槽を満たすためには，水を入れ始めてから50分以内に毎分25Lに変更する必要がある。

(5)<関数―切片の範囲>次ページの図2で，直線$y=2x+a$が線分AB上の点を通るとき，aが最小となるのはB(1，−1)を通る場合で，$y=2x+a$に$x=1$，$y=-1$を代入して，$-1=2\times1+a$，$a=$

-3である。また，aが最大となるのはA$(-3,\ 2)$を通る場合で，$y=2x+a$に$x=-3$，$y=2$を代入して，$2=2\times(-3)+a$，$a=8$である。よって，直線$y=2x+a$が線分AB上の点を通るときのaの値の範囲は$-3\leqq a\leqq 8$である。

図2

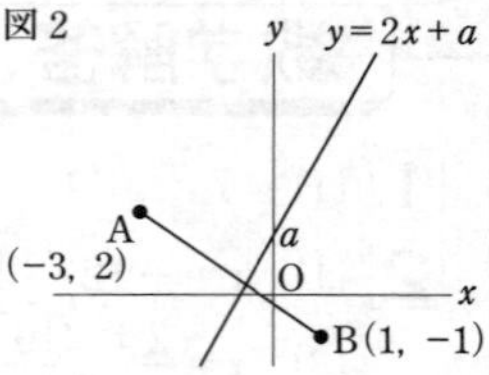

4〔関数―関数$y=ax^2$と一次関数のグラフ〕

(1)＜比例定数＞右図で，点Aは直線$y=-\frac{2}{3}x$上の点でx座標が-2だから，y座標は$y=-\frac{2}{3}\times(-2)=\frac{4}{3}$より，A$\left(-2,\ \frac{4}{3}\right)$である。点Aは放物線$y=ax^2$上の点でもあるから，$y=ax^2$に$x=-2$，$y=\frac{4}{3}$を代入して，$\frac{4}{3}=a\times(-2)^2$，$a=\frac{1}{3}$である。

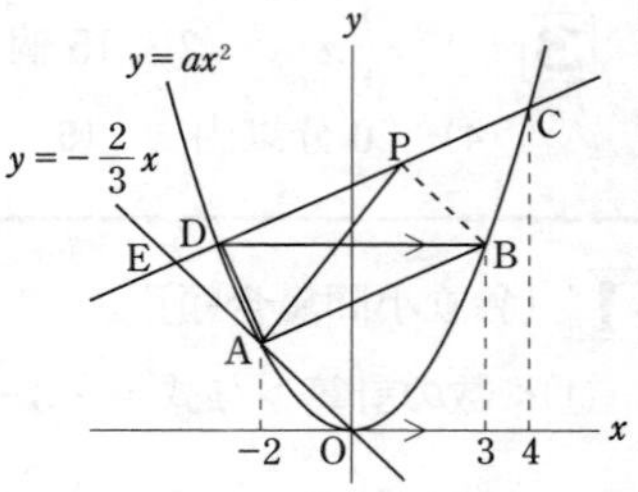

(2)＜直線の式＞右図で，(1)より点B，Cは放物線$y=\frac{1}{3}x^2$上の点で，x座標がそれぞれ3，4だから，y座標は点Bが$y=\frac{1}{3}\times3^2=3$，点Cが$y=\frac{1}{3}\times4^2=\frac{16}{3}$より，B$(3,\ 3)$，C$\left(4,\ \frac{16}{3}\right)$である。また，線分BDが$x$軸に平行で，点Dは放物線$y=\frac{1}{3}x^2$上の点だから，点Bと$y$軸について対称となり，D$(-3,\ 3)$である。ここで，直線CDの式を$y=mx+n$とおくと，C$\left(4,\ \frac{16}{3}\right)$より，$\frac{16}{3}=4m+n$……(ア)，D$(-3,\ 3)$より，$3=-3m+n$……(イ)が成り立つ。(ア)−(イ)より，$\frac{7}{3}=7m$　$\therefore m=\frac{1}{3}$　これを(イ)に代入して，$3=-3\times\frac{1}{3}+n$　$\therefore n=4$　よって，直線CDの式は$y=\frac{1}{3}x+4$となる。

(3)＜座標＞右上図で，(1)，(2)よりA$\left(-2,\ \frac{4}{3}\right)$，B$(3,\ 3)$だから，直線ABの傾きは$\left(3-\frac{4}{3}\right)\div\{3-(-2)\}=\frac{5}{3}\div5=\frac{1}{3}$となり，これは，(2)より直線CDの傾きと等しいので，AB∥CEである。これより，△ABD＝△ABPであり，△ABD＝△EAPだから，△ABP＝△EAPとなり，△ABPと△EAPの底辺をそれぞれAB，EPと見ると，高さが等しいので，底辺も等しくAB＝EPである。よって，四角形ABPEは平行四辺形になるから，点Pは，点Bを通り，直線AEに平行な直線と，直線CDの交点である。まず，直線BPの式を求める。直線AEの式は$y=-\frac{2}{3}x$で，傾きは$-\frac{2}{3}$より，直線BPの傾きも$-\frac{2}{3}$なので，その式は$y=-\frac{2}{3}x+b$とおけ，点Bを通ることから，$x=3$，$y=3$を代入すると，$3=-\frac{2}{3}\times3+b$，$b=5$となり，$y=-\frac{2}{3}x+5$である。したがって，(2)より直線CDの式は$y=\frac{1}{3}x+4$だから，直線CD，BPの式より，yを消去して，$\frac{1}{3}x+4=-\frac{2}{3}x+5$，$x=1$となり，これを$y=\frac{1}{3}x+4$に代入して，$y=\frac{1}{3}\times1+4=\frac{13}{3}$より，P$\left(1,\ \frac{13}{3}\right)$である。

5〔平面図形―平行四辺形〕

(1)＜長さの比＞次ページの図で，平行四辺形の対辺は等しいのでAD＝BCで，AF：FD＝1：1，BG：GC＝1：1だから，AF＝aとすると，AF＝FD＝BG＝GC＝aである。ここで，AD∥HCより，△AED∽△BEHとなるから，AD：BH＝AE：BE＝2：1であり，BH＝$\frac{1}{2}$AD＝$\frac{1}{2}$(AF＋FD)＝$\frac{1}{2}(a+a)=\frac{1}{2}\times2a=a$となる。よって，HC＝BH＋BG＋GC＝$a+a+a=3a$である。また，FD∥HC

より，△FID∽△CIHとなるから，FI：CI＝FD：CH＝a：$3a$＝1：3である。したがって，FI：IC＝1：3となる。

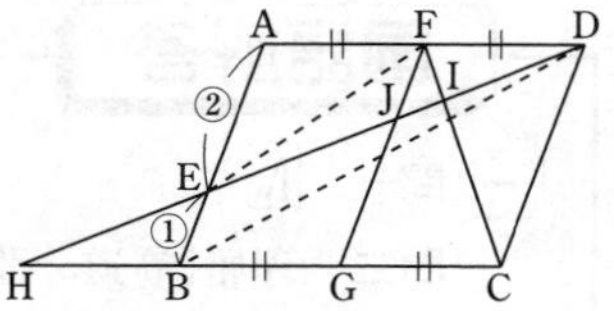

(2)＜長さの比＞右図で，(1)より△FID∽△CIHだから，DI：HI＝FI：CI＝1：3となる。これより，DI＝$\frac{1}{1+3}$DH＝$\frac{1}{4}$DHである。また，△AED∽△BEHだから，DE：HE＝AE：BE＝2：1より，DE＝$\frac{2}{2+1}$DH＝$\frac{2}{3}$DHである。よって，IE＝DE－DI＝$\frac{2}{3}$DH－$\frac{1}{4}$DH＝$\frac{5}{12}$DHとなり，DI：IE＝$\frac{1}{4}$DH：$\frac{5}{12}$DH＝3：5である。

(3)＜面積＞右上図で，AF∥BG，AF＝BGより，四角形ABGFも平行四辺形となり，AE∥FJだから，EJ：JD＝AF：FD＝1：1となり，JD＝$\frac{1}{2}$DEである。(2)よりDE＝$\frac{2}{3}$DHだから，JD＝$\frac{1}{2}$×$\frac{2}{3}$DH＝$\frac{1}{3}$DHとなり，JI＝JD－DI＝$\frac{1}{3}$DH－$\frac{1}{4}$DH＝$\frac{1}{12}$DHである。ここで，△FEDと△FIJの底辺をそれぞれED，JIと見ると高さが共通だから，面積の比は底辺の比に等しくなり，△FED：△FIJ＝DE：JI＝$\frac{2}{3}$DH：$\frac{1}{12}$DH＝8：1である。これより，△FIJ＝3のとき，△FED＝8△FIJ＝8×3＝24である。同様に考えると，△AEDと△FEDの底辺をそれぞれAD，FDと見ると，AD＝2FDだから，△AED＝2△FED＝2×24＝48である。さらに，△ABDと△AEDの底辺をそれぞれAB，AEと見ると，AE：EB＝2：1より，AB：AE＝(AE＋EB)：AE＝(2＋1)：2＝3：2だから，△ABD：△AED＝3：2となり，△ABD＝$\frac{3}{2}$△AED＝$\frac{3}{2}$×48＝72である。以上より，▱ABCD＝2△ABD＝2×72＝144となる。

6 〔空間図形―立方体〕

≪基本方針の決定≫(1)，(3)　点Pから辺AEに垂線を引き，四角錐の高さを求める。

(1)＜体積＞右図1で，△AEGは面EFGHと垂直だから，点Pから辺AEに垂線PQを引くと，QEは四角錐P-EFGHの高さとなる。また，PQ∥EGとなり，AQ：QE＝AP：PG＝1：2より，QE＝$\frac{2}{1+2}$AE＝$\frac{2}{3}$×3＝2となる。よって，〔四角錐P-EFGH〕＝$\frac{1}{3}$×〔正方形EFGH〕×QE＝$\frac{1}{3}$×3^2×2＝6(cm^3)となる。

図1

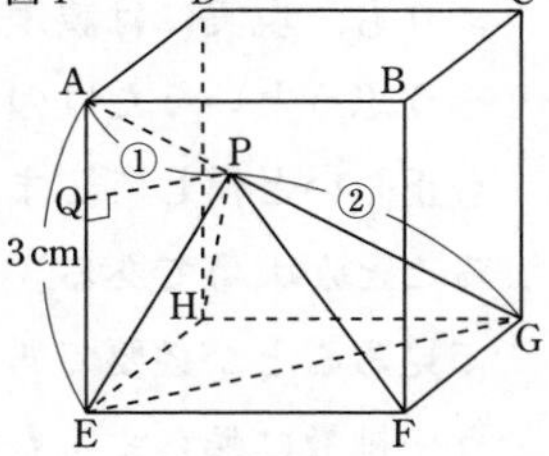

(2)＜長さ＞右下図2の△AGCと△CGPにおいて，∠AGC＝∠CGP(共通)，∠ACG＝∠CPG＝90°より，2組の角がそれぞれ等しいから，△AGC∽△CGPである。これより，AC：CP＝AG：CGとなる。ここで，△ABCは直角二等辺三角形だから，AC＝$\sqrt{2}$AB＝$\sqrt{2}$×3＝$3\sqrt{2}$である。また，△AGCで三平方の定理より，AG＝$\sqrt{\mathrm{AC}^2+\mathrm{CG}^2}$＝$\sqrt{(3\sqrt{2})^2+3^2}$＝$\sqrt{27}$＝$3\sqrt{3}$となる。よって，$3\sqrt{2}$：CP＝$3\sqrt{3}$：3が成り立ち，CP×$3\sqrt{3}$＝$3\sqrt{2}$×3より，CP＝$\frac{3\sqrt{2}}{\sqrt{3}}$＝$\sqrt{6}$(cm)となる。

図2

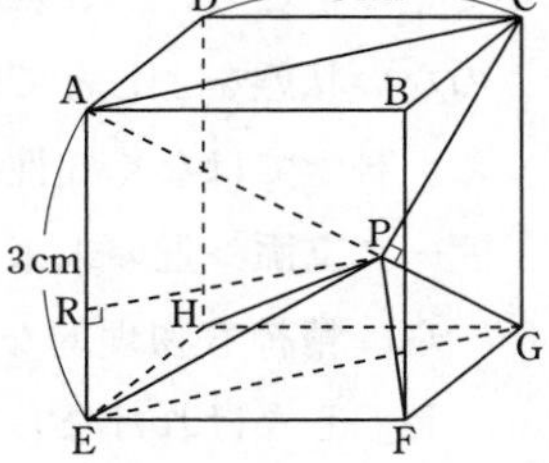

(3)＜体積＞右上図2の△CGPで三平方の定理より，PG＝$\sqrt{\mathrm{CG}^2-\mathrm{CP}^2}$＝$\sqrt{3^2-(\sqrt{6})^2}$＝$\sqrt{3}$となるから，AG＝$3\sqrt{3}$より，AP：PG＝(AG－PG)：PG＝($3\sqrt{3}$－$\sqrt{3}$)：$\sqrt{3}$＝$2\sqrt{3}$：$\sqrt{3}$＝2：1となる。点Pから，辺AEに垂線PRを引くと，RP∥EGとなるから，AR：RE＝AP：PG＝2：1だから，RE＝$\frac{1}{2+1}$AE＝$\frac{1}{3}$×3＝1となる。よって，〔四角錐P-EFGH〕＝$\frac{1}{3}$×〔正方形EFGH〕×RE＝$\frac{1}{3}$×3^2×1＝3(cm^3)である。

2022年度／相模女子大学高等部

国語解答

一　問一　Ⅳ

問二　理屈〔筋道／論理／筋〕

問三　ウ　　問四　エ　　問五　鼻行類

問六　エ　　問七　イ　　問八　ウ

問九　イ　　問十　ア

二　問一　ア　　問二　エ　　問三　不満

問四　イ　　問五　エ

問六　①　青く　②　赤い　　問七　ウ

問八　イ

問九　［この地球儀だって］僕の方がひいきされているから大きいんだ〔部屋と同じで僕の方が優遇されているんだ〕

問十　ア

三　問一　エ　　問二　召し上がる

問三　エ　　問四　イ　　問五　ウ

問六　ア

問七　今日食ふべき料の粟〔今日参るばかりの粟〕

問八　イ

問九　①　A　時〔人／場面／場合〕

B　もの〔手助け／金〕

②…ウ

四　問一　①　ぎょうそう　②　さくご

③　被　④　福祉　⑤　削減

問二　①…○　②…○　③…×　④…○

⑤…×

一〔論説文の読解―自然科学的分野―科学〕出典；日高敏隆『世界を，こんなふうに見てごらん』。

≪本文の概要≫これからの時代，人類の未来のためには，一般人も科学的に物事を見ることが必要だといわれるが，科学というものは，そんなに正確なものではなく，科学的な理屈どおりにいくことよりも，現実には誤差が入るのが普通である。科学的にものを見るというのも，そう信じているからそう思うというだけのことで，人間は理屈に従ってものを考えるので，理屈が通ると実証されなくても正しいと信じてしまう。人間は論理が通れば正しいと考える愚かさを持っていることを，知っていることが大事である。その愚かさをカバーするには，自分の中に複数の視点を持ち，物事を相対化して見ることが必要である。科学も，ものの見方の一つに過ぎない。西欧の知識層にはキリスト教という一神教に頼らず，ものごとを見るツールの一つとして科学を使う人たちがいる。自分の精神のよって立つところに，これは絶対というところはないと考えると不安になるが，精神に絶対のよりどころのない状態をよしとできるように成長することが大切であり，それでこそ生きていくことが楽しくなる。科学ではなく知性こそが，人間の本当の力なのである。

問一＜文脈＞近い未来，人類は無重力空間という「よって立つ」ところのない世界に出て行くのだから，精神も物理的な意味と「同じように，絶対のよりどころのない状態をよしとできるように成長」しなければならない。

問二＜文章内容＞この世にある「筋道」を「探るためには科学的にものを見ることが大切」である。「科学的にものを見る」には「理屈」を通すという手法が必要なのである。

問三＜語句＞「カオス」は，秩序のない混とんとした状態のこと。

問四＜指示語＞『鼻行類』の著者は，「本来いない動物の話を，あたかもいるように理屈っぽく考えて」示し，「鼻で歩く奇妙ないきもの」という「理論生物」の存在を捏《ねつ》造して，学生や大学教授までをだましてみせた。人間は，現実にないものを実在させてしまうほどに「徹底的に理屈」をこねて，考えることが好きなのである。

問五＜文章内容＞ハラルト・シュテュンプケは，「徹底的に理屈をこねる」ことによって，「本来いない動物」である「鼻行類」を「あたかもいるよう」に示した。

問六＜文章内容＞人間は「理屈にしたがってものを考えるので，理屈が通ると実証されなくても信じてしまう」ほどに，「理屈にだまされ」やすいのである。

問七＜文章内容＞「西欧はキリスト教という一神教を信じるがゆえに，絶対の神の法則を解き明かす科学が発展した」が，フランスで出会った「西欧的でない人」は，「科学が絶対と信じ，それを唯一のものの見方とする姿勢では」なく，「ものごとを相対化して見るツールのひとつとして科学を使って」いる。

問八＜文章内容＞「人間精神の基盤」を「相対化」するとは，「ひとつのことにしがみついて精神の基盤とすること」なく，「自分の精神のよって立つところに，いっさい，これは絶対というところはない」と考えることである。「一定の価値基準」に「達するか否かを尺度として評価する」態度は，絶対的な評価基準をもっているので，「相対化」には当たらない。

問九＜文章内容＞科学を絶対視するのではなく，科学もものの見方のうちの一つという考えで相対化し，「絶対のよりどころのない状態をよし」として，「不安定」でも，さまざまなものの見方をすることによって，楽しく生きていくことが，人間の持つ知性の力である。

問十＜主題＞近い将来，人間は無重力空間に出ていき，物理的に地面から「宙に浮く」ことになろう。それと同じく，精神もいっさいの絶対的なよりどころに固執することなくして，さまざまなものの見方で考えて生きていくことが，知性的な生き方である。

二〔小説の読解〕出典；三浦綾子『水なき雲』。

問一＜状況＞「真二の部屋の傍には大きなナナカマドの木が二本立っていて，枝葉が窓を」覆っている。「宮の森」の家は，「玄関の上に半円のバルコニーを設けた白い家」で，「雑木林を背に」しており，「チョコレート色の落ちついた屋根」で，「家の形も今時珍しい出窓を使って」いる。

問二＜表現＞宮の森の家に越して来てから一週間近くたったが，純一は，「この家に来た時から心が浮かない」状態で，ずっと「何となくおもしろく」なかった。純一が隣人の家の犬の姿をまだ見ていないというのは，純一がこの家やその周辺を散策しようとしていないということであり，この家を自分の家として受け入れようとしていないことの表れである。

問三＜心情＞「ズボンのポケットに両手を」突っ込むのは，ふてくされた態度を表し，「口を尖らせ」るのは，不服の感情を表している。純一は，真二の部屋を，純一の部屋よりも狭く，日当たりの悪い部屋にした亜由子に，待遇の格差に対する不満を感じている。

問四＜文章内容＞亜由子は，純一は兄で大きいから大きい部屋，真二は弟で「小さいから小さい部屋」を割り振るのは「当り前」だと思っているので，純一の「真二は，小さいから小さい部屋ってこと，ない」という意見など気にかけず，自分の用に急いだのである。

問五＜文章内容＞亜由子は，「山鼻のお義兄さんって，見た目よりはずっと親切で，やさしい方」だと言った。しかし，純一は，伯父が親切でやさしい人だというのを「ほんとだろうか」と疑い，亜由子が「思いちがい」をしていると考えた。

問六＜文章内容＞葉の色が，「一方は赤く，一方は青い」ナナカマドは，「実の赤」があるため，同じナナカマドの木とわかる。純一は，この二本のナナカマドを自分と真二に見立て，「人目を惹く紅葉のほうが，自分」のように感じていたので，葉の「青い」方のナナカマドに真二の姿を見た。

問七＜表現＞青い葉のナナカマドと赤い葉のナナカマドという二つの植物を見て，それを自分たち兄弟になぞらえ，どちらが自分で「どっちが真二か」と考えることから，純一の中に，自分と真二を比較しようという心理が，知らず知らずのうちに生じていると考えられる。

問八＜心情＞図工や作文などの創造的なことが得意で，「部屋が小さかろうと，うす暗かろうと，只の一度も文句を言わない」で，亜由子にけなされても「にこにこしている」真二に，亜由子がつらくあたることに対し，純一は，「ママはもっと真二をかわいがってもいい」と思い，弟だからと小さい部屋をあてがわれる真二を，「可哀そうだ」と感じている。

問九＜文章内容＞純一は，自分に大きい部屋が割り振られ，狭くて日当たりの悪い部屋が真二にあてがわれたことを，亜由子が「ぼくをひいきしている」からだと感じている。純一は，自分には「ドッジボールのボールよりひとまわりも大きい」地球儀が与えられ，「真二に与えられた地球儀は握り拳二つ程の小さな地球儀」だったのも，亜由子が自分をひいきしているからだと考えている。

問十＜表現＞純一の暮らす「宮の森」の家の部屋の大きさや日当たり，ナナカマドの木の葉の色の違いなどがていねいに描写され，それらが純一と真二の兄弟のありようや，亜由子が表面的なことに心がひかれるさまを象徴している。

三〔古文の読解―説話〕出典；『宇治拾遺物語』巻第十五ノ十一。

≪現代語訳≫今となっては昔のことだが，中国に荘子という人がいた。家はひどく貧しくて，今日の食べ物もなくなった。(荘子の)隣に監河侯という人がいた。その人のところへ(荘子は)今日食べるはずの分の粟を頼み求めた。河侯が言うことには，「あと五日してからいらっしゃい。千両の金が手に入ることになっている。それを差し上げよう。どうして(あなたのような)賢く尊い人に，今日召し上がる分だけの粟を差し上げられようか。どう考えてみても私自身の恥(になる)でしょう」と言ったところ，荘子が言うには，「昨日道を通りましたときに，後ろから(私を)呼び続ける声がある。振り返ってみると人もいない。ただ車のわだちのくぼんだ所にわずかにたまった水たまりに，鮒が一匹ばたばたしている。どういう鮒なのであろうかと思って近づいて見ると，少しだけの水にとても大きな鮒がいる。『どういう鮒だ』と問うと，鮒が言うことには，『私は河伯神の使者として，江湖に行くのだ。それが飛び損じて，この溝に落ち入ってしまったのだ。喉が渇いて死にそうである。私を助けてほしいと思って呼んだのだ』と言う。(鮒に)答えて言ったことには，『私はあと二三日したら，江湖という所に遊びに行こうと思っている。そこへ(あなたを)連れて行って放してやろう』と言うと，魚が言うことには，『とてもそれまでは待てないだろう。ただ今日ひさげ一杯ほどの水でもって(私の)喉を潤してくれ』と言ったので，そうして助けた。鮒が言ったことを，我が身で思い知った。全く今日の命は，ものを食べないでは生きられない。後になってからの千両の金は全く役に立たない」と言った。それ以来，「後の千金」という言葉が有名になった。

問一＜古典文法＞「食物絶えぬ」と「散りぬ」と「なりぬ」と「至りぬ」の「ぬ」は，完了の意味を表す助動詞。「京には見えぬ鳥」の「ぬ」は，打ち消しの意味を表す助動詞。

問二＜敬語＞「食べる」の尊敬語は，「召し上がる」である。

問三＜古文の内容理解＞監河侯は，近々，「千両の金を得んと」していた。荘子のような立派な人に，「今日参るばかりの粟」などのわずかなものを差し上げることは「おのが恥」だと思い，監河侯は，荘子にあと五日たってからおいでくださいと言った。

問四＜古文の内容理解＞「車の輪跡のくぼみたる所にたまりたる少水」にばたばたしていた鮒は，「少しばかりの水にいみじう大きなる鮒」であって(エ…○)，「河伯神の使に，江湖へ行く」途中で「飛びそこなひて，この溝に」落ち入ったのだと話し(ウ…○)，「喉渇き死なんとす」と訴えた(ア…○)。

問五＜古文の内容理解＞「何ぞの鮒にかあらん」は，どういう鮒であろうか，という意味。わだちの水たまりに鮒がいたので，どういうわけでいるのかと，荘子は不思議に思ったのである。

問六＜古文の内容理解＞鮒は，今まさに「喉渇き死なんと」している状況なので，荘子に「二三日」後に江湖に遊びに行くついでに江湖に放してやろうと言われても，それではどうしようもないのである。そのため，鮒は，「ただ今日一提ばかりの水をもて喉をうるへよ」と言った。

問七＜古文の内容理解＞鮒は，今日一日の命をながらえるための「一提ばかりの水」を求めた。荘子は，監河侯に「今日食ふべき料の粟」を求め，監河侯からは「今日参るばかりの粟」は断られた。

問八＜古文の内容理解＞鮒が，二三日後に江湖に連れて行って放してもらうのでは間に合わないから，今渇いて死にそうな喉を潤す「一提ばかりの水」が欲しいと言うので，荘子は，鮒の言うとおりに「一提ばかりの水」を与えて鮒の命を助けた。

問九＜古文の内容理解＞①荘子は，今喉が渇いて死にそうな鮒に，二三日後に湖に放してやるという約束をしても，死んでからでは間に合わないという話を用いて，今日食べるものがなくて飢えているのに，五日後に千金をもらっても意味がないということを説いた。必要なときに必要なものがなければ何の役にも立たないという教えが，「後の千金」という格言として有名になったのである。
②「明日の百より今の五十」は，あてにならないものを期待するより，たとえ少なくても確実なものの方がよいこと。

四〔国語の知識〕

問一＜漢字＞①「形相」は，怒りや嫉妬など激しい感情の現れた顔つきのこと。　②「錯誤」は，間違うこと。「試行錯誤」は，種々試みて失敗を重ねながら目的に迫っていくこと。　③音読みは「被害」などの「ヒ」。　④「福祉」は，公的な配慮，サービスによって，社会の成員が等しく受けることのできる充足や安心のこと。　⑤「削減」は，すでにあるものを削って減らすこと。

問二＜資料＞①大学進学率は，男性は56.6％，女性は50.7％で，ほとんど差がないが，平均年収は，男性の540万円に対して女性は296万円，非正規雇用率は，男性の22.8％に対して女性は50.6％と，男女でかなり差がある(…○)。　②非正規雇用率は，男性が22.8％，女性が56.0％で，女性の方が高いが，ホームレスの数では，男性が4253人に対し，女性は171人と圧倒的に女性が少ない(…○)。　③女性の平均年収は男性の約55％だが，ホームレスの女性の数は男性の約4％であり，「比例している」とはいえない(…×)。　④男性の平均年収は540万円で，女性の平均年収が296万円だから，男性の平均年収は，女性の平均年収の約1.8倍に当たる(…○)。　⑤男性の初任給は，男性の平均年収の約40％だが，女性の初任給は，女性の平均年収の約70％である(…×)。

2021年度 相模女子大学高等部

【英　語】（50分）〈満点：100点〉

【リスニングテスト】

1 放送の指示に従って答えなさい。放送は2度流れます。

Part A　放送を聞き、それぞれの絵の説明文として最も適したものを選び、記号で答えなさい。

1.

2.

3.

4.

Part B　Olivia と Mr. Davis の会話を聞き、次の質問の答えとして最も適切なものを選び、記号で答えなさい。

1．Who is Mr. Davis?

A. Olivia's teacher.

B. Olivia's student.

C. Olivia's friend.

D. Olivia's brother.

2．Why did Olivia go to bed late?

A. It was her birthday.

B. She was doing her homework.

C. She wanted to play video games.

D. She is still young.

3．Olivia thinks (　　　).

A. the homework was not enough

B. she enjoyed her homework

C. the homework was easy

D. the homework was too difficult

4．Which is true?

A. Olivia couldn't finish all the homework.

B. Olivia did too much homework.

C. Olivia didn't answer question 52.

D. Olivia will go home and do homework again tonight.

※　リスニングテスト放送文は，英語の問題の終わりに付けてあります。

2 (　　)に入る最も適切なものを選び、記号で答えなさい。

1．My new camera is really good.　It was (　　　) in Japan.

ア．make　　イ．makes　　ウ．making　　エ．made

2．You need to (　　　) yourself at the beginning of your speech for the English class.

ア．put　　イ．meet　　ウ．introduce　　エ．hear

3．Alice loves chocolate cake.　She likes it (　　　) than any other dessert.

ア．bigger　　イ．better　　ウ．well　　エ．very

4．Terry has a stomachache.　He doesn't want (　　　) to eat.

ア．everything　　イ．anything　　ウ．anyone　　エ．someone

5．(　　　) I like drawing and painting, I want to be an artist in the future.

ア．Because　　イ．When　　ウ．If　　エ．Although

3 次の会話文の（　　　）に入る最も適切なものを選び、記号で答えなさい。

1．A：Can I put these dishes here, mom?
B：Yes.（　　　）
ア．That's delicious.　イ．They were beautiful.
ウ．Be careful.　エ．I'm jumping.

2．A：I couldn't sleep well last night.
B：（　　　）
ア．You are welcome.　イ．Nice to meet you.
ウ．How do you do?　エ．That's too bad.

3．A：Is this video game fun?
B：I don't know.（　　　）
ア．Let's try it together.　イ．I have to take a walk with my father.
ウ．That's mine.　エ．Just a few minutes.

4．A：Excuse me, but I think（　　　）.
B：Oh, that's my wallet. Thank you.
ア．I am your friend　イ．you dropped this
ウ．I'll buy this wallet　エ．you should go home right now

5．A：Hi, where can I find the restroom?
B：Go down this hall.（　　　）
ア．I want to rest for a while.　イ．You cannot find it.
ウ．It's the second door on your left.　エ．We have many rooms for visitors.

4 (A)クリスマスマーケットの広告を読み、次の問いに答えなさい。

Christmas Market 2020

15th -25th December
11:00 a.m. - 5:00 p.m.
St. Margaret Park, SAGAMI Street

Christmas Goods

You can buy lots of Christmas gifts or handmade crafts at our shops.
Shops are open from 11:30 a.m. to 4:00 p.m. every day.
＊On December 24th and 25th, shops will close at 3:30 p.m.

FOOD & DRINKS (11:00 a.m. - 5:00 p.m. every day)

- Hot Wine, Beer ...$6
- Hot Chocolate ...$4
- Coffee, Tea ...$4
- Christmas Cake (1 piece) ...$4
- Meat Pie ...$5
- Soup (Onion or Chicken) ...$4
- Christmas Cake (1 piece) + Coffee or Tea ...$7

＊If you spend over $10, you will get an original Christmas mug.
＊Kids will get a free candy cane.

Children's Activities (11:30 a.m. - 4:30 p.m. every day)

Face Paintings, Gingerbread Cookie Decoration, Christmas Bingo

Entertainment

11:00 a.m. - 11:20 a.m. ... Opening concert
12:00 a.m. - 1:00 p.m. ... Meet Santa
4:00 p.m. ... Lighting of the Christmas tree
4:20 p.m. - 5:00 p.m. ... Closing concert

Parking

We don't have a large area to park cars.
Please use trains or buses to come.

For more information, contact us at: christmas-market2020@swu-margaret.com

1. If you buy 2 pieces of Christmas cake, a cup of coffee and a meat pie, you will pay (　　　).

ア. $14　　イ. $16
ウ. $18　　エ. $20

2. If you want to buy Christmas gifts and go to the closing concert on December 24th, you should arrive at (　　　).

ア. 3:00 p.m.　　イ. 4:00 p.m.
ウ. 4:30 p.m.　　エ. 5:00 p.m.

(B) 高校生のユミが友人のメグと映画のスケジュールを見ながら、今週の土曜日と日曜日の過ごし方について話しています。これを読んで以下の問いに答えなさい。

CITY HALL SPECIAL MOVIE WEEKEND SCHEDULE

TITLE	Saturday	Sunday
(A)	9:10 - 10:40	
(B)	11:00 - 13:00	10:10 - 12:10
(C)		14:10 - 16:00
(D)	15:30 - 18:40	16:20 - 19:30

Yumi ：Do you know the city hall has a special movie program this weekend?
Meg ：Really? That sounds nice. Let's go and see a movie then!
Yumi ：OK. I have the movie schedule here. What movie should we see?
Meg ：I want to see "Frozen Princess".
Yumi ：I know it's popular, but it's more than three hours.
Meg ：Really? Then how about "Golden Shoes"?
Yumi ：What kind of movie is it?
Meg ：It's a movie about a girl in London. She has a hard time when she is young, but she becomes a famous dancer with the help of her friends.
Yumi ：That sounds interesting. Let's see that movie!
Meg ：Good. Let's check the schedule.
Yumi ：Sorry, we can't see it. I have to go to a tea ceremony on Saturday morning. It ends around 11 : 30.
Meg ：Oh, you're busy on Saturday morning. Then how about "The Beauty and the Ghost"? Mika and Chihiro say it's really exciting.
Yumi ：Perfect. It starts in the morning and ends around noon. We can have lunch at Burger McQuilling's after the show.

問　映画のスケジュールの中で、"Frozen Princess"、"Golden Shoes"、"The Beauty and the Ghost"はそれぞれ（A）～（D）のどれにあたるか、記号で答えなさい。ただし同じ記号を２回以上使わないこと。

5 英文を読み、設問に答えなさい。

From: "Emma Jones" e.jones@swuh.com
To: "Grandpa Joe" joe.schneider@umail.com
Sent: January 17, 2021 10:30 am
Subject: Thank you so much!!

Dear Grandpa Joe,

Thank you so much for your birthday present and a cute card. I was happy to receive them. Of course I loved the doll house! It's so lovely, and I was also moved by ① your message. Yes, as you wrote, I am 12 years old now, and I want to do my best at school and try to help my mother with her housework.

② I was surprised to hear that you fell down and broke your right leg. Are you all right? It was too bad I couldn't see you at my birthday party. Grandma, Uncle Peter and Aunt Kate came to the party. My mom and grandma baked a birthday cake, and it was delicious. I enjoyed playing games with my dad and Uncle Peter, and it was very exciting!

At the end of the party, Aunt Kate played "Happy Birthday" on the violin and we sang together. Next month, she will have a violin recital*. She ③ [all / wants / to / of us / come]. Do you think your leg will be better by then?

Anyway, get better soon. Thank you again for your present and card.

Take care and see you soon,
Emma

recital* リサイタル、演奏会

1．下線部①の内容として最も適切なものを１つ、記号で答えなさい。

ア．Thank you for your birthday wishes.

イ．Do your best in the piano recital.

ウ．Study hard and set new goals.

エ．You will move to a new house next month.

2．下線部②を日本語にしなさい。

3．下線部③を正しく並べかえなさい。

4．次の質問に主語・動詞を含む英文で答えなさい。

a. In what month will Aunt Kate give a violin recital?

b. How many people did Emma see at her birthday party?

6 英文を読み、設問に答えなさい。

[1] Australia is one of the world's largest countries, and also one of the most interesting. [①] People in Europe first named the continent in the 1600s. At that time, they did not know very much about the continents of Australia and Antarctica*. They believed Australia and Antarctica were one continent, and named it in Latin* *Terra Australis Incognita.* That means "Strange Land in the South" in English. The name "Australia" only became popular in the 1800s. Today, Australia is famous for its animals, culture, history and many beautiful places to visit.

[2] Although the capital is Canberra, many people want to visit other cities such as Melbourne or Sydney. The opera house in Sydney is one of the world's most beautiful buildings, and millions of people visit it every year.

[3] [②] In fact, Australia has strong teams in many sports, including rugby, cricket*, and soccer. Australia also has its own unique sport called Australian football. This sport is also played in other countries such as New Zealand, Ireland and the United States. The Australian Football International Cup is held in Melbourne every three years. The Olympic Games were held in Australia in 2000, and this event was very popular among Australians. Australia has also produced many famous athletes in sports such as swimming, tennis, and golf.

[4] [③] If you visit Australia, you can see koalas, kangaroos, emus*, and so on.

As these animals are not only unique but also important in Australia, most of the visitors will learn some new things. For example, the words "kangaroo" and "koala" come from the native languages of Australia, and the word "koala" means the animal doesn't drink water. Kangaroos and emus cannot move backwards*, so people in Australia have chosen them as national symbols. The zoo in Sydney is open every day of the year, and is very popular. Many tourists visit Australia because of the animals. Other reasons include the beaches, mountains, and warm weather. Lots of visitors also enjoy activities such as hiking, diving, or skiing.

[5] Australia is so big that it is difficult to see everything. However, in every part of Australia you can find something that is interesting and different from your own country.

Antarctica* 南極大陸　Latin* ラテン語　cricket* クリケット（野球に似たスポーツ）
emu(s)* エミュー（ダチョウに似た大型の鳥）　backwards* 後方へ

1．Australiaという国名に関して、正しいものをア～エから１つ選び、記号で答えなさい。

ア．The name *Terra Australis Incognita* was first used in the 1800s.

イ．Nobody knows what the name Australia means.

ウ．Australia and Antarctica had the same name in the 1600s because people in Europe believed they were one continent.

エ．People from Europe first named the continent Australia in the 1800s.

2．外国人観光客がオーストラリアを訪れる理由として、第４段落に挙げられていることを次のア～クからすべて選び、記号で答えなさい。

ア．山　イ．川　ウ．浜辺　エ．植物
オ．文化　カ．動物　キ．暖かい気候　ク．広い大地

3．観光客がオーストラリアのすべての観光スポットを訪れることが難しいのはなぜですか。本文で述べられている理由を20字以内の日本語で答えなさい。

4．次の質問に、主語、動詞を含む英文で答えなさい。

What does "koala" mean in the native language?

5．［　①　］～［　③　］に入れるのに、もっとも適切なものをア～ウから１つ選び、記号で答えなさい。

ア．Many Australians love sports.

イ．One of the most interesting things about Australia is its animals.

ウ．People have lived in Australia for thousands of years.

6．本文の内容と一致するものを、ア～オから１つ選び、記号で答えなさい。

ア．Canberra is the most famous tourist spot because it is the capital city.

イ．Australian football is very popular but only played in Melbourne.

ウ．The New Zealand rugby team won the International Cup in 2000.

エ．Australians do not like emus because emus cannot step backwards.

オ．Many people visit the zoo in Sydney and it opens every day.

7 次の英文を読み、あなたの考えを、理由や説明を含めて英語で書きなさい。

Your friend from America wants to buy a present for her father in Los Angels. Her father is interested in Japanese culture.

Tell her what present to give, and why.

＜条件＞

- 30語以上の英語で書くこと。符号（．，！？ など）は語数に含まない。
- １文は５語以上の英語を使って書くこと。

＜リスニングテスト放送文＞

これからリスニングセクションの放送を開始します。解答を一時中断し、
問題冊子の1番を開いてください。リスニングテストはパートＡとパートＢ,の二つのセクションに分かれています。
それぞれセクションの放送は2度流れます。それでは始めます。

パートＡ。放送を聞き、それぞれの絵の説明文として最も適切なものを選び記号で答えなさい。

part A.

1.

a. Two people are going for a bike ride.

b. The man on the right can drive very well.

c. The two people don't know each other.

d. A man is saying goodbye.

2.

a. A man is sleeping.

b. A man is studying on his bed.

c. A man is very sleepy.

d. A man is making a desk.

3.

a. Two people are moving a sofa.

b. The furniture is too heavy and cannot be carried.

c. The two people want to buy a big chair.

d. A man and a woman are on the couch.

4

a. A man is getting on the elevator.

b. The elevator is taking a long time to arrive.

c. A man is walking down the stairs.

d. A businessman is in a meeting.

リスニング B

パート B。Olivia と Mr Davis の会話を聞き、次の質問の答えとして最も適切なものを選び記号で答えなさい。

Olivia: Hi, Mr. Davis.

Davis: Hello, Olivia. How is it going?

Olivia: Good, thanks. How are you?

Davis: Just fine. Did you enjoy your weekend?

Olivia: Not really. I was busy doing that homework you gave us. It was really hard!

Davis: I'm sorry to hear that. I hope you didn't stay up too late.

Olivia: I didn't go to bed till 11 o'clock! I'm so tired.

Davis: Really? That's not good. You're still young. You should get a lot of sleep.

Olivia: I got a really good video game for my birthday last week and I wanted to play it, but I didn't have time!

Davis: Oh, no! Anyway, I hope you learned a lot about science.

Olivia: Oh, yeah, right. Science! That's more important than video games, right?

Davis: You look unhappy. Was it that hard?

Olivia: Yes, ...but I *did* answer all the questions.

Davis: Wow. Good job.

Olivia: I wasn't very good at science, but I tried really hard. The last question, number 200, was especially hard, so I had to read the textbook many times.

Davis: Number 200? The homework was; "Answer questions 1 through 52"!

Olivia: What?

Davis: Olivia, did you answer all the questions on the worksheet? All 200 questions?

Olivia: Yes!

Davis: Oh no! That's too much! Of course you're tired, you did homework for today, tomorrow, *and* the day after tomorrow!

Olivia: I don't believe this! Homework for three days? I did it in one night?

Davis: Yeah, that's a lot of work.

Olivia: Mr. Davis, after school today, I'm going to go home, and I'm going to be playing video games all day and all night.

Davis: Yeah, no problem. Have fun.

リスニングセクションは以上です。残りの問題の解答を再開して下さい。

【数　学】（50分）〈満点：100点〉

1　次の計算をしなさい。

(1)　$-7^2-5\times(-9)$　　(2)　$\dfrac{4x+5y}{2}-\dfrac{6x+3y}{3}$　　(3)　$2\sqrt{3}-2\sqrt{27}+\sqrt{75}$

2　次の方程式を解きなさい。

(1)　$8-3x=2x-2$　　(2)　$\begin{cases} x+5y=8 \\ 2x+3y=9 \end{cases}$　　(3)　$x^2+6x-4=0$

3　次の問いに答えなさい。

(1)　1つのさいころを3回投げて，出た目の数を順にa，b，cとする。$a+b+c$が6の約数となるのは何通りあるか求めなさい。考え方や途中経過もわかりやすく記入すること。

(2)　$m^2-n^2=16$を満たす自然数m，nを求めなさい。考え方や途中経過もわかりやすく記入すること。

(3)　$x=11$，$y=13$のとき，$x^2+6xy+9y^2$の値を求めなさい。

(4)　2直線$y=2x+3a$，$y=-3x+4$の交点が直線$y=3x$上にあるとき，aの値を求めなさい。

(5)　右の図の，$\angle x$の大きさを求めなさい。

(5)

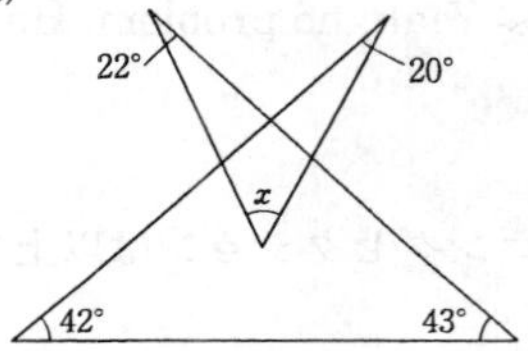

4　関数$y=ax^2$（aは定数）のグラフと，このグラフ上に2点A，Bがあり，点Aの座標は（4，8），点Bの座標は（−4，8）である。また，直線ABとy軸との交点をCとする。線分OC上を動く点Pを考えるとき，次の問いに答えなさい。

(1)　aの値を求めなさい。

(2)　∠APB＝60°であるとき，点Pの座標を求めなさい。

(3)　点Pが線分OCの中点であるとき，直線APと線分OBの交点をQとする。このとき，点Qを通り△OABの面積を2等分する直線の式を求めなさい。

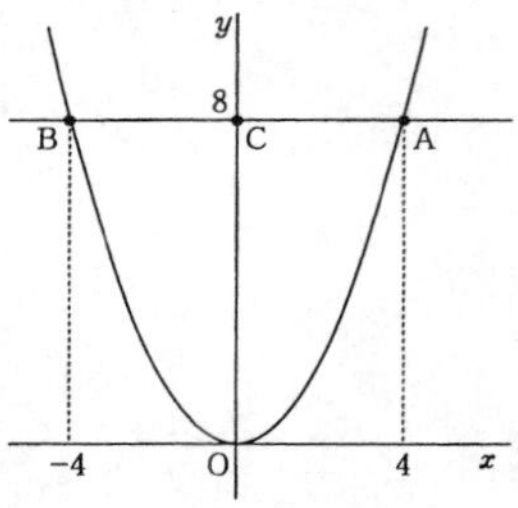

5　右の図のように，AB＝10，AC＝4である△ABCがある。辺ABの中点Mを通り，ACに平行な直線と直線BCとの交点をD，∠BACの二等分線と直線BCとの交点をE，直線MDと直線AEの交点をFとする。∠ABE＝∠BAEであるとき，次の問いに答えなさい。

(1)　線分MDの長さを求めなさい。

(2)　BD：DEを求めなさい。

(3)　線分BDの長さを求めなさい。

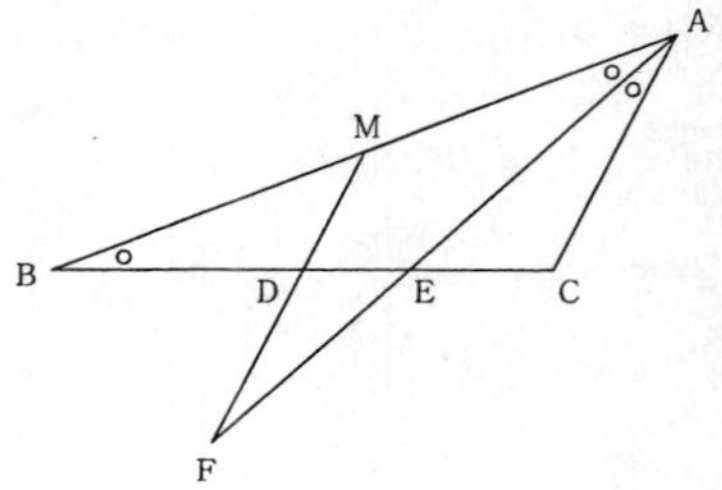

6 右の図のように，半径 10cm の半球に正四角すい A－BCDE が内接しているとき，次の問いに答えなさい。

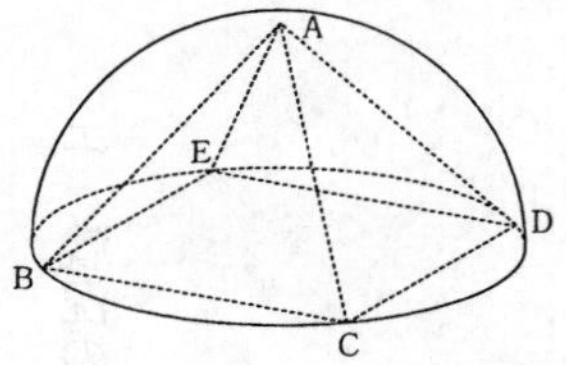

(1) 正四角すい A－BCDE の高さを求めなさい。

(2) 辺 BC の長さを求めなさい。

(3) 正四角すい A－BCDE の側面積を求めなさい。

A「手をこまねく」

ア　惨状に対して、手をこまねいているしかなかった。

イ　手をこまねいて獲物を狙うのが、猟犬の証だった。

ウ　じっくりと手をこまねいて、来客をもてなす。

エ　災害を予測して、あらかじめ手をこまねいておく。

B「敷居が高い」

ア　この店に入るのは、敷居が高いように思われる。

イ　以前の経緯を考えると、実家に帰るのも敷居が高い。

ウ　地質調査の結果から、敷居が高く作られた建造物。

エ　娘の成長ぶりを眺めて、つくづく敷居が高くなった。

C「浮足立つ」

ア　寄せては返す波を見ていると、次第に浮足立ってくる。

イ　自分の所属先が決まらないという、浮足立った境遇。

ウ　遠足を明日にひかえて、みんな浮足立っている。

エ　戦況の不利を悟った兵士たちは、一斉に浮足立った。

「手をこまねく」「敷居が高い」等の慣用句は，どちらの意味だと思うか
—いずれも本来の意味とされてきたものとは異なる方が多く選択されている—

〔 全体・過去の調査との比較 〕

「手をこまねく」，「敷居が高い」など，三つの慣用句を挙げて，どの意味だと思うかを尋ねた。

結果は下の表のとおり。なお，**辞書等で主に本来の意味とされてきたものを太字**で記した。

今回尋ねた三つの慣用句のうち，「(1)手をこまねく」，「(2)敷居が高い」，「(3)浮足立つ」全て，辞書等で本来の意味とされてきたものとは異なる方が多く選択されるという結果となっている。

過去の調査結果((1)，(2)は平成20年度。なお，(3)は新規の問い)と比較すると，本来の意味とされてきた方を選択した人の割合が，(1)「手をこまねく」，(2)「敷居が高い」のいずれも減少している。

〈どちらの意味だと思うか〉（数字は％）

(1)	「手をこまねく」	令和元年度	平成20年度
	（ア）何もせずに傍観している	**37.2**	**40.1**
	（イ）準備して待ち構える	47.4	45.6
	（ア）と（イ）の両方	4.6	2.9
	（ア），（イ）とは，全く別の意味	3.3	2.0
	分からない	7.5	9.4
(2)	「敷居が高い」	令和元年度	平成20年度
	（ア）相手に不義理などをしてしまい，行きにくい	**29.0**	**42.1**
	（イ）高級すぎたり，上品過ぎたりして，入りにくい	56.4	45.6
	（ア）と（イ）の両方	12.2	10.1
	（ア），（イ）とは，全く別の意味	0.6	0.3
	分からない	1.9	1.9
(3)	「浮足立つ」	令和元年度	
	（ア）喜びや期待を感じ，落ち着かずそわそわしている	60.1	
	（イ）恐れや不安を感じ，落ち着かずそわそわしている	**26.1**	
	（ア）と（イ）の両方	9.6	
	（ア），（イ）とは，全く別の意味	0.4	
	分からない	3.8	

四

次の各問いについて答えなさい。

問一　次の傍線部の漢字には読みを、カタカナには漢字を答えなさい。

①　出場を強く促す。　②　両刃の剣。

③　ヨカを楽しみながら仕事をする。　④　ウイルスの感染拡大がケネンされる。

⑤　文化遺産をホシュウする。

問二　次の同訓異字を、正しく書き分けなさい。

①　ア　台風に（そな）える。　イ　お神酒を（そな）える。

②　ア　適用を（あやま）る。　イ　無礼を（あやま）る。

問三　次の資料は、文化庁が実施した「国語に関する世論調査」（令和2年実施）の結果である。その調査結果を読んだ上で、次のそれぞれの選択肢の中から、正しい用法を一つずつ選びなさい。

問八　傍線部7「心得ず思ひながら」とあるが、仲間たちはどのようなことを感じていたのか。最も適当なものを次から選び、記号で答えなさい。

ア　たとえ死ぬ覚悟を決めて念仏を唱えた者であっても、入水はやはり苦しいのだと感じている。

イ　自分たちが縄を引くタイミングが遅れたことで上人を苦しめてしまったのではないかと感じている。

ウ　死ぬために水に入ったのに、苦しくなったからと上がってくるのは矛盾していると感じている。

エ　人はいつか必ず死ぬものなのだから、わざわざ自ら身を投げる必要などないのにと感じている。

問九　傍線部8「よも」のあとに省略されている語句として最も適当なものを次から選び、記号で答えなさい。

ア　往生すまじ
（往生しないだろう）

イ　地獄を見ばや
（地獄を見たい）

ウ　生き延びがたし
（生き延びるのは難しい）

エ　死にたりけん
（死んでしまっただろう）

問十　この物語から読み取れることとして最も適当なものを次から選び、記号で答えなさい。

ア　上人は注目を浴びたいがために死のうとしているふりをしたということ。

イ　当時、自ら命を絶って往生をはかるという考えが存在していたということ。

ウ　生き様よりも死に際の様子に本当の人間性が表れてしまうということ。

エ　ぶざまな死に方をすることは想像を絶する恥辱であったということ。

問三　傍線部３「この上人申しけるは」とあるが、上人の発言はどこまでか。その最後の五字を本文中から抜き出して答えなさい。（句読点は不要）

問四　傍線部４「臨終一期の大事なり」とあるが、死んだ後、上人はどこに行くことを望んでいるか。本文中の語句を抜き出して答えなさい。

問五　傍線部５「いかがとおぼつかなし」とは、どういうことか。最も適当なものを次から選び、記号で答えなさい。

ア　実際に水の中に入ったらどれほど苦しいのか、想像がつかないということ。

イ　自分の死は経験したことがないので、どうなることかと心配だということ。

ウ　本当は自分が死にたくないと思っているのかもしれず不安だということ。

エ　死に際してどのようなものが得られるのか、見当がつかないということ。

問六　傍線部６「さあらば」の「さ」が指している内容を、主語を明らかにして十字以内の現代語で答えなさい。

問七　波線部ａ「哀れに思ふ」、ｂ「縄を引きければ」、ｃ「引き上げつ」、ｄ「上がりぬ」はそれぞれ誰の動作か。その答えの組み合わせとして最も適当なものを次から選び、記号で答えなさい。

ア　ａ…上人　ｂ…上人　ｃ…同行　ｄ…同行

イ　ａ…同行　ｂ…同行　ｃ…上人　ｄ…上人

ウ　ａ…上人　ｂ…同行　ｃ…上人　ｄ…同行

エ　ａ…同行　ｂ…上人　ｃ…同行　ｄ…上人

三

次の文章を読み、後の問いに答えなさい。

ある山寺に、上人あり。[1]道心深くして、憂世《うきよ》に心をとどめず、急ぎ極楽へ参らんと思ひければ、入水して死なんと思ひ立ちて、[2]同行《どうぎやう》を語らひて、舟を用意して、水海のありけるに漕ぎ出でぬ。[3]この上人申しけるは、[4]臨終一期《りんじゆういちご》の大事なり。し慣れたる事だにも誤りもあり、不覚もする事なり。往生の大事、臨終の作法、未《いま》だ得ざる事なれば、[5]いかがとおぼつかなし。それに付きては、水に入りて後も、妄念妄心《まうねんまうしん》ありて、命も惜しく、余念も交らば、往生も不定《ふぢやう》なれば、水に入りて後、尚も生きいでたき事あらば、縄を引くべし。[6]さあらば引き出だし給へとて、脇《わき》に縄をかけて、念仏唱えて、飛び入りぬ。[a]哀れに思ふ処《ところ》に、[b]縄を引きければ、[c]引き上げつ。濡れ濡れとして[d]上がりぬ。[7]心得ず思ひながら、約束なれば、兎角《とかく》に及ばず。さて、上人曰《いは》く、「水中にて、苦痛あつて、妄念《まうねん》起きつれば、この心にては[8]よもと思ひて、上がりたり」と云ふ。

『沙石集』

※設問の都合により、本文の表記を一部改めています。

問一　傍線部1「道心」の「道」とは、ここでは何を意味しているか。最も適当なものを次から選び、記号で答えなさい。

ア　王道　　イ　水道　　ウ　仏道　　エ　邪道

問二　傍線部2「同行を語らひて」とあるが、その意味として最も適当なものを次から選び、記号で答えなさい。

ア　修行仲間に愚痴をこぼして　　イ　修行仲間をだまして

ウ　修行仲間の名前を名乗って　　エ　修行仲間に相談して

問八　傍線部8「地下道が見えて来た」以下の段落の表現の特徴として最も適当なものを次から選び、記号で答えなさい。

ア　歯切れ良い表現を用いることで、「彼」の目に入ってくる情景をそのまま描写したような印象を与えている。

イ　五感を駆使した描写を重ねていくことで、地下道が「彼」にとって非日常の光景であることを強調している。

ウ　浮浪者の様子を一人ひとり克明に描写していくことで、名もなき浮浪者の存在と個性を際立たせている。

エ　目の前の浮浪者の存在が目に入っていないかのような通行人の姿を描くことで、都会の冷たさを表現している。

問九　傍線部9「列車の中で想像したどの場面とも、全くちがうこと」とあるが、「彼」はどのような場面を想像していたか。「彼」の想像にあたる部分の始まりと終わりを、本文中の①～⑧の番号で答えなさい。

問十　傍線部10「胸に、ある爽かな感じが湧いて来た」とあるが、「彼」がそのように感じた理由として最も適当なものを次から選び、記号で答えなさい。

ア　弁当をどのように始末してよいかずっと途方にくれていたが、予想に反していとも簡単に解決したから。

イ　あれこれと想像していたどの場面よりも平穏で、温かな人間的な交流ができたのではないかと思ったから。

ウ　身なりが悪い上にみすぼらしく見えた人物から、意外にも人の尊厳というものに改めて気付かされたから。

エ　日本人から礼儀が失われてしまったという先入観が打ち砕かれ、日本人としての誇りを取り戻せたから。

ア　どの鮨ネタを食べれば一番腹持ちがよいかということ。
イ　傷み易い鮨ネタから食べた方がよいのかということ。
ウ　もらった鮨に手を付けるべきかどうかということ。
エ　鮨を食べた後の残りの処理をどうするかということ。

問四　傍線部4「人の心づくしの食物を土足にかけるようなことは、やっぱりやっちゃいかん」とあるが、そのように「彼」が考えた理由として適当なものを次からすべて選び、記号で答えなさい。

ア　自分自身の経験も含めて、食べ物を無駄にはできないという考えが心の底まで染みついていたから。
イ　誰も見ていないと思っても誰かが見ているもので、食べ物を捨てることは非難されると思ったから。
ウ　食べ物を粗末にした後には、必ず厳しい制裁を科されるに違いないという強い恐怖心があったから。
エ　食糧が乏しい時代を過ごしてきた母親に、幼いころから食べ物を大切にするように教えられたから。

問五　傍線部5「彼の動機は親切心ではない」とあるが、どのような動機だと考えられるか。「〜という動機」という形にして十五字程度で答えなさい。

問六　傍線部6「お前このおっさんに馬鹿にされたか」とあるが、「馬鹿にすること」を「彼」の側からはどのような「気持ち」だと述べているか。本文中より十字で抜き出して答えなさい。

問七　傍線部7「徒然流で行く」とは、具体的にどうすることか。十字以内で答えなさい。

文の一部を省略した箇所、ならびに表記を改めた箇所があります。

注1　ディオゲネス　……　古代ギリシアの哲学者。大きな樽を住居にするなど、極端に簡素な生活を送った。

注2　しやせまし～せぬはよきなり　……　した方がいいか、しない方がいいかと迷うようなことは、たいがいはしない方がよいのである。

注3　蓬髪　……　伸びてくしゃくしゃに乱れた髪。

問一　傍線部1「一瞬困った気持ちになったが」とあるが、それはなぜか。その理由を端的に述べた箇所を、解答欄に合うように五字以内で本文中より抜き出して答えなさい。

問二　傍線部2「厚意謝するに余りあり」とは、どういう意味か。その説明として最も適当なものを次から選び、記号で答えなさい。

ア　自分の態度が非常に礼儀を欠いているということ。

イ　どんなにお礼を述べても言い足りないということ。

ウ　ありがた迷惑以外の何ものでもないということ。

エ　行動に自分の気持ちが追いつかないということ。

問三　傍線部3「蓋をあけたまま思案していた」とあるが、「彼」は何を思案していたのか。その説明として最も適当なものを次から選び、記号で答えなさい。

の時刻に浮浪者がいるかどうか、確信は無い。いてくれなければいいような気が、ちょっとした、その際は、天下晴れて、駅の屑箱へ鮨折を投げこんでしまう。

8地下道が見えて来た。四人いた。二人は新聞紙を敷いて、段ボール箱の切れっぱしを掛蒲団《かけぶとん》代わりに、丸くなって寝ている。漏水か彼らの小便か、壁沿いの溝《みぞ》のあたりが濡《ぬ》れていた。あとの二人は、立て膝《ひざ》をして坐っているが、通行人に対しては全く関心が無いようであった。一番手前の、薄汚い紺のジャンパーを羽織った男の前で、彼は立ち止った。

「あの」

スポーツ新聞を読んでいたその浮浪者が、何とも言えぬどす黒い顔を上げて、彼の方を見た。注3蓬髪《ほうはつ》で、前歯が欠けていて、両方の犬歯だけのぞかせ、「何ですか」というような表情をした。鬼形《きぎょう》の面か山姥《やまんば》の絵にそっくりの顔だと思った。彼は手短かに事情を話し、よかったら食ってくれないかという意味の二《ふ》た言三言、早口で言って、紙袋を持ち上げて見せた。思いがけないことに、浮浪者は立ち上がった。ただ立ち上がっただけでなく、きちんと、不動の姿勢に近い姿勢をとった。それから、身体《からだ》を斜め前へ倒して一礼し、

「戴《いただ》きます。有難うございます」

と、両手を差し出して、呆気《あっけ》に取られている彼の手から、鮨の袋を受け取った。9列車の中で想像したどの場面とも、全くちがうことを浮浪者にやられた。誰かがこの光景を見ているかも知れないと思うと、彼は羞《はずか》しいような気持ちになり、「それじゃ」とだけ言い残して、踵《きびす》を返し、銀座線の切符売り場の方へ、急ぎ足で立ち去った。

地下鉄は空いていた。隅の席へ独り腰掛けたら、漸《ようや》く心が落ち着いて、胸に、10ある爽《さわや》かな感じが湧《わ》いて来た。苦になっていた物を無事始末出来たという解放感だけではなかった。

阿川　弘之『鮨』

※本文中には、現在の視点からすると差別的な表現が使われている箇所がありますが、作者に差別を助長する意図があったとは思われないこと、また作品の文学的価値を尊重する観点から、原文のままとしてあります。なお、設問の都合により、本

んだ。あの連中の一人に食ってもらうというのはどうだろう。ひっかかるとすれば、車掌に渡せない食べ残しを、浮浪者になら渡していいか、その一点だが、いいような気もする。こちらに、蔑《さげす》む気持ち恵む気持ちさえ無ければ、構わないのではないか。

③考えられる場面がいくつかあった。先《ま》ず、「貰ってやるからその辺に置いときな」と、見向きもされない場合。その時、むッとなるようなら、初めから落第で、余計なことをしない方がいい。しかし、[5]彼の動機は親切心ではない。相手が突慳貪《つっけんどん》だからと不愉快を感じることはないだろう。「あいよ」と、こちらも見返らずに立ち去れて、むしろ一番安気《あんき》な成り行きである。

④次は相手が酔っていた場合。朝のうちから焼酎《しょうちゅう》や罐《かん》入《い》りの日本酒をちびちびやっている浮浪者を、何度か見かけた記憶がある。

「いよう。それじゃお前、ちょっと此処《ここ》へ坐《すわ》れ。俺がその鮨食うから、お前もこのチュウ、一杯だけ飲め」

⑤これは困る。現実のディオゲネス[注1]と酒盛りはいやだ。どうやって逃げ出すか。

「人に食い残し食わせて、こっちの飲み残しは飲めないって言うのかよォ」、もしそういう風にからまれたらと想像して、ちょっと彼は顔をしかめた。

⑥たとい酔っていなくとも、剣突《けんつく》を食わされる場合もある得る。

「そんな物、要らないよ。俺たちは乞食《こじき》じゃないんだ」

⑦どうしたどうした、[6]お前このおっさんに馬鹿にされたかと、仲間が声高に寄って来て、彼は浮浪者の群れに囲まれてしまい、おまけに地下鉄乗降の野次馬で人だかりが出来あがる。引っ込みもつかないし、弁解するのも癪《しゃく》だし、これは最悪のケースだ。

まあ、そこまで悪い方に考えなくても大抵大丈夫だろうが、心配なら方針変更、元へ戻して徒然草の故知に従おうか。

⑧「し[注2]やせまし、せずやあらましと思ふ事は、おほやうは、せぬはよきなり」

尊きひじりの言として、兼好法師がそう書き残している。しかし、[7]徒然流で行くとすれば、結局「ドバチ」のあたるようなことをやらざるを得ない。

列車が上野駅のフォームへ入った。鮨は使わなかった割箸とお手ふきとを添えて、包み直してあった。左手に書類鞄《かばん》、右手に鮨の紙袋を提げて、彼は収札口を出、地下鉄の方へ向かった。時計を見た。彼が上野を通るのは、いつも大体昼前後で、夜のこと納まっていて、巻き立てらしく、海苔《のり》の香りとかすかな酢の匂《にお》いがし、米粒の艶《つや》もつやつやと、食い気を誘った。3蓋《ふた》をあけたまま思案していた彼は、「よし、一つだけ。人の好意だ」、自分にそう言い聞かせた。添附の短い割箸《わりばし》を使うまでもない。一番好物の太巻の海苔巻きを、手でつまんで口に入れた。見た眼ほど美味くなかったが、それより何より、呑《の》みこんだあとすぐ、彼は自分のいやしんぼを後悔した。残りをどうするのか――。

美味しくても不味《まず》くても、これ以上食うわけには行かない。列車の中で巻寿司を大分つまんだもんですからと、晩餐《ばんさん》の席へ気乗りのせぬ顔を出すのは、待ってくれている先方に対し無礼であろう。結局、包み直して家へ持って帰るより仕方が無いが、持ち帰っての結果は大概分かっていた。帰宅が多分十一時過ぎ、今夜はもう、誰も食わない。あすお昼にでもいただきましょうと言うのは口先だけで、翌日、少しかたくなった鮨は、家族全員から無視される。殆《ほとん》ど手つかずのまま、冷蔵庫の中で三、四日滞留の末生ごみと一緒に捨てられるのが落ちだ。食糧の豊かになる時代まで生きて亡《な》くなった彼の老母は、晩年、物がそういう風に始末されるのを見ると、「今にドバチがあたる」と言った。神罰仏罰は信じないけれど、彼も、食い余しの処置はひどく気になる方であった。その自分が、「全く、どうして一つだけと思って手を出すか。鮨の色香に迷うとは」と、独り苦笑した。貰《もら》ったままの折包みなら、紙袋ごと乗務員室へ持って行って、「車掌さん、失礼だけど」と事情を話し、受け取ってもらうことも出来たかも知れない。一つ食ったあとではそれも駄目だ。

①窓外が暮れて来た。列車は南へ南へと走っている。月は出ていないらしく、森も畑も人家も、やがて皆宵闇《よいやみ》に包まれて、窓ガラスが鏡になった。そこへ映る自分の背広ネクタイ姿と向き合って、彼はとつおいつ、残りの鮨を如何《いか》にすべきか考えつづけた。そんなに苦に病むくらいなら、いっそデッキへ持って出て、屑物《くずもの》入れに叩《たた》き込んで忘れてしまおうかと思う。確かに、それが一番すっきりする方法で、あとの荷厄介《にやっかい》も無くなるし、帰宅後冷蔵庫をめぐる些細《ささい》な家庭口論の火種も残さない。一度それに決めかけたが、いやいやと、又思い直した。誰が見ているわけでもないけれど、4人の心づくしの食物を土足にかけるようなことは、やっぱりやっちゃいかん――。

②その時彼の頭に、この列車の終着駅は上野だという事実と、上野駅の地下道にいつも何人か屯《たむ》ろしている浮浪者の姿とが浮か

ウ　人の心は常に変化して安定性を欠くもので、大事なことも忘れてしまう。

エ　学習とは、一見別々に思われる二つの事柄が結びついて成り立っている。

二

次の文章を読んで、後の問いに答えなさい。

　発車のベルが鳴り始めた。見送りに来た主催者側の人が、あらためてセミナー参加の礼を述べ、

「これは車中の、ほんのお弁当代わりですが」

と、紙袋を差し出した。彼は<u>1一瞬困った気持ちになったが</u>、止《や》むを得ないと思い、「そりゃどうも有難う」、そう言って紙袋を受け取り、特急の車内へ入った。

　広いガラス窓越しに顔を見合せている一分足らずの、気づまりな時間が過ぎて、列車が動き出した。窓の向こうでお辞儀をする。こちらでもお辞儀をする。双方の間隔がすうッという感じで広がって行き、人のよさそうな見送り人の姿は見えなくなった。あちら側の心くばりはよく分かる。この町から終着上野まで、三時間と少々、途中秋の日が暮れ、夕飯時が過ぎるのに、特急は食堂車を連結していない。だから、討論会終了後の宴席を辞退した彼の為《ため》に、なにがしかの食べ物を用意してくれたのだ。<u>2厚意謝するに余りあり</u>、嘘《うそ》の礼を言ったつもりは無いけれど、飲まず食わずで帰るのは彼の勝手であって、東京帰着後、人と遅めの夕食の約束がある。したがって、この「お弁当代わり」なる物を、実のところ持て余す。四十何年前の、餓えて苦しくあさましかった時代の記憶が残っていて、無駄にしてしまえばいいとは思わない。

――「一体何をくれたのかな」、座席をうしろへ倒し、雑誌を拾い読みしながら、彼は考えた。多少腹が空いていないでもなかった。一旦《いったん》上の棚へ上げた紙袋を下ろし、中身を取り出してみた。鮨《すし》であった。

　細い胡瓜《きゅうり》巻き、干瓢《かんぴょう》巻き、紫蘇《しそ》巻き、大きな玉子巻き、中に色々具の入った所謂《いわゆる》巻寿司《ずし》、それが四角なへぎ折の内にきちん

問五　傍線部4「世間には大学に入ると馬鹿になるという『常識』があった」とはどういうことか。その説明として最も適当なものを次から選び、記号で答えなさい。

ア　世間で身体を使って働いている人たちが、座って本を読む気楽な人たちを秘かにうらやんでいたということ。

イ　生きた世間で働くことが上手にならないと、心身ともに健康的な人生を送ることができなくなるということ。

ウ　大学に行くと、勉強することばかりに追われ、世間の「常識」に目を向けなくなる恐れがあるということ。

エ　教養とは「身につく」ものだが、座って勉強ばかりしていては何も身につけることができないということ。

問六　筆者は、傍線部5の「情報」をどのようなものとしてとらえているか。それを端的に表した語句を解答欄に合うように四字で抜き出しなさい。

問七　傍線部6「患者さんの文句」とあるが、「患者」が「医師」に求めていることを、「生きた人間」「変化」という語を用いて、解答欄に合うように二十字程度で簡潔に述べなさい。

問八　傍線部7「昼間に提灯でも灯して探し回らなくてはいけない」とあるが、このたとえの意味を端的に表している熟語を次から選び、記号で答えなさい。

ア　奇妙　　イ　希少　　ウ　理想　　エ　策略

問九　筆者の主張として最も適当なものを次から選び、記号で答えなさい。

ア　「俺は俺だ」という意識を持って生きることが、各人の「生きがい」になる。

イ　医師が学位を取るために書く論文など、実際の治療には役に立たない。

エ　学習とは、複雑な身体運動を脳内において言語的に理解し、固定化した情報として常に出力と入力が可能なように整理しておく行動のことである。

②　筆者の考える「学習」に沿った行動として最も適当なものを次から選び、記号で答えなさい。

ア　オンライン学習で講師が話していたことをメモし、それを見直して新たな課題に取り組む。

イ　オンライン学習で講師が話していたことを注意深く聴き、間違えないように正確にノートに書く。

ウ　教科書に書かれている文章を繰り返し正確に音読し、内容を忘れないように記憶に定着させる。

エ　教科書に書かれている内容を鵜《う》呑《の》みにせず、自らの思索をひたすら深め、そこから結論を導き出す。

問三　傍線部2「自分の聴覚で捉えられる」とあるが、「聴覚」を含む「五感」（人間がもつ五種の感覚）に含まれないものを次から一つ選び、記号で答えなさい。

ア　視覚　　イ　嗅覚　　ウ　味覚　　エ　知覚　　オ　触覚

問四　傍線部3「経験ではあるが、学習ではない」というのはなぜか。その理由として最も適当なものを次から選び、記号で答えなさい。

ア　学習とは本来、自発的な身体性を伴うものであるが、ビデオを視聴することはあくまでも受動的だから。

イ　乳幼児教育用のビデオ番組は言語を伴っておらず、学習に必要な入出力のループが備わっていないから。

ウ　まだ起き上がれない乳幼児にビデオを見せることは、運動能力の発達にも悪影響を及ぼしかねないから。

エ　机に向かって学習する大人とは違い、乳幼児にとっては実際に自分の体を動かすことのみが学習だから。

であろう。論文はそのまま停止しているが、患者は生きて動いているからである。

生きた人間を扱っている人を、そろそろ7昼間に提灯でも灯して探し回らなくてはいけない時代になったらしい。教育とはまさに生きて動いていく人間を扱うことだからである。子ども以上に変化の激しい人間はない。情報化社会の人がなぜ教育が不得意か、以上でおわかりいただけると思うのだが。

養老 孟司『まともな人』

※設問の都合により、本文の一部を省略しています。

問一 空欄【 X 】には、「出会いは一生に一度のもの、という心得」を表す四字熟語が入る。空欄を補って熟語を完成させなさい。

問二 傍線部1「これが学習である」について、次の①、②に答えなさい。

① 筆者の考える「学習」の説明として最も適当なものを次から選び、記号で答えなさい。

ア 学習とは、厳しい選抜の下に入学を許された高等教育機関において、文と武の二つを実践しながら深い教養として身に付けていくものである。

イ 学習とは、記憶が定かでない幼児期から多くの行動パターンを繰り返し覚えさせ、無意識の中でも複雑な筋運動が行えるようになることである。

ウ 学習とは、外部からの情報を取り入れて定着させながら、自らの行動として外部へ表出するという連鎖が成り立っている循環作用のことである。

り返し聞くことができるではないか。しかしニュースを語るアナウンサーは、百年後には死んでこの世にいない。発言者は自分の発言をそのとおり繰り返すことはできない。かならず微妙に違ってしまう。生きることとは、再び取り返しがつかない時間を通過することである。通過していく主体は、二度と同一の状態をとることはない。だからすべては【 X 】なのである。

教育がそれを忘れて、もはや長いこと経つらしい。現代は情報化社会であり、おおかたの人々はそれでよしとしている。それでも結構だが、そのときに忘れてならないことは、情報は固定しているが、人は生きて動きつづけているということであろう。情報が変化していくのではない。われわれが変化していくのである。それを諸行無常という。鐘は剛体だから、いつ聞いても同じ振動数で鳴る。つまり同じ高さの音がする。それが違って聞こえるのは、人の気持ちが微妙に異なってくるからである。それを忘れた世界では、「生きがい」などという妙なものが話題になる。人が変わっていくそのことが、微妙な味わいを持つ。それが諸行無常の響きであろう。

俺は俺だ。多くの人がそう思って生きているらしい。そんなもの、意識がそう主張しているだけである。すべては移り変わるが、それを引き起こしているのは自分自身である。それを忘れて、「生きること」が成り立つはずがない。人間は情報とは違う。停止しているわけではないのである。

学問とは[5]情報の取り扱いである。つまり生きたものを停め、停めたものを整理する作業である。そこに大学に行くと馬鹿になるという言葉の真意があろう。それなら経済学が役に立たなくて当然である。経済学説は停止しているが、世間は動いているからである。医者は患者の検査結果しか見ない。患者は生きて動いているから、面倒くさいのであろう。いまどきの若い医師は診察が終わるまで、パソコンの画面と紙しか見ていない。それが[6]患者さんの文句である。それは当然で、大学では「医学」を教えるからである。経済学と同じで、そこには「生きた人間」、つまりたえず変化する、奇妙で猥雑《わいざつ》なもの、そんなものが入り込む余地はない。

ほとんどの医師は、論文を書こうとする。学位を貰うためには、それが必要だからである。さらにそうした論文を書くのがもっとも得意な人が、大学では偉い医師になる。しかし論文をいくら集めても生きた人にはならない。そんなことはあたりまえ聞こえ方によって、ふたたび筋運動を調整する。その意味では言語であれ歩行であれ、脳における大ざっぱな原理は同じである。

これが「学習」だということは、強調されなくてはならない。なぜなら現代では、たとえば乳幼児教育用のビデオすら存在するからである。まだ寝たままの乳幼児に、ビデオを見せておくという。これが入出力のループになっていないことは、ただちに理解されるであろう。身体とは無関係に、勝手に視界のなかの事物が動く。それを私は学習とは呼ばない。これはある種の[3]経験ではあるが、学習ではない。

乳幼児が自分の手をしげしげと眺めている。そうした光景は、人によっては見覚えがあろう。その手を乳幼児はいろいろに動かす。その動きと、動きの感覚が、視覚に起こっている変化と連合する。こうして乳幼児は身体と視覚の関係を理解していく。最終的にはそれが自己の認識につながっていくとしても、私は不思議とは思わない。

私が大学に入ろうとしていた頃、つまりいまから半世紀近く以前、[4]世間には大学に入ると馬鹿になるという「常識」があった。そういう記憶が残っている。あんたは大学に行くというが、大学に行くと馬鹿になるよ。こうしたことをいうのは、世間で身体を使って働いている人たちだった。そうした発言の真の意味は、いまではまったくわからなくなってしまったと思う。座って本を読んでいると、生きた世間で働くのが下手になってしまう。これはそういう意味だったはずである。

いま世間では、教育をどうするかという議論が盛んである。そのなかに、大学に行くと馬鹿になるというのはないであろう。高校全入どころか、大学全入になりそうな勢いである。座って机の前で学べることもたしかにある。しかし応用が利くことは「身についた」ことでしかありえない。教養教育がダメになったのも「身につく」ことがないからであろう。教養はまさに身につくもので、座って勉強しても教養にはならない。ただ勉強家になるだけである。それを昔は「畳が腐るほど勉強する」といった。それでは運動制御モデルは脳のなかにできてこない。

なぜ身につかないか、それははっきりしている。情報化時代だからであろう。情報とは停まったもので、生きて動いている存在ではない。テレビのニュースは、ビデオにとっておけば、百年経っても見ることができる。あれは一見動いているように思えるが、その意味では停止している。それを情報というのである。あらゆる発言は、テープにとれば停まっている。いくらでも繰

二〇二一年度 相模女子大学高等部

【国語】（五〇分）〈満点：一〇〇点〉

一 次の文章を読んで、後の問いに答えなさい。

学習とは文武両道である。両道とは二股を掛けているということで、それぞれべつべつにという意味ではない。脳でいうなら、知覚と運動である。知覚から情報が入り、運動として出て行く。出て行くが、運動の結果は状況を変える。その状況の変化が知覚を通して脳に再入力される。こうして知覚から運動へ、運動から知覚へという、ループが回転する。そうしたループをさまざまに用意しモデル化すること、[1]これが学習である。

たとえば散歩をする。一歩歩くごとに視界が変化する。その変化に合わせて、次の一歩を踏み出す。幼児はこうして自己の動きと知覚の変化、その関連を学習する。成人はこうした変化をあまりにも当然と思っているために、それをまだ学んでいない状態、あるいはそれができない状態を想像することがない。

自分で位置移動がほとんどできない障害児の場合、どのように学習を進めるか。自分で移動ができるように、まずハイハイからはじめる。それができなければ、寄ってたかって、手足を動かすようにさせる。その結果、多少とも「自分で」動けるようになれば、前述の単純なループができる。それがまさに、なにかを「身につける」ことなのである。

いったんそうしたループができてくれれば、それはモデル化されるから、ゆえに応用が利く。つまり脳内に運動制御のモデルが発生するのである。現実には身体運動は複雑であり、きわめて多くのモデルを用意する必要がある。しかし、なにごともまずはじめなければ、話にならない。赤ん坊はそれをほとんど白紙の状態からはじめるのである。

右のような意味で、言語は典型的なループである。複雑な筋運動で構成された発声が、つぎに[2]自分の聴覚で捉えられる。その

2021年度／相模女子大学高等部

英語解答

1 Part A　1…d　2…c　3…a
4…b

Part B　1…A　2…B　3…D
4…B

2 1　エ　2　ウ　3　イ　4　イ
5　ア

3 1　ウ　2　エ　3　ア　4　イ
5　ウ

4 (A)　1…イ　2…ア

(B)　Frozen Princess…D
Golden Shoes…A
The Beauty and the Ghost…B

5 1　ウ

2　私はあなたが転んで右足を骨折したと聞いて驚きました。

3　wants all of us to come

4　a　She will give it in February.
b　She saw five people.

6 1　ウ

2　ア，ウ，カ，キ

3　オーストラリアがとても広いから。

4　It means (that) the animal doesn't drink water.

5　①…ウ　②…ア　③…イ

6　オ

7 (例)I think you should send your father some snacks from Japan. They all taste really good, they are pretty to look at, and many of them are only sold in Japan. (31語)

1〔放送問題〕解説省略

2〔適語選択・語形変化〕

1．be made in ～「～製の」「私の新しいカメラは本当に良い。それは日本製だ」

2．introduce ～self「自己紹介をする」「英語の授業では，スピーチの冒頭で自己紹介をする必要がある」

3．‘比較級＋than any other＋単数名詞’「他のどの～より…」の形。well の比較級 better が適切。「アリスはチョコレートケーキが大好きだ。彼女は他のどのデザートよりもそれが好きだ」

4．not ～ anything「何も～ない」「テリーはおなかが痛い。彼は何も食べたくない」

5．「私は，線で絵を描くことと絵の具で絵を描くことが好きだ」は「私は将来はアーティストになりたい」の‘理由’を表している。

3〔対話文完成―適文選択〕

1．A：お母さん，これらの皿をここに置いてもいい？／B：ええ。注意してね。／／皿を置く作業を行うAに対するBの言葉。注意を促すウが適切。

2．A：昨夜はよく眠れなかった。／B：それはよくありませんね。／／That's too bad. は，「それはよくありませんね」，「お気の毒に」と同情を表す表現。

3．A：このビデオゲームはおもしろい？／B：わかりません。一緒にやってみましょう。／／会話が成立するのは「一緒にやろう」というアだけ。 Let's ～「～しましょう」

4．A：すみません，あなたはこれを落としたと思いますが。／B：ああ，それは私の財布です。ありがとうございます。／／Bの返答から，AはBが落としたものを拾い上げてBにそのことを伝えたのだとわかる。

5．A：すみませんが，トイレはどこにありますか？／B：このホールを行ったところにあります。左側の２番目のドアです。／／restroom は「トイレ」のこと。トイレの場所を相手に説明している。

4〔長文読解総合〕

(A)＜内容一致―広告＞≪全訳≫クリスマスマーケット2020／12月15日～25日／午前11：00～午後５：00／セントマーガレットパーク，サガミストリート／クリスマスグッズ／当店でクリスマスプレゼントや手づくり工芸品をたくさん購入できます。／店は毎日午前11時30分から午後４時まで営業しています。／12月24日と25日は午後３時30分に閉店します。／フード＆ドリンク（毎日午前11：00～午後５：00）／ホットワイン，ビール…６ドル／ホットチョコレート…４ドル／コーヒー，紅茶…４ドル／クリスマスケーキ（１切れ）…４ドル／ミートパイ…５ドル／スープ（オニオンまたはチキン）…４ドル／クリスマスケーキ（１切れ）＋コーヒーか紅茶…７ドル／＊10ドル以上使うと，オリジナルのクリスマスマグカップがもらえます。／＊子どもたちは無料のキャンディケインがもらえます。／子どもの活動（毎日午前11：30～午後４：30）／フェイスペインティング，ジンジャーブレッドクッキーデコレーション，クリスマスビンゴ／エンターテインメント／午前11：00～午前11：20…オープニングコンサート／午前12：00～午後１：00…サンタに会う／午後４：00…クリスマスツリーの照明／午後４：20～午後５：00…クロージングコンサート／駐車場／車を駐車するための広いエリアはありません。／電車やバスをご利用ください。／詳細については，chnsfmas-markef2020@swu-margaret.com までお問い合わせください。

＜解説＞１．「クリスマスケーキを２切れとコーヒー１杯，それにミートパイ買うと，（　　）払うことになる」―イ．「16ドル」　クリスマスケーキとコーヒーはセットで７ドル，それにクリスマスケーキ単品が４ドルで，ミートパイは５ドルである。　２．「12月24日にクリスマスプレゼントを買って，クロージングコンサートに行きたい場合は，（　　）に到着するべきである」―ア．「午後３：00」　12月24日は店が午後３：30に閉まるので，それより前に着く必要がある。

(B)＜対話文―要旨把握＞≪全訳≫シティホール・スペシャルムービー・ウィークエンド・スケジュール／❶ユミ（Y）：市役所で今週末に特別に映画上映計画があることを知ってる？❷メグ（M）：本当？いいわね。じゃあ，映画を見に行きましょう！❸Y：いいわ。映画のスケジュールはこれよ。どんな映画を見ましょうか？❹M：『アナと雪の女王』が見たいわ。❺Y：人気があるのは知っているけど，３時間以上もあるわよ。❻M：本当？　じゃあ『ゴールデンシューズ』はどう？❼Y：それはどんな映画なの？❽M：ロンドンの女の子の映画よ。彼女は若い頃に苦労するけど，友達の助けを借りて有名なダンサーになるの。❾Y：それはおもしろそうね。その映画を見ましょうよ！❿M：いいわ。スケジュールを確認しましょう。⓫Y：ごめんなさい，私，見られないわ。土曜日の朝に茶道に行かなければならないの。11時30分頃に終わるんだけど。⓬M：ああ，あなた，土曜日の午前中は忙しかったわね。じゃあ，『美女と幽霊』はどう？　ミカとチヒロが，それはとてもおもしろいと言ってたわ。⓭Y：最適ね。午前中に始まって，正午頃に終わるわ。映画の後，マックキリング・バーガーで昼食をとれるし。

＜解説＞Frozen Princess：第５段落参照。『アナと雪の女王』は上映時間が３時間以上だと言っている。　Golden Shoes：第11段落参照。ユミは土曜日の午前に用事があり，映画は見られないので，『ゴールデンシューズ』はAだとわかる。　The Beauty and the Ghost：第13段落参照。『美女と幽霊』は午前中に始まって，正午頃に終わると言っている。

5〔長文読解総合―Eメール〕

≪全訳≫差出人：「エマジョーンズ」e.jones@swuh.com／宛先：「ジョーおじいちゃん」joe.schneider@umail.com 送信：2021年１月17日午前10時30分／件名：本当にありがとう！！／親愛なるジョーおじいちゃん❶誕生日プレゼントとかわいいカードを本当にありがとう。それらを受け取ってうれしかったわ。もちろん人形の家もとても気に入ったわ！　とてもかわいかったし，おじいちゃんからのメッセージにも感動したよ。ええ，書いてあったように私は今，12歳よ。学校でもがんばるし，お母さんの家事を手伝うように努めるわ。❷おじいちゃんが転んで右足を骨折したと聞いて驚いたよ。大丈夫？　誕生日会で会えなかったのは残念だったよ。おばあちゃん，ピーターおじさん，ケイトおばさんがパーティーに来たの。お母さんとおばあちゃんがバースデーケーキを焼いてくれて，おいしかったよ。お父さんやピーターおじさんと一緒にゲームをするのが楽しくて，とてもおもしろかったよ！❸パーティーの最後に，ケイトおばさんがバイオリンで「お誕生日おめでとう」を演奏して，一緒に歌ったの。来月，彼女はバイオリンの演奏会を開くんですって。彼女は私たち全員が来ることを望んでいるわ。その頃にはおじいちゃんの足は良くなっているかな？❹とにかく，早く良くなってね。プレゼントとカードをありがとう。❺では，お体に気をつけて，また会おうね。／エマより

1＜文脈把握＞この後，エマが「学校でもがんばるし，お母さんの家事を手伝うように努めるわ」と書いていることから，祖父はエマに日常生活で努力することを促すメッセージを送ったことがわかるので，ウ．「一生懸命に勉強し，新しい目標を立てなさい」が適切。

2＜英文和訳＞be surprised は「驚く」。to hear は‘感情の原因’を表す副詞的用法の to不定詞で「～を聞いて」と訳す。that ～ は hear の目的語となる名詞節を導く接続詞で「～と(いうことを)」という意味。fell down(fell は fall の過去形)は「転んだ」，broke your right leg(broke は break の過去形)は「右足を骨折した」という意味。

3＜整序結合＞主語 She を受ける述語動詞は wants。また，all of us「私たち全員」というまとまりができる。‘want ～ to …’「～が…することを望む」の形で wants all of us to come「私たち全員が来ることを望む」とする。

4＜英問英答＞a．「ケイトおばさんは何月にバイオリンの演奏会を開く予定か」―「彼女はそれを2月に開く」　第3段落第2文に「来月，彼女はバイオリンの演奏会を開く」とあり，メールを出した月は1月(メール上部の Sent 参照)である。　b．「エマは誕生日パーティーで何人の人に会ったか」―「彼女は5人と会った」　第3段落第4文に「おばあちゃん，ピーターおじさん，ケイトおばさんがパーティーに来た」とあり，このほかにケイトの両親も参加していること。

6〔長文読解総合―説明文〕

≪全訳≫❶オーストラリアは，世界最大の国の1つであり，最も興味深い国の1つでもある。①何千年も前からオーストラリアには人が住んでいる。ヨーロッパの人々は1600年代に最初にその大陸に名前をつけた。当時，彼らはオーストラリア大陸と南極大陸についてあまり知らなかった。彼らはオーストラリアと南極大陸が1つの大陸であると信じ，ラテン語で Terra Australis Incognita と名づけた。それは英語で「南方の奇妙な土地」を意味する。「オーストラリア」という名前は，1800年代になってようやく普及した。今日，オーストラリアはその動物，文化，歴史，そして訪れるべき多くの美しい場所で有名だ。❷首都はキャンベラだが，多くの人がメルボルンやシドニーなどの他の都市を訪れたいと思っている。シドニーのオペラハウスは世界で最も美しい建物の1つであり，毎年何百万人もの人々が訪れる。❸②多くのオーストラリア人はスポーツが大好きだ。実際，オーストラリアにはラグビー，クリケット，サッカーなど多くのスポーツの強いチームがある。オーストラリアには，オーストラリアンフットボールと呼ばれる独自のスポーツもある。このスポーツは，ニュージーランド，アイルランド，アメリカ合衆国などの他の国でも行われている。オーストラリアンフットボール・インターナショナルカップは3年ごとにメルボルンで開催される。オリンピックは2000年にオーストラリアで開催され，このイベントはオーストラリア人の間で非常に人気があった。オーストラリアはまた，水泳，テニス，ゴルフなどのスポーツで多くの有名なアスリートを輩出してきた。❹③オーストラリアで最も興味深いことの1つは，その動物だ。オーストラリアを訪れると，コアラ，カンガルー，エミューなどを見ることができる。これらの動物はオーストラリアで特有であるだけでなく重要でもあるため，ほとんどの訪

問者はいくつかの新しいことを学ぶだろう。例えば，「カンガルー」や「コアラ」という言葉はオーストラリア先住民の言語に由来し，「コアラ」という言葉はその動物が水を飲まないことを意味する。カンガルーとエミューは後方に移動できないため，オーストラリアの人々はそれらを国のシンボルとして選択した。シドニーの動物園は年中無休で，とても人気がある。動物を見るために，多くの観光客がオーストラリアを訪れる。他の理由としては，浜辺，山，そして暖かい気候が含まれる。多くの訪問者は，ハイキング，ダイビング，スキーなどの活動も楽しんでいる。5オーストラリアはとても広いので，全てを見るのは難しい。しかし，オーストラリアのあらゆる地域で，自分の国とは異なる興味深いものを見つけることができる。

1＜要旨把握＞第１段落第５文参照。ウ.「オーストラリアと南極大陸は1600年代には同じ名前だった。なぜなら，ヨーロッパの人々がそれらは１つの大陸であると信じたからだ」は，ここで述べられた「彼らはオーストラリアと南極大陸が１つの大陸であると信じ，ラテン語でTerra Australis Incognitaと名づけた」という内容に一致する。

2＜要旨把握＞第１文「オーストラリアで最も興味深いことの１つは，その動物だ」からカを選ぶ。また，最後から２文目「浜辺，山，そして暖かい気候が含まれる」から，ア，ウ，キを選ぶ。

3＜要旨把握＞第５段落第１文「オーストラリアはとても広いので，全てを見るのは難しい」が該当箇所。これを20字以内にまとめる。

4＜英問英答＞質問は「現地の語で『コアラ』とはどういう意味か」という意味。第４段落第４文参照。ここの表現を使って答えればよい。

5＜適文選択＞①オーストラリアを紹介する文章の導入部分。人間がいつから住み始めたかを述べるウが適切。　②第３段落はスポーツについて述べられている。　③第４段落は動物について述べられている。

6＜内容真偽＞ア.「キャンベラは首都であるため，最も有名な観光スポットだ」…×　第２段落第１文参照。　イ.「オーストラリアンフットボールは非常に人気があるが，メルボルンでしかプレーされない」…×　第３段落第４文参照。ニュージーランドなどの国でもプレーされている。ウ.「ニュージーランドのラグビーチームは2000年にインターナショナルカップで優勝した」…×　第３段落参照。2000年はオリンピックがオーストラリアで開催された年。　エ.「エミューは後退できないため，オーストラリア人はエミューが好きではない」…×　第４段落参照。「オーストラリア人はエミューが好きではない」という記述はない。　オ.「多くの人がシドニーの動物園を訪れ，そこは毎日開いている」…○　第４段落後半に一致する。

7〔テーマ作文〕

「アメリカ出身の友達がロサンゼルスにいる父親のためにプレゼントを買いたがっている。彼女の父親は日本の文化に興味がある。彼女にどんなプレゼントをあげたらいいか，またその理由を伝えなさい」　最初に何を買うべきかを伝え，その後で理由を述べるとよい。解答例は「日本のお菓子をお父さんにあげるといいよ。日本のお菓子はどれもとてもおいしいし，見た目もかわいくて，そのうちの多くは日本でしか売っていないから」という意味。

2021年度／相模女子大学高等部

数学解答

1 (1) -4　(2) $\frac{3}{2}y$　(3) $\sqrt{3}$

2 (1) $x=2$　(2) $x=3,\ y=1$
(3) $x=-3\pm\sqrt{13}$

3 (1) 11通り　(2) $m=5,\ n=3$
(3) 2500　(4) $\frac{2}{9}$　(5) $53°$

4 (1) $\frac{1}{2}$　(2) $(0,\ 8-4\sqrt{3})$
(3) $y=\frac{8}{5}x+\frac{24}{5}$

5 (1) 2　(2) $7:3$　(3) $\sqrt{14}$

6 (1) 10cm　(2) $10\sqrt{2}$ cm
(3) $200\sqrt{3}\ \text{cm}^2$

1〔独立小問集合題〕

(1)＜数の計算＞与式 $=-49+45=-4$

(2)＜式の計算＞与式 $=\frac{3(4x+5y)-2(6x+3y)}{6}=\frac{12x+15y-12x-6y}{6}=\frac{9y}{6}=\frac{3}{2}y$

(3)＜平方根の計算＞与式 $=2\sqrt{3}-2\times\sqrt{3^2\times3}+\sqrt{5^2\times3}=2\sqrt{3}-2\times3\sqrt{3}+5\sqrt{3}=2\sqrt{3}-6\sqrt{3}+5\sqrt{3}$ $=\sqrt{3}$

2〔独立小問集合題〕

(1)＜一次方程式＞$-3x-2x=-2-8,\ -5x=-10$　$\therefore x=2$

(2)＜連立方程式＞$x+5y=8$……①，$2x+3y=9$……②とする。①×2－②より，$10y-3y=16-9,\ 7y=7$　$\therefore y=1$　これを①に代入すると，$x+5\times1=8,\ x+5=8$　$\therefore x=3$

(3)＜二次方程式＞$x^2+6x=4$として，両辺に9を加えると，$x^2+6x+9=4+9,\ (x+3)^2=13,\ x+3=\pm\sqrt{13}$　$\therefore x=-3\pm\sqrt{13}$

≪別解≫解の公式より，$x=\frac{-6\pm\sqrt{6^2-4\times1\times(-4)}}{2\times1}=\frac{-6\pm\sqrt{52}}{2}=\frac{-6\pm2\sqrt{13}}{2}=-3\pm\sqrt{13}$となる。

3〔独立小問集合題〕

(1)＜場合の数―さいころ＞6の約数は1と2と3と6の4つあるが，さいころの目は1から6までなので，1つのさいころを3回投げて，出た目の順に$a,\ b,\ c$とするとき，$a+b+c$の値は3以上となり，$a+b+c$の値は3か6である。3回の出た目の数の組を$(a,\ b,\ c)$と表すと，$a+b+c=3$のときは，$(a,\ b,\ c)=(1,\ 1,\ 1)$の1通り，$a+b+c=6$のときは，$(a,\ b,\ c)=(1,\ 1,\ 4),\ (1,\ 2,\ 3),\ (1,\ 3,\ 2),\ (1,\ 4,\ 1),\ (2,\ 1,\ 3),\ (2,\ 2,\ 2),\ (2,\ 3,\ 1),\ (3,\ 1,\ 2),\ (3,\ 2,\ 1),\ (4,\ 1,\ 1)$の10通りある。よって，求める場合の数は，$1+10=11$(通り)ある。

(2)＜連立方程式の応用＞$m^2-n^2=16$より，$(m-n)(m+n)=16$となる。$m,\ n$が自然数のとき，$m+n>0$より，$m-n>0$であり，$m+n$と$m-n$はどちらも自然数で，$m+n>m-n$となる。よって，積が16となる2数$m-n,\ m+n$は，(ア)$m-n=1$……①，$m+n=16$……②と，(イ)$m-n=2$……①′，$m+n=8$……②′の2通り考えられる。(ア)の場合，①＋②より，$m+m=1+16,\ 2m=17,\ m=\frac{17}{2}$となり，$m$が自然数とならないので，適さない。(イ)の場合，①′＋②′より，$m+m=2+8,\ 2m=10$　$\therefore m=5$　これを②′に代入すると，$5+n=8$　$\therefore n=3$　したがって，求める自然数$m,\ n$は，$m=5,\ n=3$である。

(3)＜式の値＞与式 $=(x+3y)^2$と因数分解できる。$x=11,\ y=13$のとき，$x+3y=11+3\times13=11+39=$

50となるので，与式$=50^2=2500$である。

(4)＜関数—$\boldsymbol{a}$の値＞2直線$y=2x+3a$……①と$y=-3x+4$……②との交点が直線$y=3x$……③上にあることから，①と②の交点は，②と③の交点でもある。②，③より，yを消去して，$-3x+4=3x$，$6x=4$，$x=\frac{2}{3}$となり，これを③に代入すると，$y=3\times\frac{2}{3}=2$となる。よって，交点の座標は$\left(\frac{2}{3},\ 2\right)$となるから，①に$x=\frac{2}{3}$，$y=2$を代入して，$2=2\times\frac{2}{3}+3a$，$6=4+9a$，$9a=2$　$\therefore a=\frac{2}{9}$

(5)＜図形—角度＞右図のように点A～Gを定める。△GDEの内角の和より，$\angle\mathrm{DGE}=180^\circ-(42^\circ+43^\circ)=180^\circ-85^\circ=95^\circ$となり，△CFGの頂点Gにおける外角より，$\angle\mathrm{GFC}=\angle\mathrm{DGF}-\angle\mathrm{GCF}=95^\circ-20^\circ=75^\circ$となる。よって，△ABFの頂点Fにおける外角より，$\angle x=\angle\mathrm{AFC}-\angle\mathrm{BAF}=75^\circ-22^\circ=53^\circ$である。

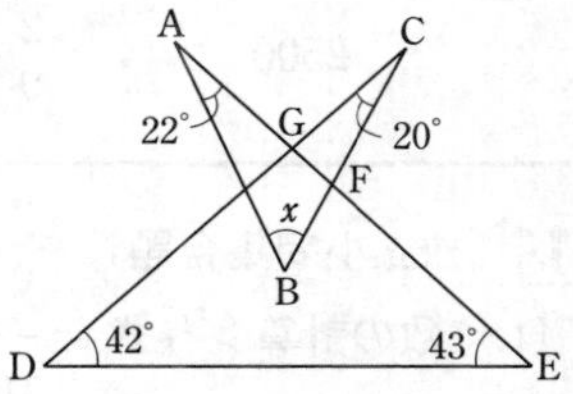

4〔関数—関数$\boldsymbol{y=ax^2}$と直線〕

(1)＜$\boldsymbol{a}$の値＞関数$y=ax^2$のグラフ上にA(4，8)があることから，$8=a\times4^2$が成り立ち，$8=16a$，$a=\frac{1}{2}$である。

(2)＜点の座標—特別な直角三角形＞$y=ax^2$のグラフはy軸について対称だから，点Pが線分OC上にあるとき，常にPA＝PBである。これより，右図1のように∠APB＝60°であるとき，△APBは正三角形となり，△ACPは3辺の比が$1:2:\sqrt{3}$の直角三角形である。よって，$\mathrm{PC}=\sqrt{3}\mathrm{AC}=\sqrt{3}\times4=4\sqrt{3}$となるので，$\mathrm{OP}=\mathrm{OC}-\mathrm{PC}=8-4\sqrt{3}$より，$\mathrm{P}(0,\ 8-4\sqrt{3})$である。

図1

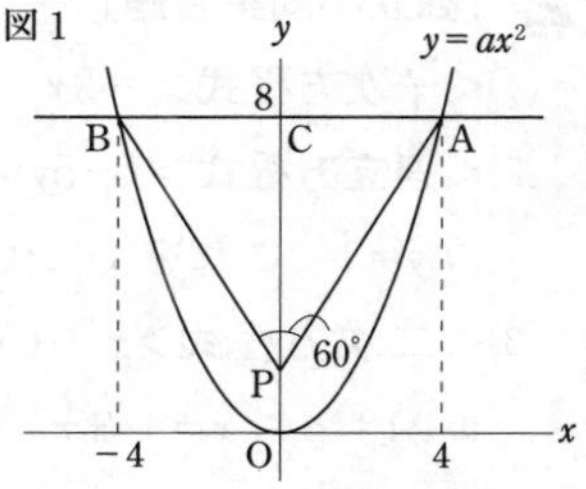

(3)＜直線の式＞点Pが線分OCの中点のとき，$\mathrm{OP}=\frac{1}{2}\mathrm{OC}=\frac{1}{2}\times8=4$となり，P(0，4)である。A(4，8)，P(0，4)より，直線APの傾きは$\frac{8-4}{4-0}=\frac{4}{4}=1$，切片は点Pの$y$座標より4だから，その式は$y=x+4$……①となる。また，2点O(0，0)，B(−4，8)より，直線OBの傾きは$\frac{0-8}{0-(-4)}=-\frac{8}{4}=-2$だから，その式は$y=-2x$……②となる。点Qは2直線①，②の交点であるから，2式からyを消去して，$x+4=-2x$より，$x=-\frac{4}{3}$となり，これを②に代入すると，$y=-2\times\left(-\frac{4}{3}\right)=\frac{8}{3}$より，$\mathrm{Q}\left(-\frac{4}{3},\ \frac{8}{3}\right)$である。さらに，△OABの面積は，$\frac{1}{2}\times\mathrm{AB}\times\mathrm{OC}=\frac{1}{2}\times8\times8=32$で，上図2のように，点Qを通り△OABの面積を2等分する直線が辺ABと交わる点をRとすると，$\triangle\mathrm{QRB}=\frac{1}{2}\triangle\mathrm{OAB}=\frac{1}{2}\times32=16$であり，点Qから辺ABに垂線QHを引くと，$\triangle\mathrm{QRB}=\frac{1}{2}\times\mathrm{BR}\times\mathrm{QH}$より，$\frac{1}{2}\times\mathrm{BR}\times\mathrm{QH}=16$となる。よって，$\mathrm{QH}=8-\frac{8}{3}=\frac{16}{3}$だから，$\frac{1}{2}\times\mathrm{BR}\times\frac{16}{3}=16$より，BR＝6となるので，CR＝BR−BC＝6−4＝2より，R(2，8)である。以上より，求める直線は2点R，Qを通るので，その式を$y=px+q$とおくと，点Rの座標より，$8=2p+q$，点Qの座標より，$\frac{8}{3}=-\frac{4}{3}p+q$が成り立つ。これら2式を連立方程式として解くと，$p=\frac{8}{5}$，$q=\frac{24}{5}$となるから，求める直線の式は$y=\frac{8}{5}x+\frac{24}{5}$である。

図2

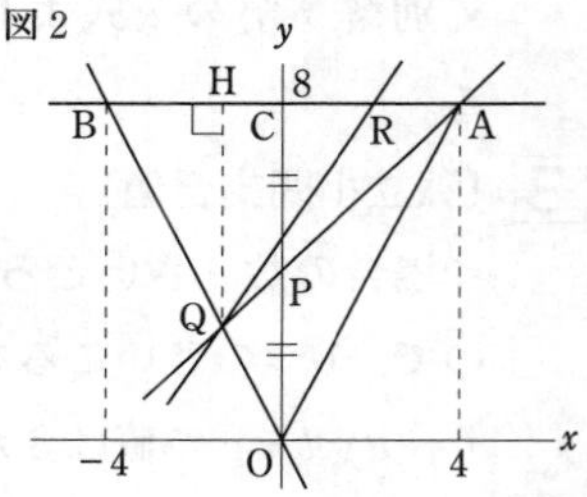

5 〔平面図形―三角形〕

≪基本方針の決定≫(2)　△MFA の形状，△ACE と △FDE の関係を利用する。　(3)　△BDM と △FDE の関係を利用する。

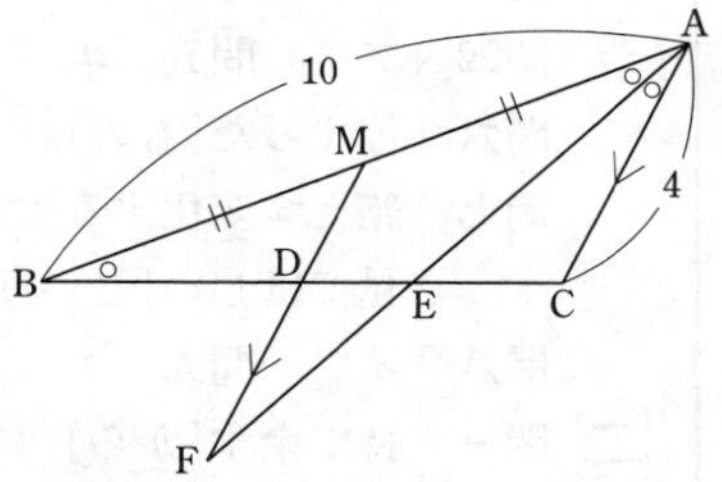

(1)＜長さ―三角形と比，中点連結定理＞右図の △ABC で，点 M は辺 AB の中点で，MD∥AC だから，点 D も辺 BC の中点である。よって，中点連結定理より，$\mathrm{MD}=\frac{1}{2}\mathrm{AC}=\frac{1}{2}\times4=2$ である。

(2)＜辺比―相似＞右図で，MF∥AC より，∠MFA＝∠CAF(錯角)であり，∠MAF＝∠CAF だから，∠MFA＝∠MAF となり，△MFA は MF＝MA の二等辺三角形である。これより，$\mathrm{MA}=\frac{1}{2}\mathrm{AB}=\frac{1}{2}\times10=5$ だから，$\mathrm{FD}=\mathrm{MF}-\mathrm{MD}=5-2=3$ となる。ここで，AC∥DF より，△ACE∽△FDE なので，CE：DE＝AC：FD＝4：3 となる。よって，(1)より，BD＝DC＝CE＋DE であるから，BD：DE＝(4＋3)：3＝7：3 である。

(3)＜長さ―相似＞(2)より，BD＝x とおくと，$\mathrm{DE}=\frac{3}{7}x$ と表せる。ここで，△BDM と △FDE において，対頂角より，∠BDM＝∠FDE……①　(2)より，∠MAE＝∠DFE，∠MAE＝∠DBM だから，∠DBM＝∠DFE……②　①，②より，2組の角がそれぞれ等しいので，△BDM∽△FDE となるから，BD：FD＝MD：ED より，$x:3=2:\frac{3}{7}x$ が成り立つ。これを解くと，$x\times\frac{3}{7}x=3\times2$，$x^2=14$，$x=\pm\sqrt{14}$ となる。よって，$x>0$ より，$x=\sqrt{14}$ となるから，BD＝$\sqrt{14}$ である。

6 〔空間図形―半球，正四角錐〕

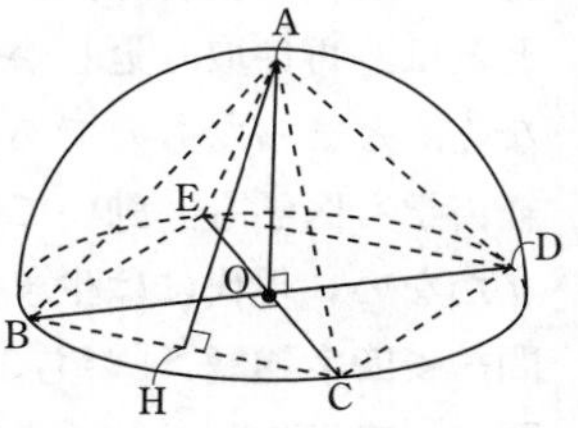

(1)＜長さ―半径＞四角形 BCDE は正方形だから，右図のように，正方形 BCDE の2本の対角線の交点を O とすると，OB＝OC＝OD＝OE より，点 O はこの半球の中心である。また，図形の対称性より，AO⊥〔正方形 BCDE〕となる。よって，AO はこの半球の半径で 10cm だから，正四角錐 A-BCDE の高さは AO＝10(cm)である。

(2)＜長さ―特別な直角三角形＞右図で，△OBC は直角二等辺三角形だから，3辺の比は $1:1:\sqrt{2}$ である。よって，$\mathrm{BC}=\sqrt{2}\,\mathrm{OB}=\sqrt{2}\times10=10\sqrt{2}$ (cm)である。

(3)＜面積―特別な直角三角形＞正四角錐 A-BCDE の4つの側面は合同な三角形なので，側面積は，△ABC の面積の4倍となる。右上図の △OAC は OA＝OB＝10(cm)の直角二等辺三角形だから，$\mathrm{AC}=10\sqrt{2}$ (cm)となり，△ABC は1辺 $10\sqrt{2}$ cm の正三角形である。よって，頂点 A から辺 BC へ垂線 AH を引くと，△ACH は3辺の比が $1:2:\sqrt{3}$ の直角三角形であり，$\mathrm{AH}=\frac{\sqrt{3}}{2}\mathrm{AC}=\frac{\sqrt{3}}{2}\times10\sqrt{2}=5\sqrt{6}$ (cm)となる。したがって，$\triangle\mathrm{ABC}=\frac{1}{2}\times\mathrm{BC}\times\mathrm{AH}=\frac{1}{2}\times10\sqrt{2}\times5\sqrt{6}=50\sqrt{3}$ (cm^2)より，求める側面積は，$50\sqrt{3}\times4=200\sqrt{3}$ (cm^2)である。

国語解答

一 問一 [一]期[一]会
問二 ①…ウ ②…ア 問三 エ
問四 ア 問五 エ
問六 停まった[もの]
問七 絶えず変化する生きた人間として見てほしい[という要求]
問八 イ 問九 エ

二 問一 持て余す[から] 問二 イ
問三 ウ 問四 ア，エ
問五 食べ物を無駄にしたくない〔苦になっていた物を無事始末したい〕[という動機]
問六 蔑む気持ち恵む気持ち
問七 鮨を人にあげないこと
問八 ア 問九 ③～⑦ 問十 ウ

三 問一 ウ 問二 エ
問三 出だし給へ 問四 極楽
問五 イ 問六 上人が縄を引くこと
問七 エ 問八 ウ 問九 ア
問十 イ

四 問一 ① うなが
② もろは〔りょうば〕 ③ 余暇
④ 懸念 ⑤ 補修
問二 ① ア 備 イ 供
② ア 誤 イ 謝
問三 A…ア B…イ C…エ

一〔論説文の読解―哲学的分野―哲学〕出典；養老孟司『まともな人』「学習とは文武両道である」。

≪本文の概要≫学習とは，知覚から入った情報が運動として出ていき，その運動の結果が状況を変え，その状況の変化が再び知覚から情報として入り，運動を起こすという，知覚と運動のループをさまざまに用意しモデル化することである。このループができることが，何かを「身につける」ことである。現代の教育の問題において教養教育が身につかないのは，情報化時代だからである。生きることとは，再び取り返しがつかない時間を通過することであるが，情報は，生きて動いている存在ではなく，とまったものである。学問とは，生きたものをとめて整理するという情報の取り扱いである。経済学も医学も，動いている世間や患者を扱うことなく，とまった情報を扱う学問であるかぎり役に立たない。現代には生きた人間を扱う教育者はごく少ないが，そうした人を探さなければならない。

問一＜四字熟語＞「いちごいちえ」と読む。一生に一度かぎりの機会のこと。

問二＜文章内容＞①「学習」とは，知覚から入った情報が運動として表出し，表出した運動によって変化した状況を，知覚を通して再入力するというループを，さまざまに用意しモデル化することである。　②「講師が話していたこと」を「知覚」した情報として入力し，「メモ」するという「運動」として出力し，さらにそれを「見直し」て「モデル化」して，「新たな課題に取り組む」という「応用」を行うことは，「学習」に相当する。

問三＜語句＞「五感」は，目，耳，鼻，舌，皮膚で感じられる五つの感覚のこと。

問四＜文章内容＞乳幼児にビデオを見せておくことは，乳幼児の「身体とは無関係に，勝手に視界のなかの事物が動く」だけで，乳幼児が「身体と視覚の関係を理解」することにつながらないので，「学習」とはいえない。

問五＜文章内容＞教養は「まさに身につくもの」であり，「座って勉強」しても「運動制御モデルは脳のなかにできて」こず，「『身につく』ことがない」のである。そのため，「座って本を読んでいると，生きた世間で働くのが下手に」なるという意味で，「大学に入ると馬鹿になる」と言われた。

問六＜文章内容＞「情報とは停まったもので，生きて動いている存在ではない」のである。

問七＜文章内容＞患者は，「たえず変化する，奇妙で猥雑」な存在である「生きた人間」としての状態を，医師に見てほしいのに，「いまどきの若い医師」は，とまった情報である「パソコンの画面と紙しか見ていない」ので，不満が生まれるのである。

問八＜表現＞「昼間に提灯《ちょうちん》」を灯して探し回るということは，明るい昼間を提灯でさらに明るくしてでも探さなければならないほど，めったにないものを探すということである。

問九＜主題＞「学習」とは，「知覚と運動」という「それぞれべつべつ」に見えるものが「知覚から運動へ，運動から知覚へという，ループ」になって成り立っているのである。

二〔小説の読解〕出典；阿川弘之『鮨』。

問一＜文章内容＞「彼」は，東京帰着後「夕食の約束」があり，「お弁当代わり」の食べ物を「実のところ持て余す」ので，困ったのである。

問二＜語句＞「余りある」は，いくら〜しても十分ではない，という意味。

問三＜文章内容＞「彼」は，もらったすしを食べるかどうか思案した挙げ句，「一つだけ」と思って，「太巻の海苔巻き」を食べた。

問四＜文章内容＞「彼」自身も「食い余しの処置はひどく気になる方」であったし，食べ物を無駄に始末することを，「今にドバチがあたる」と母に言われてきたので，「彼」は食べ物を捨てることができなかった。

問五＜心情＞「彼」は「食い余しの処置はひどく気になる方」であったため，食べ物を「無駄」にしたくないと思い，処置に困って「苦になっていた物を無事始末」したいという気持ちから，浮浪者に食べ残しのすしを渡そうかと考えた。その結果，すしを渡した後，「彼」は「苦になっていた物を無事始末出来たという解放感」以上の「爽かな感じ」を得た。

問六＜文章内容＞「彼」の側には，「蔑む気持ち恵む気持ち」はないつもりだが，もらう側は，「彼」が「蔑む気持ち恵む気持ち」で「馬鹿に」していると考えるかもしれないと，「彼」は思った。

問七＜文章内容＞『徒然草』には，しようかするまいかと迷うことは，だいたいしない方がよいということが書かれている。「彼」は，浮浪者にすしを渡すか渡すまいかと迷っているので，『徒然草』の教えに従うとすれば，浮浪者にすしを渡さないことになる。

問八＜表現＞短文を重ね，「段ボール箱の切れっぱしを掛蒲団代わりに」など，地下道に下りた「彼」の視界に入ってくる事物や情景が，明快に描写され，「彼」の目に入ってくる情景が，臨場感をもって読者に伝わるようになっている。

問九＜文章内容＞「彼」は，浮浪者に食べ残しのすしを渡すとしたら「考えられる場面」として，「『貰ってやるからその辺に置いときな』と，見向きもされない場合」や(…③)，「相手が酔っていた場合」や(…④・⑤)，「たとい酔っていなくとも，剣突を食わされる場合」に「仲間が声高に寄って」くるという「最悪のケース」(…⑥・⑦)などを想定した。

問十＜心情＞「蓬髪で，前歯が欠けていて，両方の犬歯だけのぞかせ」た「鬼形の面か山姥の絵にそっくりの顔」の，身なりも風貌もよくない浮浪者は，物をもらう際に，「立ち上がっただけでなく，きちんと，不動の姿勢に近い姿勢を」とり，「身体を斜め前へ倒して一礼し，『戴きます。有難うございます』と，両手を差し出して」受け取った。悪い身なりをした浮浪者が，最も人の礼にかなった作法を見せたことで，「彼」は，浮浪者の中の人としての尊厳を感じ取り，「爽かな感じ」を受けたのである。

三〔古文の読解―説話〕出典；無住法師『沙石集』巻第四ノ六。

≪現代語訳≫ある山寺に，上人がいる。仏道を極める心が深くて，現世に執着せず，すぐに極楽へ参上しようと思ったので，入水して死のうと思い立って，修行仲間に相談して，舟を用意して，湖のあった所にこぎ出した。この上人が申したことには，「死ぬときというのは一生の大問題だ。し慣れたことでさえも間違いは起こり，失敗もするものだ。(ましてや)極楽往生できるかどうかの一大事，死ぬときの作法は，まだ経験したことがないことなので，どうなることかと心配だ。それについては，(私が)水に入った後も，往生を妨げるような迷いがあって，命も惜しく，雑念も交じったならば，往生もできないので，水に入った後，やはり生きていたいことがもしあったら，縄を引こう。もしそうしたら(＝私が縄を引いたら)(私を水から)引き上げてください」と言って，体の脇に縄をかけて，念仏を唱えて，飛び込んだ。(仲間が)しみじみと感動していたところに，(上人が)縄を引いたので，(仲間は上人を)引き上げた。(上人は)びしょぬれになって上がってきた。(仲間は上人が縄を引いたことを)理解できなく思いながら，約束なので，あれこれ考えなかった。さて，上人が言うことには，「水中で，苦痛があって，(往生できそうにもない)迷いが起きたので，こんな気持ちではまさか往生しないだろうと思って，上がってきた」と言う。

問一＜古語＞「道心」は，仏道に精進する心のこと。

問二＜現代語訳＞「語らふ」は，相談する，親しく話し合う，という意味。

問三＜古文の内容理解＞上人は，死ぬときというのは一生の大問題であるが，まだ経験したことがないことであるためどうなることかと心配だから，入水後，もし命が惜しくなり，雑念も交じったら，往生もできないので縄を引くから，私を水から引き上げてくれと，仲間に言った。

問四＜古文の内容理解＞上人は，「急ぎ極楽へ参らん」と思って入水して死のうとした。

問五＜古文の内容理解＞「おぼつかなし」は，不安だ，気がかりだ，という意味。上人は，「臨終の作法」は「未だ得ざる事」なので，どうなるかわからず心配だと思った。

問六＜古文の内容理解＞上人は，生きていたいことがもしあったら，縄を引こうと思うので，自分が縄を引いたら水から引き上げてくれと，仲間に頼んだ。

問七＜古文の内容理解＞ａ．修行仲間が，上人の入水を「哀れに」思った。　ｂ．上人が，水の中から縄を引いた。　ｃ．修行仲間が，水中から上人を引き上げた。　ｄ．上人が，びしょぬれで水から上がってきた。

問八＜古文の内容理解＞修行仲間は，極楽往生を願い，早く死のうと決心して入水した上人が，水の中から引き上げてほしいという合図をすることは，死にたいという意志と矛盾するので，理解できないと思った。

問九＜古文の内容理解＞「よも」は，打ち消し推量の語と呼応する副詞で，まさか，という意味。上人は，水の中で苦しくなり，「妄念」が起こったので，こんな迷いのある気持ちのままでは，極楽往生できないだろうと思って，上がってきたのである。

問十＜古文の内容理解＞上人は，「急ぎ極楽へ参らん」と思って，「入水して死なん」と思い立った。当時，仏教の世界では，極楽往生するためには自殺することもよいことだと考えられていたことがわかる。

四〔国語の知識〕

問一＜漢字＞①音読みは「促進」などの「ソク」。　②両側に刃がついた剣のこと。また，相手に打撃を与え役に立つが，他方ではこちらも傷つくおそれがあり危険を招きかねないこと。　③仕事の合間などの自由時間のこと。　④心配すること。　⑤傷んだ部分を修繕すること。

問二＜漢字＞①アは，「備品」などの「備」。イは，「供物」などの「供」。　②アは，「誤用」などの「誤」。イは，「謝罪」などの「謝」。

問三＜資料＞Ａ．「手をこまねく」は，表から，「何もせずに傍観している」が正しい意味であるとわかる。　Ｂ．「敷居が高い」は，表から，「相手に不義理などをしてしまい，行きにくい」が正しい意味であるとわかる。　Ｃ．「浮(き)足立つ」は，表から，「恐れや不安を感じ，落ち着かずそわそわしている」が正しい意味であるとわかる。

2020年度 相模女子大学高等部

【英　語】（50分）〈満点：100点〉

【リスニングテスト】

1 放送の指示に従って答えなさい。放送は２度流れます。

Part A　放送を聞き、それぞれの質問の答えとして最も適切なものを選び、記号で答えなさい。

1．What did they do?

a. They watched a concert.

b. They performed at a concert.

c. They went to karaoke.

d. They went shopping for music.

2．What should the woman say next?

a. Sure. I'll buy one for you.

b. Where is the sandwich?

c. No, I can't make a sandwich.

d. I don't like sandwiches.

3．Has the woman ever tried tapioca tea?

a. No, she hasn't.

b. Yes, at the shop near here.

c. Yes, at a shop in Shibuya.

d. Only new types.

4．Where is the post office?

a. On the second corner.

b. On the right, next to the ramen shop.

c. On the right, across from the bank.

d. On the left, across from the bank.

Part B 少し長めの会話を聞き、次の質問の答えとして最も適切なものを選び、記号で答えなさい。

1. Why did the boy join the table tennis club?

a. Because he loves running.

b. Because it's an indoor sport.

c. Because his best friend is also in the club.

d. Because he can practice in the club on Sundays.

2. What does the boy do on Mondays and Fridays?

a. He does club activities.

b. He takes music lessons.

c. He takes his dog for a walk.

d. He watches movies.

3. Which musical instrument does the boy play?

a. The guitar.

b. The piano.

c. The violin.

d. He doesn't play any musical instruments.

4. Which school club does the girl belong to?

a. The badminton club.

b. The volleyball club.

c. The basketball club.

d. The table tennis club.

※ リスニングテスト放送文は，英語の問題の終わりに付けてあります。

2 （　　　）に入る最も適切なものを選び、記号で答えなさい。

1．In Yokohama,（　　　）isn't much rain in January.
　ア．it　　イ．that　　ウ．there　　エ．this

2．Who is that girl（　　　）by the door?
　ア．stand　　イ．stands　　ウ．to stand　　エ．standing

3．Let me introduce（　　　）. My name is Noriko. I'm from Tokyo.
　ア．my　　イ．myself　　ウ．me　　エ．mine

4．This letter（　　　）by my aunt.
　ア．writes　　イ．wrote　　ウ．was written　　エ．has written

5．The floor was covered（　　　）a beautiful red carpet.
　ア．at　　イ．for　　ウ．on　　エ．with

3 次の会話文の（　　　）に入る最も適切なものを選び、記号で答えなさい。

1．A：（　　　）I carry your suitcase?
　B：Oh! Thank you very much. You are very kind.
　ア．Will　　イ．Shall
　ウ．Do　　エ．Let's

2．A：I can't find my smartphone anywhere.（　　　）you seen it?
　B：No, I have no idea where it is. Where did you use it last?
　ア．Have　　イ．Are
　ウ．Were　　エ．Did

3．A：Do you know（　　　）for that old car?
　B：Yes, I do. 50,000 dollars!
　ア．how much he paid　　イ．how much did he pay
　ウ．how he paid　　エ．how did he pay

4．A：Excuse me, but could you tell me the way to the post office?

B：(　　　) I'm not from around here.

ア．Sure.　　イ．You're welcome.

ウ．I'm sorry.　　エ．See you soon.

5．A：You look pale. (　　　)

B：I have a stomachache.

ア．Where is the bathroom?　　イ．What's the matter?

ウ．When did you see a doctor?　　エ．What's your opinion?

4 (A) 次のウェブサイトについて、質問の答えとして最も適切なものを選び、記号で答えなさい。

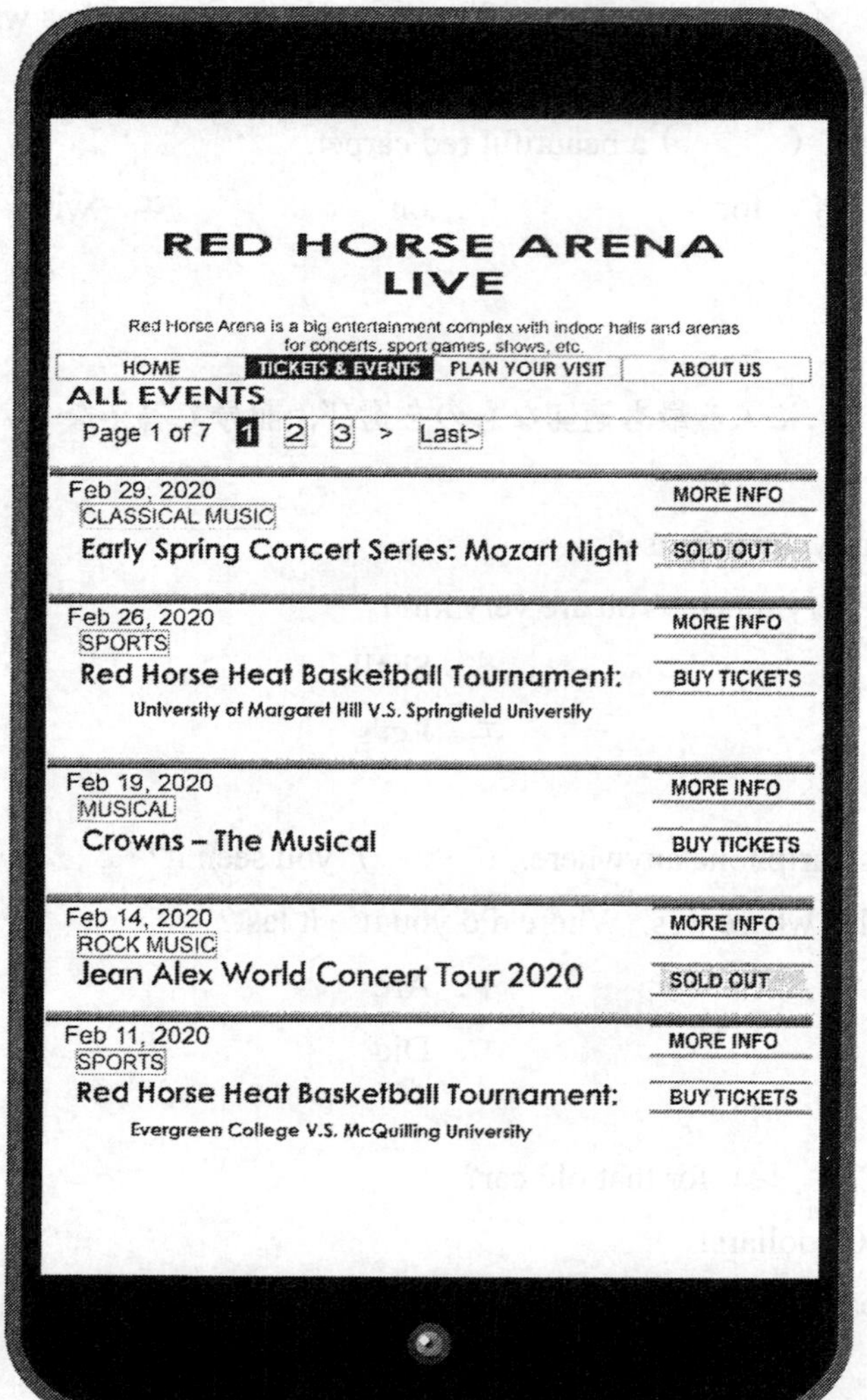

1．What can we do on Red Horse Arena's website?

ア．Watch basketball games.

イ．Make a plan to hold a concert.

ウ．Learn about classical music.

エ．Get tickets if there are some.

2．Which is true of the events at Red Horse Arena?

ア．There is going to be a classical concert in late February.

イ．We can only enjoy basketball games at Red Horse Arena.

ウ．There aren't any musical shows at Red Horse Arena.

エ．We can buy tickets to play basketball.

(B) 下のグラフは、東京、シドニー、ホノルルのある年の月別平均気温を記録したものです。このグラフについて、質問の答えとして最も適切なものを選び、記号で答えなさい。

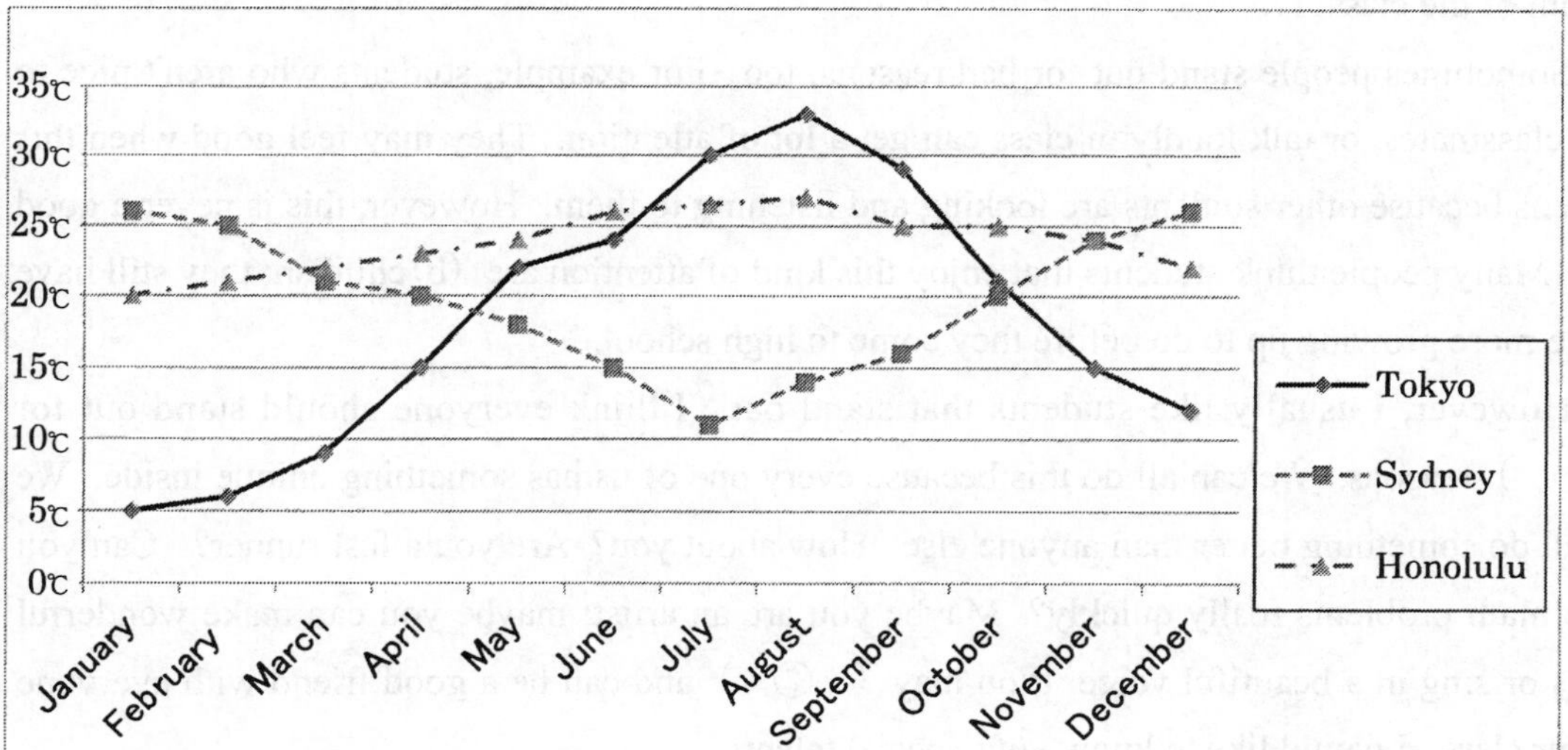

1．When was it cooler in Honolulu than in Tokyo?

ア．March.　　イ．May.

ウ．August.　　エ．October.

2．What was the coldest month in Sydney?

ア．January.　　イ．April.

ウ．July.　　エ．December.

3．Which of the following sentences is true?

ア．In September, it was hotter in Tokyo than in Sydney, but not as hot as in Honolulu.

イ．In October, the temperatures in Tokyo and Sydney were almost the same.

ウ．If you don't like hot weather, you should stay in Tokyo in August.

エ．November in Honolulu was colder than June in Sydney.

5 英文を読み、設問に答えなさい。

In a group of people, when one person is very different, we say that person "stands out". When we look at any group, the first person that we notice is the person that "stands out". We remember people who stand out and we talk about them more often. Do you want to be that kind of person? Or is it better to (a) blend in than to stand out?

People stand out for many different reasons. Some stand out because they are tall or good-looking. Others stand out because they do well in school, or they can tell their thoughts clearly in front of the class.

Sometimes people stand out for bad reasons, too. For example, students who aren't nice to their classmates, or talk loudly in class can get a lot of attention. They may feel good when this happens because other students are looking and listening to them. However, this is never a good idea. Many people think students that enjoy this kind of attention are (b) childish; they still have a little more growing up to do before they come to high school.

However, I usually like students that stand out. I think everyone should stand out for (①) reasons. We can all do this because every one of us has something unique inside. We can all do something better than anyone else. How about you? Are you a fast runner? Can you solve math problems really quickly? Maybe you are an artist; maybe you can make wonderful things or sing in a beautiful voice. You may (②) and can be a good friend with everyone in your class. I would like to know your special talent!

High school is a place for learning and growing. It's a chance to show everyone how special you are, and also to understand others' special qualities. Don't be afraid to stand out. Don't try to blend in by copying everyone else. We are all unique, and when we bring our differences together we can (c) appreciate those differences more. This makes a class more interesting and fun. I believe that you will grow and learn the most in this kind of class.

1．下線部(a)～(c)の意味として最も適切なものを１つずつ選び、記号で答えなさい。

(a) ア．目立つ　　イ．人目を引かない
　　ウ．いい成績をとる　　エ．問題児である

(b) ア．子どもらしい　　イ．子ども好きの
　　ウ．子ども向けの　　エ．子どもっぽい

(c) ア．尊重する　　イ．判断する
　　ウ．拒絶する　　エ．軽視する

2．（ ① ）、（ ② ）に当てはまる語(句)として最も適切なものを１つずつ選び、記号で答えなさい。

① ア．good　　イ．bad
　 ウ．the same　　エ．boring

② ア．have a warm heart　　イ．like being alone
　 ウ．have trouble　　エ．break your promises

3．この文章のタイトルとしてふさわしいものを１つ選び、記号で答えなさい。

ア．We Should Work Together
イ．How to Get Better Grades in Math
ウ．Find Your Best Friend
エ．Being Different Is Good

6 英文を読み、設問に答えなさい。

I will tell you about my new hobby: every night after dinner, I turn on my computer and watch videos of comedians doing stand-up comedy. Comedians are people who appear on stage or on TV and tell funny stories and jokes. Their job is to say funny things that people enjoy. When comedians stand on stage alone in front of people and perform, it is called ‘stand-up’ comedy.

There are many kinds of stand-up comedy. Some comedians talk about the news. Some talk about other famous people. Some talk about small things from everyday life.

On stage, many stand-up comedians talk about things that happen in their personal lives.

Actually, I think many comedians talk about bad things in their daily lives. They may talk about mistakes they have made, problems they have at home, or people that make them unhappy or angry. Although the things they talk about are sometimes bad, when we hear them we can usually laugh and become happy.

One reason for (a) this is because stand-up comedians are usually really good storytellers. They tell their stories in a very funny way. So even hearing that they fell down the stairs and hurt themselves, or that they lost a lot of money, is funny and exciting.

There is another reason: when we watch comedians' performances and hear things that are going wrong in their personal lives, we can think; "Yeah. Me, too! This person has the same kind of problems that I have!" When I hear about comedians that got into trouble because they said something *insensitive to their girlfriends, I smile. I have said things that I shouldn't say to my girlfriend, too. When comedians tell me that they were very *embarrassed at a coffee shop, I laugh because I always get nervous when I order things in cafés and restaurants. I understand those kinds of feelings, and I am glad that someone else feels the same way I do. I'm happy that someone is making jokes about it. I feel like they are telling me; "It's okay, it's not such a serious problem. Let's laugh about (b) it together."

Someone once told me that the best comedians are the ones with the biggest personal problems. (ア) They have seen the worst, and they have come out stronger and funnier. (イ) They can take bitter things in life and make something sweet. (ウ) They don't make any mistakes in their daily lives. When we see their stage show, I think that we can get a little bit of that power from them. (エ) They give us the power to smile and live through our days more happily.

*insensitive – 失礼な　　*embarrassed – 恥ずかしい

1．下線部(a) thisの指す内容を、日本語で説明しなさい。

2．下線部(b) itの指す内容を、日本語で説明しなさい。

3．下線部(ア)～(エ)の中には、文のまとまりを良くするために取り除くべき文が１つ含まれています。該当する文を１つ選び、記号で答えなさい。

4．本文の内容と一致するように、次の質問に主語、動詞を含む英文で答えなさい。

① What do comedians do?

② The writer says that bad things sometimes sound funny. When does it happen?

7 次の英語の質問について、以下の条件にしたがってあなたの答えを英語で書きなさい。

> Which do you like to do in your free time, stay at home or go out?

［条件］

- 最初の文はI like toで書き始めること。
- 最初の語も語数に含め、30語以上の英語で書くこと。
- それぞれの文は5語以上の英語を使って書くこと。
- 何をするか、具体的な説明を含めて書くこと。

＜リスニングテスト放送文＞

Part A

1.

M1: Tina—your singing was great this time!

F: Thanks. You played your guitar part really well, too.

M2: The drum part was hard, but I did my best.

M1: It was good. I think everybody there really liked us.

F: Now, I'm excited about our next practice.

2.

F: Mark and I are going to the store. Do you want to come?

M: I do, but I'm busy now.

F: Alright.

M: But could you get me a cheese sandwich?

3.

M: Have you been to the new tapioca tea shop near here?

F: Not yet. I've only tried it in Shibuya.

M: How was it?

F: It was delicious, but now I want to try some new types.

M: So let's go to the one near here soon.

4.

M: Excuse me, is there a post office near here?

F: Yes. Go down this street, and turn right at the corner after the ramen shop.

M: The first corner?

F: No, it's the second corner. Then, go straight for one hundred meters, and you'll see it on your left.

M: On the left?

F: Yes. It's across from the bank.

Part B

A: Hi. How was your basketball practice today? — **A**: girl, **B**: boy

B: It was a lot of fun. I love playing basketball.

A: Are you interested in other sports, too?

B: Yes, I like lots of sports, but I'm mostly interested in ball sports.

A: So, which sports do you play?

B: I play basketball, volleyball, and table tennis.

A: I see. Are you in the basketball club?

B: No, I'm not. I'm in the table tennis club.

A: Why did you join that club?

B: I joined it because I don't like running for a long time, and because it's an indoor sport. I get too hot outside in the summer, that's why I don't play soccer.

A: OK. I see. I see. When do you practice in your school club?

B: Well, we have club activities every day from Monday to Thursday.

A: Oh, that sounds tough.

B: It is, but I take piano lessons on Mondays and Fridays, so I do school club activities on

Tuesdays, Wednesdays, and Thursdays.

A: Wow, that sounds like a busy schedule.

B: It can be a little hard sometimes, but I really like my school club.

How about you? Are you in a school club?

A: Yes, I'm in the school badminton club. I really enjoy it.

【数　学】 (50分) 〈満点：100点〉

1 次の計算をしなさい。

(1) $-1+3\times(4-7)$　　(2) $\dfrac{2-x}{6}-\dfrac{x-2}{3}$　　(3) $\sqrt{27}+\dfrac{6}{\sqrt{3}}-\sqrt{48}$

2 次の方程式を解きなさい。

(1) $3(x-2)=4x-11$　　(2) $\begin{cases} 0.2x-0.3y=-1.2 \\ \dfrac{2}{3}x+\dfrac{1}{4}y=-\dfrac{3}{2} \end{cases}$　　(3) $x^2-6x+12=5$

3 次の問いに答えなさい。

(1) 190問の数学の問題を日曜日から1日4問ずつ解くとすれば，何曜日に解き終わるか答えなさい。

(2) $\sqrt{210-7a}$ が整数となるとき，自然数 a の値をすべて求めなさい。

(3) 右の図の $\angle x$ の大きさを求めなさい。

(4) 右の図のように，円すい型の容器に高さが半分の位置まで水が入っている。この状態から，入っている水と同じ量の水を1杯ずつ注ぎ足していくとき，この容器を満杯にするにはあと何杯入れる必要があるか答えなさい。考え方や途中経過もわかりやすく記入すること。

(5) 2つのさいころを同時に投げるとき，出る目の数の和が5の倍数になる確率を求めなさい。考え方や途中経過もわかりやすく記入すること。

(3)

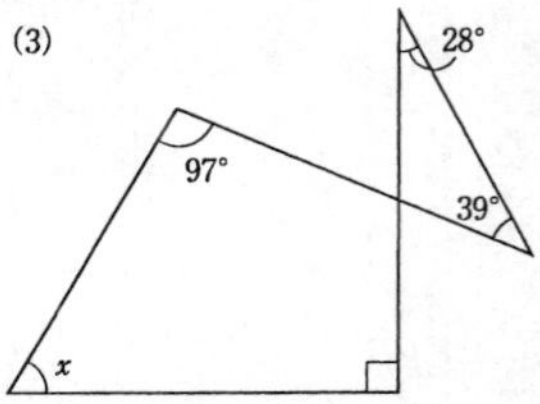

(4)

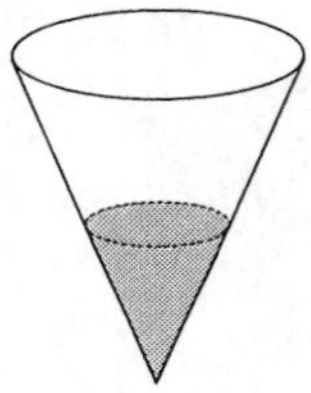

4 関数 $y=ax^2$ (a は定数) のグラフと，このグラフ上に2点A，Bがあり，点Aの x 座標は−1，点Bの座標は (2, 4) である。y 軸上の正の部分を動く点Pと，グラフ上を動く点Qを考えるとき，次の問いに答えなさい。

(1) a の値を求めなさい。

(2) △PABの面積が6になるとき，点Pの座標を求めなさい。

(3) (2) において，△PABと△QABの面積が等しくなるとき，点Qの座標をすべて求めなさい。

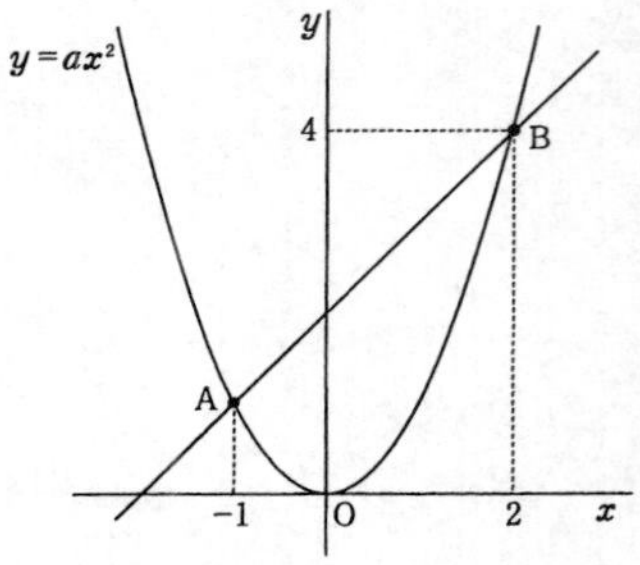

5 右の図のように，線分ABを直径とする円Oがある。四角形OBCDは，線分OBを1辺とする正方形で，点Cは円の外部にあり，点Dは円Oの円周上にある。また，Dを含まない $\overset{\frown}{AB}$ 上に点Eをとり，線分ABと線分DEとの交点をFとする。AB＝12cm，AF＝4cmのとき，次の問いに答えなさい。

(1) 線分DFの長さを求めなさい。

(2) 線分DEの長さを求めなさい。

(3) △EFBの面積を求めなさい。

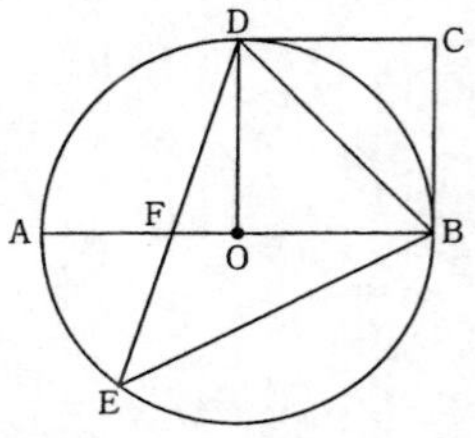

6 右の図のように，AB＝5cm，AD＝6cm，AE＝10cm の直方体 ABCD-EFGH がある。この直方体に，頂点 E から 2 辺 BF，CG と交わるように頂点 D までひもをかける。ひもの長さが最短となるときの 2 辺 BF，CG との交点をそれぞれ I，J とする。このとき，次の問いに答えなさい。

(1) 線分 EI と線分 IJ の長さの比を最も簡単な整数の比で表しなさい。

(2) 線分 BI の長さを求めなさい。

(3) 三角すい BIJD の体積を求めなさい。

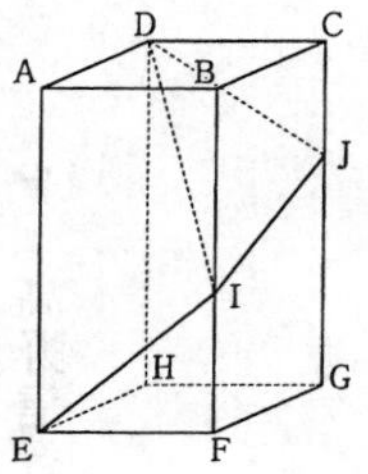

ア　句　　イ　首　　ウ　頭　　エ　斤《きん》　　オ　丁

問四　次の文は読み取り能力を測るための架空の説明文です。

あなたは今、明日のテストに備えて勉強をしています。参考書には「建都の乱」について、次のような記述がありました。「建都の乱」で相模上皇と争っていた人物を後の選択肢から全て選び、記号で答えなさい。

二〇五六年、神奈川法皇が死去するとまもなく、かねて皇位継承をめぐり神奈川法皇と対立していた相模上皇は、摂関家の継承を目指して、兄の関白、栗原芳正と争っていた左大臣、栗原昌憲と結んで、和泉彩義・高野為友らの武士を集めた。これに対して神奈川法皇の立場を引き継いでいた、藤内天皇は栗原芳正や近臣の大野伴長の進言により、和泉史信や為友の子、高野信行らの武士を動員し、上皇方を攻撃して破った。その結果、相模上皇は辺境に流され、彩義は処刑された。これを「建都の乱」と言う。

ア　神奈川法皇　　イ　藤内天皇　　ウ　栗原昌憲　　エ　栗原芳正

オ　大野伴長　　カ　和泉史信　　キ　和泉彩義　　ク　高野為友

ケ　高野信行

ウ　晴明が外出時には術を使うのか、誰もいないのに門扉が勝手に開閉したということ。

エ　晴明が罪業を恐れてなのか、外出時にも自宅の警備を怠らなかったということ。

問九　この話の語り手にはどのようなねらいがあったと思われるか。最も適当なものを次から選び、記号で答えなさい。

ア　晴明の力にあっさり屈した僧たちを批判するねらい。

イ　晴明の持つ不思議な力を人々に印象づけるねらい。

ウ　自分より強い者を挑発する愚かさを伝えるねらい。

エ　生き物をいじめたら天罰が下ると警告するねらい。

四

次の各問いについて答えなさい。

問一　次の傍線部の漢字をひらがなに、カタカナを漢字にしなさい。

①　小豆を煮て汁粉を作る。　②　母は手先がキヨウだ。　③　利益をツイキュウする。

問二　次の（　）に入る生き物を漢字で書きなさい。

①　負け（　）の遠吠え　②　飛ぶ（　）を落とす　③　（　）脚をあらわす

問三　つぎの①、②の数え方の単位として適当なものを選び、記号で答えなさい。

①　和歌　②　豆腐

ウ　晴明の言葉に対する疑い

エ　罪を犯すことに対する恐れ

問五　傍線部４「罪を作り給ふ御坊かな」とあるが、それはなぜか。最も適当なものを次から選び、記号で答えなさい。

ア　相手を試すために、むやみに生き物の命を奪おうとするから。

イ　相手を困らせるため、わざといいがかりをつけようとするから。

ウ　相手のすごさを間近で見るため、めんどうなことをさせるから。

エ　相手の怖さを理解していないため、ひどいことをさせるから。

問六　傍線部５「物を誦むやうにして」とあるが、これは、何を唱えるような様子を表しているのか。「何を」にあたるものを考えて答えなさい。

問七　傍線部６「僧どもの色変はりて」について、どこが、何色に変わったのか。解答欄に当てはまるように、考えて書きなさい。

（　　　）が（　　　）色に変わった

問八　傍線部７「人もなきに蔀を上げ下ろし、門をさしなどしけり」の解釈として最も適当なものを次から選び、記号で答えなさい。

ア　御坊たちが晴明を恐れて、外出時にも門扉の戸締りを念入りにするようになったということ。

イ　御坊たちが晴明に恐れ入って、自分たちも術を磨き、式神を使えるようになったということ。

とて、草の葉を摘み切りて、[5]物を誦《よ》むやうにして蛙の方《かた》へ投げやりければ、その草の葉の、蛙の上にかかりければ、蛙真平《まひら》にひしげて死にたりけり。これを見て、[6]僧どもの色変はりて、恐ろしと思ひけり。

家の中に人なき折は、この式神を使ひけるにや、[7]人もなきに蔀《しとみ》※4を上げ下ろし、門をさしなどしけり。

※1　御房……僧の住む部屋や建物。

※2　式神……陰陽師の命令に従う精霊。

※3　生くるやう……生き返らせる方法。

※4　蔀……日光をよけ、雨風を防ぐための戸。

問一　太線部「いふやう」を現代仮名遣いに直しなさい。

問二　傍線部1「やすくはえ殺さじ」（やすくは殺せない）の「やすく」に該当する漢字を答えなさい。

問三　傍線部2「罪を得つべけれ」とあるが、どのような罪なのか答えなさい。

問四　傍線部3「あれ一つ、さらば殺し給へ。試みん」について、

①「あれ」とは何を指すか。本文中の語で答えなさい。

②このときの僧の気持ちとして適当でないものを次から選び、記号で答えなさい。

ア　式神の術に対する好奇心

イ　晴明の能力に対する挑発

記号で答えなさい。

ア　他言語との交流により、大きな言語がよりやさしくなり、洗練されるということ。

イ　翻訳により、大きな言語の表現が見違えるほど新鮮に生まれ変わるということ。

ウ　翻訳を通して大きな言語が小さな言語を吸収し、新しい言語になるということ。

エ　今までにない表現や考え方が流入し、大きな言語に豊かさをもたらすということ。

問九　翻訳文学についての筆者の考え方として最も適当なものを次から選び、記号で答えなさい。

ア　文学作品の持つ普遍的な価値は国境を越えて伝わるはずであり、それを読者に伝えるのが翻訳の役割である。

イ　多くの翻訳文学の中でも特に小さな言語で書かれた詩は、大きな言語を使う人々に広く読まれるべきものである。

ウ　翻訳は一つの言語の中にある潜在的な可能性を引き出すことのできるもので、文学の本質に関わるものである。

エ　文学作品には他の言語に訳すのが不可能な表現も多いが、原語で読めない人がいる以上、翻訳で読む意味はある。

三

次の文章は、『宇治拾遺物語』、「晴明、蛙《かへる》を殺す事」の一節である。これを読んで、後の問いに答えなさい。

この晴明、ある時、広沢の僧正の御房※1に参りて物申し承りける間、若き僧どもの晴明にいふやう、「式神※2を使ひ給ふなるは、たちまちに人をば殺し給ふや」といひければ、1「やすくはえ殺さじ。力を入れて殺してん」といふ。「さて虫なんどをば、少しの事せんに必ず殺しつべし。さて※3生くるやうを知らねば、罪を得《え》つべければ、2さやうの事よしなし」といふ程に、庭に蛙の出《い》で来《き》て、五つ六つばかり躍《をど》りて池の方《かた》ざまへ行きけるを、3「あれ一つ、さらば殺し給へ。試みん」と僧のいひければ、4「罪を作り給ふ御坊かな。されども試み給へば、殺して見せ奉らん」

いえないということ。

イ　詩はその言語を実際に使っている人々の内面を表現するものであり、その詩作と鑑賞が継続されていなければ生きているとはいえないということ。

ウ　詩はその言語を用いる民族が他の民族に威勢を示す手段であり、詩作が行われなくなれば、他民族に侵略されてしまうということ。

エ　詩は人々の日常を無意識に表現したものであり、それが他の言語に翻訳されても、その本質は現在に生きる我々の心情と共通しているということ。

問六　傍線部6「マイノリティの言語」に対する、ここでの「マジョリティ（大多数）」の言語は何か。最も適当なものを次から選び、記号で答えなさい。

ア　ドイツ語　　イ　英語　　ウ　レト・ローマン語　　エ　ソルブ語

問七　傍線部7「亡命」とあるが、ここではどのような意味で用いられているか。その説明として最も適当なものを次から選び、記号で答えなさい。

ア　大きな言語で書き直されることで、小さな言語の語彙や思考、感性などが変容し、いずれ消えていくこと。

イ　小さな言語の語彙や思考、感性などを大きな言語で表現して、滅びゆく言語の危機を伝えていくこと。

ウ　大きな言語に書き換えられることで、小さな言語の語彙や思考、感性などの特徴がより深まっていくこと。

エ　小さな言語そのものでなくても、その語彙や思考、感性などが滅びずに、大きな言語の中で保たれること。

問八　傍線部8「翻訳文学は、大きな言語を変身させる」とは、どういうことか。その説明として最も適当なものを次から選び、

問二　傍線部２「確かに変な質問だとわたしも思った」とあるが、この質問が「変だ」と感じるのはなぜか。その理由として筆者が挙げていないものを次から一つ選び、記号で答えなさい。

ア　質問者が、英語では英語文化圏の生活しか書き表すことはできないと思っているから。

イ　質問者が、現地語こそアフリカを表現するのに適した言葉であると思っているから。

ウ　質問者が、アフリカ世界を正確に把握し表現する方法が存在すると思っているから。

エ　質問者が、文学という方法では途上国の現実を描くことはできないと思っているから。

問三　傍線部３「本当のアフリカ」について、

①　「　」が付されているのはどのような意図からか。その説明として最も適当なものを次から選び、記号で答えなさい。

ア　文学作品が描き出すものこそが真実なのだという自負があるため。

イ　個々の作家が描くどんなアフリカも幻想に過ぎないと主張するため。

ウ　ひとつの固定的なものとしては存在し得ないことを明示するため。

エ　文学は社会の真実を描くことを目的としていないと考えているため。

②　「本当のアフリカ」の「本当」を言い換えた十字以内の表現を、本文中から抜き出しなさい。（句読点・記号を含む）

問四　傍線部４「それを人工呼吸によって無理にでも救おうという動き」とは何か。本文中から十字以内で抜き出しなさい。

問五　傍線部５「詩が書かれなければ、その言語が生きているとはいえない」とは、どういうことか。その説明として最も適当なものを次から選び、記号で答えなさい。

ア　詩はその言語を使う民族の歴史が刻まれた痕跡《こんせき》であり、それを次世代に継承できなければ、民族として生きているとはかべていた。後に彼とナイアガラの滝の近くで再会したのも偶然ではないだろう。水の量がとにかく多く、流れに力強いものがある。彼の好きな詩人は屈原[※2]だそうだが、後で『天問』を読みかえしてみて、その思考のリズムに魅せられ、これと同じことを英語でやれと言われても無理だろう、と思った。彼にとってこれが詩作ならば、「英語でもちょっと書いてみれば？」などと言われても、とんでもないことなのだろう。しかし、もしも屈原の天に問いかける声が英語という言語の中に入って、独特の英語の流れができていったら、それも魅力的だろうと思う。

多和田葉子『エクソフォニー　母語の外へ出る旅』

※1　ステイトメント　……　ここでは、それぞれの意見や考えのこと。

※2　屈原　……　古代中国の詩人。

問一　傍線部１「翻訳は必要悪のように考えられ」るのはなぜか。理由として最も適当なものを次から選び、記号で答えなさい。

ア　文学作品はそれが書かれた土地の言葉で読まなければ本当には理解できないが、翻訳によって誤った理解が生じることの利点もあるから。

イ　文学作品は翻訳でなくその作品が書かれた言語で読まれることが望ましいが、現実的に多くの読者を獲得するには翻訳も大切であるから。

ウ　外国の文学作品を理解するには翻訳の助けを借りることが不可欠だが、それは道徳的に良くない行為であるという自覚を持つべきだから。

エ　外国文学の翻訳は文化の成熟には欠かせないものなので、すぐれた翻訳ばかりでなく、質の低い翻訳が混じっているのも仕方がないから。

かれないので、みんなドイツ語もできるが、ソルブ語の話せる人は恐らく全部で三千人くらいだろう、と聞いた。それでもわたしはこれまで三人もソルブ語で詩を書いているという詩人に会っている。人口比から確率を割り出すと、アメリカではすでに二十八万人の詩人と出逢《であ》っていてもおかしくないことになる。ちなみにソルブ語は東独時代にはかなり政府の保護を受けていたらしい。東ドイツの内部に6マイノリティの言語としてスラブ系の言語があるということが、東ドイツを大きく見せたからかもしれない。

小さな言葉を母語としている人の方が詩人になる確率は大きい。詩の読み手についても同じことが言える。ドイツの詩人エンツェンスベルガーがいつか新聞に書いていたが、現代詩の詩集などというものはクロアチア語で出版されても、アメリカで英語で出版されても、売れるのは二千部弱であることに変わりはないそうだ。アメリカの人口はクロアチアの人口の六十倍くらいだろう。つまり比率から見ると、クロアチアでは詩集がものすごく良く売れるということになる。

しかし、小さな言語で書かれた文学はほとんどの人には読めないわけだから、多くの人の読める言語に訳されることになる。すると、滅びかけた語彙《ごい》、思考のリズム、語り口、映像、神話などが、翻訳という形で大きな言語の中に7「亡命」し、そこに、ずれ、ゆがみ、戸惑い、揺れ、などを引き起こすことになる。これほど文学にとって刺激的なことはない。だから8翻訳文学は、大きな言語を変身させる役割も果たす。

小さな言語を母語とする作家が英語など大きな言語で創作し始めると、大きな言語の中に変化がもたらされる。それは、狭い意味での言語レベルに留まるものではない。歴史を見つめる特殊な視角、魔術的なものを捕らえる感覚器などが、文学言語に入ってくる。小さな共同体に属する人間は、歴史を勝利者の立場から眺める危険を免《まぬか》れやすい。又、その共同体が小さいために、工業化の過程に時間的、質的ずれが生じ、魔術的な世界が言語の中に違った形で姿を現す場合も少なくない。

ちなみに、ベン・オクリと同じように今はロンドンに住んでいる中国から亡命してきたヤン・リャンは逆に、英語で書く気など全くないと話した。イギリスやアメリカによくある移民文学の平坦《へいたん》な英語には我慢ができない、とも言った。中国語はもちろん「小さい」言語ではない。ヤン・リャンが中国語で朗読すると、言葉が轟々《ごうごう》と流れ出す。わたしは「黄河」という字を思い浮家でナイジェリア出身のベン・オクリと、同じくロンドン在住の亡命作家で中国出身のヤン・リャンだった。

ベン・オクリが、「英語では本当のアフリカが描ききれないのではないか。現地の言語を使わなければいけないのではないか」という質問をこれまで嫌というほど受けた、と言った。2確かに変な質問だとわたしも思った。英語も異質のものを吸収しながら日々変化しているのだし、いろいろな英語がある。そうでなければ、英語ではイギリスでの生活しか表現できないということになってしまう。一つの言語が何を表現するのに適しているのか、決めてかかることはできない。それに、3「本当のアフリカ」という物があるわけではなく、アフリカをどのように体験するか、把握《はあく》するか、表現するかには無数の道がある。ドイツだって、どの作家が「本当の」ドイツを描いているかなどと聞かれたら答えは出ないはずなのに、相手が発展途上国だと見ると、そこに客観的な「現実」の問題があるだろうとすぐに考えるのはおかしい。書く言葉も書かれる対象も無数の顔を持っている。もちろん、まだ発見されていない顔もたくさんある。

ベン・オクリのようなアフリカ出身の作家が英語で創作していることへの非難を含んだコメントには、なぜ絶滅の危機に晒《さら》された小さな言語を救わないのか、という気持ちも含まれているようだ。文学が死滅していく言語を救う救急車の役割を背負わされてしまっているのだ。ある言語が次第に使われなくなり忘れられていく現象は、ずっと昔からあったのだろうが、4それを人工呼吸によって無理にでも救おうという動きが、ここ半世紀の間に目立つようになってきたように思う。ヨーロッパでも、英語がますます世界に広がっていくのに平行して、又、通貨の統一などを通してヨーロッパという一つの共同体を作ろうという強い動きと平行して、逆に小さな言葉を救おうとする動きがますます目立ってきた。たとえばスイスではレト・ローマン語が、アイルランドではゲール語が、地方によっては学校でも教えられるようになり、毎日ラジオから流れるようになった。

小さな言語保護政策の際、大切にされるのは、詩人である。5詩が書かれなければ、その言語が生きているとはいえない。一つの言語を話す人の数が少なければ少ないほど、詩人の割合は増えるようだ。それは小さな言語が死んでたまるか、と考えたとたんにその言語をしゃべる人を詩人に変貌《へんぼう》させてしまうのか、あるいは政府が詩人を保護するからなのか、分からない。ドイツ東部のバオツェン付近で話されるソルブ語などは、その良い例だろう。現在ではソルブ語しか分からないというのでは暮らしていとは、どういうことを指すのか。解答欄に合うように、本文中から二十五字以内で抜き出しなさい。

問十　この作品のテーマとして最も適当なものを次から選び、記号で答えなさい。

ア　「私」が芝居の演出を通して、大人のずるさや嘘を受け入れていく過程を描いている。

イ　「私」が仲間と芝居を作る過程で多くの人と出会い、成長していくさまを描いている。

ウ　「私」が満足のいく舞台を作ることと引き換えに、大切なものを手放す姿を描いている。

エ　「私」が試行錯誤を繰り返し、観衆の心に残る芝居を完成させていく様子を描いている。

二

次の文章を読んで、後の問いに答えなさい。

一九九九年、ゲーテの生誕二百五十年祭で、ワイマールに行った。ゲーテが使った「世界文学」という概念についてパネル・ディスカッションがあり、現代世界にとって世界文学とは何か、まずステイトメント※1を出して欲しいと言われた。そう言われてまず念頭に浮かんだのは、文学の翻訳ということだった。国民文学と対になった世界文学という概念そのものにはあまり興味は持てなかったが、文学が国境を越える瞬間、言葉が変わることには興味があったので、わたしは、今の時代に「世界文学」というのは翻訳文学のことではないか、というステイトメントを出した。なぜなら、わたしたちは世界の文学に触れるには翻訳文学の世話になるしかない。

[1]翻訳は必要悪のように考えられ、文学を語る時にはこれまでまともに話題にされたことはなかったし、まして文学の本質に関わるものとは思われていなかったが、わたしは世界文学はまず翻訳文学だというところから出発したい、と思ったのだ。

パネルに参加したのは、ドイツの現代文学の若手ドゥルス・グリューンバインとインゴ・シュルツェ、ロンドン在住の亡命作

問五　傍線部5「『等身大の高校生』は一人も登場しない。たぶん、そんな人は、どこにもいないから」とはどういうことか。その説明として最も適当なものを次から選び、記号で答えなさい。

ア　演劇は虚構の世界であり、実際と異なるものを人工的に作り出すところに本質があるということ。

イ　一人ひとりはそれぞれ異なる存在であり、一般的な性質でまとめることなどできないということ。

ウ　高校生は日々大人への成長過程を歩んでおり、著しく変化を遂げていくものであるということ。

エ「私」は、現実から遊離していると思えるほどに人物の内面を掘り下げようとしていたということ。

問六　傍線部6「どこまででも行ける」ということを、舞台上の台詞ではどのようなもので表現しているか、本文中から八字で抜き出しなさい。

問七　傍線部7「私たちの頭の中は、銀河と同じ大きさだ」とはどういうことか。解答欄に合うように説明しなさい。

問八　傍線部8「その不安だけが現実だ」とはどういうことか。その説明として最も適当なものを次から選び、記号で答えなさい。

ア　身近な題材であるからこそ不安なのは当然で、実際には高校生の実像をうまく表現できているということ。

イ　不安を感じるのは心が激しく揺さぶられているからで、実体験を呼び起こすリアリティがあるということ。

ウ　舞台を創る上で感じる不安は主体的に思考している証拠であり、生きている姿そのものであるということ。

エ　舞台を創り上げる際の不安から逃れるために練習に打ち込むことで、真に迫った演技ができるということ。

問九　傍線部9「ジョバンニは、どこまで覚悟をしたのか」、10「私は、どこまでの覚悟をしたのか」とあるが、ここでの「覚悟」

イ　出番を前に自分の世界にしっかりと集中しつつも、舞台の上の仲間の演技を信頼してじっと見守っている。
ウ　出番を前に極限まで気持ちが高ぶっているせいで、仲間と舞台に立てる喜びと緊張とが入り交じっている。
エ　出番を前に張りつめた気持ちでいたのだが、仲間が大きく成長していたことに気づき勇気をもらっている。

問二　傍線部２「普通の人が一生見ることのできないこの風景」とあるが、そこでは俳優のどのような様子が見えているのか。本文中から十字以内で抜き出しなさい。

問三　傍線部３「お母さんは、いったいどこまでのことが分かっていて、あの漫画を私にくれたんだろう」とあるが、その理由として考えられる最も適当なものを次から選び、記号で答えなさい。
ア　苛立ちを募らせる「私」に、夢中になれるものを探し、多くの人と関わり合う大切さを伝えようとしたから。
イ　自分への苛立ちを隠せない「私」に、焦らず周りと歩調をあわせていけば必ず成長すると伝えたかったから。
ウ　苛立ちの原因が分からない「私」に、多くの人と関わるうちにその原因がわかると気づかせようとしたから。
エ　苛立ちを隠せない「私」に、周囲に受け入れられる振る舞いを身につける必要性に気づいてほしかったから。

問四　傍線部４「僕たちはいつも一緒だけど、でも僕たちは離ればなれだ」とはどういうことを述べているか。その説明として最も適当なものを次から選び、記号で答えなさい。
ア　長い時間一緒にいたからといって、相手の気持ちを理解するのは簡単ではないということ。
イ　ずっとそばにいるからこそ、素直に思いを伝えられず、すれ違ってしまうのだということ。
ウ　大切な親友であるとはいえ、宇宙規模でとらえれば取るに足りない関係であるということ。
エ　どれほど仲が良かったとしても、究極的には人は、別々の命を生きているのだということ。

どこまでも行けるから、だから私たちは不安なんだ。8その不安だけが現実だ。誰か、他人が作ったちっぽけな「現実」なんて、私たちの現実じゃない。

私たちの創った、この舞台こそが、高校生の現実だ。

やがて、出演者全員が死者となって舞台に登場し、カンパネルラは、その渦《うず》の中に巻き込まれる。サザンクロスの駅で、二人は離ればなれになる。

再び、眠りにつくジョバンニ。

9ジョバンニは、どこまで覚悟をしたのか。

10私は、どこまでの覚悟をしたのか。

たぶん私は、私たちを裏切った吉岡先生を許さない。もっと大人になっても、それで、この三週間の出来事を受け入れられるようになるとも思わない。でも、それでも私は、私たちのもとを去っていった吉岡先生を恨まない、憎まない。

ジョバンニだって、カンパネルラの死をすべて受け入れたわけじゃない。でもジョバンニは、カンパネルラのお父さんの、別れ際の最後の言葉を忘れないだろう。大人になるということの辛さを、いまのジョバンニならきっと理解できるから。

平田オリザ『幕が上がる』

※『みんなで卒業をうたおう』……「私」の母親が、かつて「私」にくれた漫画のこと。

問一　傍線部１「獲物を狙う豹のように鋭く、公園で遊んでいる我が子を見つめる母親のように優しく」からわかる「中西さん」の様子を説明したものとして最も適当なものを次から選び、記号で答えなさい。

ア　出番を前に吉岡先生の存在に気づいてしまい肩に力が入っている反面、冷静さを失わないよう努めている。

ジョバンニ　そんなことないよ、だって、

カンパネルラ　本当だよ、

ジョバンニ　そんなことない、だって、ほら、（ジョバンニ、カンパネルラの手を握る）ほら、僕たちは、こうやってつながっている。

カンパネルラ　……うん……うん、そうだった。

ジョバンニ　僕たちは、いつもつながっている。

「早く終わって」と思った地区大会の時と違って、あぁ、もうこの時間が、ずっと続けばいいのにと私は思った。

この舞台には5「等身大の高校生」は一人も登場しない。たぶん、そんな人は、どこにもいないから。現実の世界にも、きっと、いや絶対、いないから。

進路の悩みや、家族のこと、いじめの話も一つも出てこない。

こっちはもちろん、現実世界にはあることだけど、やっぱり私たちの、少なくとも、いまの私の現実ではない。

私にとっては、この一年、演劇をやってきて、とにかくいい芝居を創るために悩んだり、苦しんだり、友だちと泣いたり笑ったり喜んだりしたことの方が、よっぽど、よっぽど現実だ。この舞台の方が現実だ。

そうだ！　思い出した。高校二年生の時の滝田先生の現代文は、夏目漱石の『三四郎』を一学期かけて読むという授業だった。

「熊本より東京は広い。東京より日本は広い。日本より……、日本より頭の中の方が広いでしょう」

私たちは、舞台の上でなら、6どこまでも行ける。どこまでも行ける切符をもっている。7私たちの頭の中は、銀河と同じ大きさだ。

でも、私たちは、それでもやっぱり、宇宙の端にはたどり着けない。私たちは、どこまでも、どこまでも行けるけど、宇宙の端にはたどり着けない。

もう少し勉強すれば、地域で一番の進学校にも行けたのに、通学の長さを理由に、行きやすいいまの学校を選んだ自分が嫌いだった。

演劇は、そんな私が、やっと見つけた宝物だった。

でも、その宝物を大事にしない演劇部の先輩たちに苛立っていた。

いや、その苛立ちが、自分の身体のどこに巣くっているのかさえ気がつけない自分のことを嫌っていた。

それでも私は、吉岡先生に出会い、中西さんに出会い、ううん、もっとその前から、ユッコやガルルや、そしてわび助に出会っていた。溝口先生も滝口先生も、お母さんやお父さんやおばあちゃんも、それからこの一年の間に観たたくさんのお芝居《しばい》や詩や本たちも。

気がつくと、舞台は、私が大きく書き換えた二つ目の場面を迎えていた。

灯台守も消えて、ふたたび、ジョバンニとカンパネルラは二人きりになる。

（台詞3）

カンパネルラ　ねぇ、ジョバンニ、宇宙はどんどん膨らんでいるって知ってた？

ジョバンニ　なに？

カンパネルラ　宇宙はどんどん、生まれたときから、どんどん膨らんでるんだ。

ジョバンニ　どういうこと？

カンパネルラ　だから、僕たちはどこにも行けない。どこまでも行ける切符を持っていても、宇宙の端にはたどり着けない。

ジョバンニ　カンパネルラ、

カンパネルラ　[4]僕たちはいつも一緒だけど、でも僕たちは離ればなれだ。

ジョバンニ　どうして？

カンパネルラ　宇宙が膨らんでいくように、僕たちの間も広がっているんだ。

「あ」と、今度は本当に声を上げてしまった。客席はもちろん、舞台にも聞こえなかっただろうけど、近くにいた舞台担当の先生は、何かあったのかと心配してくれた。

「すみません。なんでもありません」

と小声で答える。

「あ」と声を出したのは、大切なことに気がついたからだ。

自分で構成し、自分で大部分の台詞を書いて、そして自分で演出をしてきた舞台なのに、いま、私は、この作品が何を描こうとしていたのかが、やっと分かった。いや、頭でぼんやり分かっていたつもりだったことが、はっきりとした形、はっきりとした音、はっきりとした色、はっきりとした言葉になって、私の中に押し寄せてきた。

ジョバンニは、たくさんの人と出会って成長をしていく。※『みんなで卒業をうたおう』の主人公が、先輩を一生懸命好きになることで、他の友だちや学校を好きな気持ちが心の中に広がっていったように。

「大人になるということは、人生のさまざまな不条理を、どうにかして受け入れる覚悟をすることです」

何の授業だったか、ずっと前に滝田先生から習ったような気がする。

ジョバンニは、親友カンパネルラの死を受け入れていく。いや、本当は、夢の中で最初にカンパネルラに出会ったときに、その髪の毛が濡《ぬ》れていたときに、もうジョバンニは、カンパネルラがこの世にいないことは分かっていたんだ。でも、親友を失う辛さ、その理不尽さに耐えるためには、宇宙を一周巡るほどの旅が必要だった。

3 お母さんは、いったいどこまでのことが分かっていて、あの漫画を私にくれたんだろう。

中学二年生くらいから高校一年生くらいまで、だからえっと、十三歳から十五歳くらいまで、たしかに私は、何かに苛立《いらだ》っていた。それはみんな、そういうものなのだろうけど、でも、いまならその苛立ちの所在が分かる。

私は、何ものにもなれない自分に苛立っていた。

本当は何かを表現したいのに、その表現の方法が見つからない自分を持て余していた。

車掌　お乗り遅れのないように、お急ぎください！　銀河ステーション、銀河ステーション、

ジョバンニとカンパネルラの旅が始まる。

考古学者、鳥捕り、灯台守《とうだいもり》、検札に来る車掌。二人は次々と、おかしな人びとに出会っていく。

俳優の早替えを手伝うのが一段落して、私にも、舞台を見る余裕が少しできる。

検札に来た車掌が上手《かみて》に退場。

カンパネルラと灯台守は、ジョバンニの持っている切符をのぞき込む。

（台詞２）

ジョバンニ　僕には、ただのポケットの紙切れにしか見えないけど、

カンパネルラ　うん。

灯台守　いやいや、これは、たまげた切符ですよ。

ジョバンニ　え？

灯台守　これは、本当の天上どころか、どこでも勝手に歩ける宇宙の自由通行券です。

ジョバンニ　本当に？

灯台守　話に聞いたことはあったけど、実際に見るのは私も初めてです。

ジョバンニ　はぁ、

灯台守　いや、あなたたちは、大したもんだ。

ジョバンニ　…………

カンパネルラ　…………

灯台守　いったい、あなたたちは、どこまで行くんでしょうね。

でも、本当に、お客さんの顔なんて分かるんだろうか。分かるか、吉岡先生なら。そして中西さんなら。

「勝とう」

私は中西さんの耳元に囁いた。

「もちろん」

中西さんはそう言って、自分の出番の位置に走っていった。

中西さんは、少し前屈《まえかが》みになって、自分の出番のタイミングを窺《うかが》っている。1獲物を狙う豹《ひょう》のように鋭く、公園で遊んでいる我が子を見つめる母親のように優しく。

私は、次の出番に向けて舞台袖に立つ俳優の姿が好きだ。その立ち姿を見るのが好きだ。たぶん、こんなに真剣で純粋な眼差《まなざ》しを、普段の人生で、私たちは、あまり目にすることができないから。

一生懸命、いろいろなことを勉強をして、もしも私が何かこういう舞台関係の仕事に就くことができたら、私はこの美しい風景を、毎日のように見られるようになる。2普通の人が一生見ることのできないこの風景を、いつも見ることができるようになる。

舞台上は、ジョバンニが走り出している。丘を越え、丘を下り、町の中を駆け抜ける。いつもより少し、ユッコの走る速度が速い気がする。でも台詞は早口にはなっていない。周りの早替えが間に合うだろうか。

演技はみんな、ユッコのペースについていっている。

やがて、ジョバンニが疲れ果てて眠りにつく。舞台に静寂が戻る。

（台詞《せりふ》）

車掌　銀河ステーション、銀河ステーション、

ジョバンニ　え？

車掌　お乗り遅れのないようにお願いします。

ジョバンニ　銀河ステーション？

二〇二〇年度　相模女子大学高等部

【国語】（五〇分）〈満点：一〇〇点〉

一　次の文章は、平田オリザの小説『幕が上がる』の一節である。高校の演劇部で演出を担当する「私」は、宮沢賢治の童話『銀河鉄道の夜』を題材とした作品で地区大会を突破し、県大会本番を迎えている。部員たち（本文中の明美ちゃん・中西さん・ユッコ・ガルル・わび助）はこの間に、顧問であった吉岡先生が舞台女優を目指すために退職したり、脚本の重要な部分を書き換えたりという出来事を経てこの日に臨んだ。これを読んで後の問いに答えなさい。

＊『銀河鉄道の夜』は、孤独な少年ジョバンニが友人カンパネルラとともに銀河鉄道を旅する中でさまざまな人と出会い、最後にはカンパネルラの死を知るという物語で、宮沢賢治の代表作のひとつとされる。

教室の場面が終わって、袖に入ってきた中西さんが、私の耳元で囁《ささや》いた。

「吉岡先生が来てる」

私は「え」と声に出しそうになって、それをこらえた。

「みんなには言わない方がいいね」

「うん」

普段の舞台なら、前から強い照明があたると客席はほとんど見えなくなる。ただ、今回は、プロジェクターの効果を生かすために、劇場の人のアドバイスもあって、上からあてるサスというライトを多用している。地区大会の時には、いつもよりお客さんの顔が見えて、それも動揺した理由かもしれないと明美ちゃんが言っていた。

英語解答

1 Part A　1…b　2…a　3…c　4…d

Part B　1…b　2…b　3…b　4…a

2 1　ウ　2　エ　3　イ　4　ウ　5　エ

3 1　イ　2　ア　3　ア　4　ウ　5　イ

4 (A)　1…エ　2…ア

(B)　1…ウ　2…ウ　3…イ

5 1　(a)…イ　(b)…エ　(c)…ア

2　①…ア　②…ア　3　エ

6 1　(例)(コメディアンに起こったことが悪いことだったとしても)その話〔コメディアンの話〕を聞くと，私たちが笑って幸せな気持ちになること。

2　(例)ガールフレンドに失礼なことを言ってしまったり，コーヒーショップで恥ずかしい思いをしてしまったりしたこと。

3　(ウ)

4　①　They tell us funny stories and jokes on stage or on TV.

②　They sound funny when comedians tell them.

7 (例)I like to stay at home in my free time. This is because I can play with my cats, read books and clean my room if I stay home. I also don't like going out very much.

1〔放送問題〕解説省略

2〔適語(句)選択・語形変化〕

1．'there is ～ rain〔snow〕' で「雨〔雪〕が～降る」を表すことができる。it が主語の場合は it doesn't rain ... という形になる。　「横浜では1月はそれほど雨が降らない」

2．that girl を後ろから「～に立っている」という意味で修飾する形容詞的用法の現在分詞(～ing)が適する。　「ドアのそばに立っているあの女の子は誰か」

3．後ろの文が「私の名前はノリコです。東京出身です」という意味なので，「自己紹介させてください」となる myself が適する。

4．This letter「この手紙」が主語なので，「書かれた」という受け身形('be動詞＋過去分詞')が適する。　「この手紙は私のおばによって書かれた」

5．'be covered with ～' で「～によって覆われている」。　「床は美しい赤のじゅうたんで覆われていた」

3〔対話文完成―適語(句)・適文選択〕

1．A：スーツケースをお持ちしましょうか？／B：ああ！　どうもありがとうございます。ご親切に。//相手がお礼を言っているので，Shall I ～？「(私が)～しましょうか？」と申し出たのだとわかる。

2．A：スマートフォンがどこにも見つかりません。それを見ましたか？／B：いいえ，どこにあるかわかりません。最後にどこで使ったのですか？//過去分詞 seen があることから，'have/has＋過去分詞' の現在完了が適切。

３．Ａ：彼がその古い車にいくら払ったか知っていますか？／Ｂ：ええ，知っていますとも。50000ドルでしょ！∥相手が値段を答えているので，how much「いくら」を用いる。know の後にくる間接疑問なので，‘疑問詞＋主語＋動詞’の語順にする。

４．Ａ：すみませんが，郵便局への道を教えていただけませんか？／Ｂ：申し訳ありません。私はこの辺りの者ではありません。∥Ｂは道を教えることができていないのだから，謝罪の言葉であるウが適切。

５．Ａ：顔色がよくありませんね。どうかしたのですか？／Ｂ：おなかが痛いんです。∥Ｂの返答から，ＡはＢの様子を尋ねたのだとわかる。

4〔長文読解―英問英答〕

(A)＜案内を見て答える問題＞

≪全訳≫レッドホースアリーナ／ライブ／レッドホースアリーナは，屋内ホールとコンサート，スポーツの試合，ショーなどのためのアリーナがある大きな総合娯楽施設です。／ホーム／チケットとイベント／来場予定を立てる／当アリーナについて／全てのイベント／７ページ中の１ページ／2020年２月29日／クラシック音楽／早春のコンサートシリーズ：モーツァルトの夜／詳細／完売／2020年２月26日／スポーツ／レッドホースヒートバスケットボールトーナメント／マーガレットヒル大学V.S.スプリングフィールド大学／詳細／チケット購入／2020年２月19日／ミュージカル／クラウンズ―ザミュージカル／詳細／チケット購入／2020年２月14日／ロック音楽／ジーンアレックスワールドコンサートツアー2020／詳細／完売／2020年２月11日／スポーツ／レッドホースヒートバスケットボールトーナメント／エバーグリーン大学V.S.マッキーリイング大学／詳細／チケット購入

１．「レッドホースアリーナのウェブサイトで何ができるか」―エ．「チケットがあれば入手する」 BUY TICKETSは「チケット購入」，SOLD OUTは「売り切れ」を意味する。　２．「レッドホースアリーナでのイベントに当てはまるものはどれか」―ア．「２月下旬にクラシックコンサートがある」　2020年２月29日にクラシック音楽のコンサートが開かれる。

(B)＜グラフを見て答える問題＞

１．「ホノルルのほうが東京より涼しかったのはいつか」―ウ．「８月」　８月は東京で約33℃，ホノルルで約27℃。　２．「シドニーで最も寒かった月は何月か」―ウ．「７月」　シドニーの７月は約11℃で１年で最も低い。　３．「次の文のうち正しいものはどれか」―イ．「10月，東京とシドニーの気温はほぼ同じだった」　10月の東京とシドニーはともに約20℃。

5〔長文読解総合―エッセー〕

≪全訳≫❶人々のグループでは，１人が大きくずれていると，その人は「目立つ」と言われる。どんなグループでも観察すると，最初に気づくのは「目立つ」人だ。私たちは目立つ人を覚えているし，彼らのことをより頻繁に話題にする。あなたはそのような人になりたいだろうか。または，目立つよりも人目を引かない方がよいだろうか。❷人々はさまざまな理由で目立つ。背が高いとか，見栄えがよいとかいう理由で目立つ人もいる。学校の成績がよいとか，クラスの前で自分の考えを明確に伝えることができるとかいう理由で目立つ人もいる。❸ときには悪い理由で目立つ人もいる。例えば，クラスメートに不愉快なことをしたり，授業中大声で話したりする生徒は多くの注目を集める場合がある。このようなとき，彼らは他の生徒が自分のことを見たり，話を聞いたりしているので，気分がいいかもしれない。

しかし，これは決してよい考えではない。多くの人々は，このような注目を楽しむ生徒は子どもっぽいと考えるだろう。彼らは高校に来る前に，もう少し成長する必要がある。❹しかし，私はたいてい目立つ生徒が好きだ。正当な理由で皆が目立つべきだと思う。私たち1人ひとりは何か独特なものを持っているので，誰もが目立つことができる。私たちは皆，誰よりも優れたことをする能力があるのだ。あなたはどうだろうか。足が速いだろうか。数学の問題を実にすばやく解けるだろうか。もしかするとあなたは芸術家かもしれない。すばらしいものをつくる，あるいは美しい声で歌うことができるかもしれない。心が温かく，クラスの皆と仲よくなれるかもしれない。あなたの特別な才能を私は知りたい。❺高校は学び，成長するための場所だ。自分がどれほど特別であるかを皆に示し，また，他の人の特別な資質を理解するチャンスなのだ。目立つことを恐れないことだ。他の人をまねして，人目を引かないようにするのもよそう。私たちは皆，独特なのであり，私たちが自分の違いを発揮すれば，そうした違いをより尊重することができる。これは，クラスをよりおもしろく楽しいものにする。私は皆さんがこのようなクラスで最大限成長し，学ぶことができると信じている。

1＜語句解釈＞(a)「あなたはそのような人(目立つ人)になりたいだろうか」の後に続けてOr「それとも」とあるので，これとは対照的な内容になると判断できる。　(b)直後で，「彼らは高校に来る前に，もう少し成長するべきだ」と戒めている。そういった生徒を批判的に評価しているので，「子どもっぽい」が適切。　(c)第5段落の内容から，筆者は各人の個性を認め合うことを奨励していることがわかる。したがって，違いを「尊重する」という肯定的な内容が適する。

2＜適語(句)選択＞①第3段落で筆者は，悪い理由で目立つ人を批判しているが，第4段落第1文で筆者は「私はたいてい目立つ生徒が好きだ」と述べている。つまり，「正当な」理由で目立つ生徒が好きだ，ということである。　②この前後で，個人の特別な才能の内容を列挙している。よって，肯定的な内容の「温かい心を持つ」が適する。

3＜表題選択＞結論となる第5段落の第5文で筆者は，各人が他人と異なることを肯定的に論じている。したがって，エ.「異なることはよいことだ」がふさわしい。

6〔長文読解総合―エッセー〕

≪全訳≫❶私の新しい趣味についてお話ししよう。夕食後，毎晩コンピュータの電源を入れ，コメディアンがスタンドアップコメディをしているビデオを視聴する。コメディアンとは，ステージやテレビに登場し，おもしろい話をしたりジョークを言ったりする人々のことをいう。彼らの仕事は，人々が楽しめるような愉快なことを言うことだ。コメディアンが人前で1人で舞台に立ってパフォーマンスをすることを「スタンドアップ」コメディと呼ぶ。❷スタンドアップコメディにはさまざまな種類がある。ニュースについて話すコメディアンもいる。他の有名人のことを話す人もいる。日常生活の小さなことについて話す人もいる。❸ステージでは，多くのスタンドアップコメディアンが私生活で起こることについて話す。実際，コメディアンの多くは，日常生活の中の悪い事柄を話していると思う。彼らは，自分が犯した間違い，家庭で抱えている問題，あるいは不満や怒りを抱く人々について話すかもしれない。彼らが話す内容が悪い事柄に関するものであることもあるが，私たちは彼らの話を聞くと，たいてい笑って幸せになることができる。❹この1つの理由は，スタンドアップコメディアンが普通，本当に優れた語り手であるからだ。彼らはとてもおもしろく話を語る。だから，階段から落ちてけがをしたり，たくさんのお金を失ったりしたと聞いても，おもしろくてワクワクする。❺別の理由もある。コメディアンのパフォーマンスを見て，私生活で問題が発生していることを聞くと，私たちは「そう。私も！　この人は私と同じような問題を抱えている！」と考えることができる。私はガールフレンドに失礼なことを言って窮地に陥ったコメディアンの話を聞くとニヤッとする。私もガールフレンドに言うべきではないことを言ったことがあるのだ。コメディアンが，コーヒーショップでとても恥ずかしい思いをしたと言うと，私もカフェやレストランで注文するときにいつも緊張するので，笑ってしまう。そういう気持ちがわかるし，他の人も私と同じように感じていることを知ってうれしくなる。誰かがそれをジョークにしてくれるのをうれしく思う。彼らは私にこう言っているように感じる。「大丈夫，それほど深刻な問題ではない。そのことを一緒に笑いましょう」と。❻誰かがかつて私に，最高のコメディアンとは最大の個人的な問題を抱えている人だと言った。彼らは最悪の事態を経験しており，より強く，より愉快になっている。彼らは人生における苦いものを受け止め，甘いものをつくることができる。彼らのステージショーを見ると，その力を少しだけ彼らからもらえると思う。彼らは私たちに，ほほ笑む力と日々をより幸せに生きる力を与えてくれるのだ。

1＜指示語＞this は普通，直前に書かれている内容を指す。直前には，コメディアンが話す内容には悪い事柄に関するものもあるが，私たちは彼らの話を聞くと，たいてい笑って幸せになることができるとあるので，これをまとめればよい。

2＜指示語＞第５段落前半で，筆者はコメディアンの言葉に共感することがある，と述べている。また，第５段落中盤では，ガールフレンドに失礼なことを言って窮地に陥ったり，コーヒーショップでとても恥ずかしい思いをしたりしたとあり，筆者もこれと同じような体験をしている。これを段落の最後で，大した問題ではないから一緒に笑い飛ばそう，と述べているのである。

3＜要旨把握＞(ウ)「彼ら(コメディアン)は私生活で間違いを犯さない」は，第３段落第３文に反するので，文脈上不適切である。

4＜英問英答＞①「コメディアンは何をするのか」―「彼らは，ステージやテレビで，おもしろい話をしたりジョークを言ったりする」　第１段落第２文参照。　②「悪い事柄はときどき愉快に聞こえると筆者は言う。それはいつ起こるか」―「コメディアンがそのことを話すときに，それらは愉快に聞こえる」　第３段落最終文参照。

7〔テーマ作文〕

質問は「時間が空いているとき，家にいるのと外に出かけるのとどちらが好きですか」という意味。I like to stay at home〔go out〕in my free time. で始め，その理由を書くとよい。

数学解答

1 (1)　-10　(2)　$\frac{-x+2}{2}$　(3)　$\sqrt{3}$

2 (1)　$x=5$　(2)　$x=-3,\ y=2$
(3)　$x=3\pm\sqrt{2}$

3 (1)　金曜日　(2)　2，23，30
(3)　60°　(4)　7杯　(5)　$\frac{7}{36}$

4 (1)　1　(2)　(0，6)
(3)　$(-2,\ 4)$，$(3,\ 9)$

5 (1)　$2\sqrt{10}$cm　(2)　$\frac{18\sqrt{10}}{5}$cm
(3)　$\frac{96}{5}$cm²

6 (1)　5：6　(2)　$\frac{55}{8}$cm　(3)　$\frac{275}{8}$cm³

1〔独立小問集合題〕

(1)＜数の計算＞与式$=-1+3\times(-3)=-1+(-9)=-1-9=-10$

(2)＜式の計算＞与式$=\frac{2-x-2(x-2)}{6}=\frac{2-x-2x+4}{6}=\frac{-3x+6}{6}=\frac{-x+2}{2}$

(3)＜平方根の計算＞与式$=\sqrt{3^2\times3}+\frac{6\times\sqrt{3}}{\sqrt{3}\times\sqrt{3}}-\sqrt{4^2\times3}=3\sqrt{3}+\frac{6\sqrt{3}}{3}-4\sqrt{3}=3\sqrt{3}+2\sqrt{3}-4\sqrt{3}=\sqrt{3}$

2〔独立小問集合題〕

(1)＜一次方程式＞$3x-6=4x-11$，$3x-4x=-11+6$，$-x=-5$　$\therefore x=5$

(2)＜連立方程式＞$0.2x-0.3y=-1.2$……①，$\frac{2}{3}x+\frac{1}{4}y=-\frac{3}{2}$……②とする。①×10より，$2x-3y=-12$……①′　②×12より，$8x+3y=-18$……②′　①′+②′より，$2x+8x=-12+(-18)$，$10x=-30$　$\therefore x=-3$　これを①′に代入して，$-6-3y=-12$，$-3y=-12+6$，$-3y=-6$　$\therefore y=2$

(3)＜二次方程式＞$x^2-6x+7=0$　解の公式より，$x=\frac{-(-6)\pm\sqrt{(-6)^2-4\times1\times7}}{2\times1}=\frac{6\pm\sqrt{8}}{2}=\frac{6\pm2\sqrt{2}}{2}=3\pm\sqrt{2}$となる。

≪別解≫$x^2-6x+7=0$，$x^2-6x=-7$，$x^2-6x+9=-7+9$，$(x-3)^2=2$，$x-3=\pm\sqrt{2}$　$\therefore x=3\pm\sqrt{2}$

3〔独立小問集合題〕

(1)＜数の計算＞190問の問題を1日4問ずつ解くと，$190\div4=47.5$より，解き終わるまでに48日かかる。よって，1週間は7日だから，$48\div7=6$あまり6より，解き終わるのは，日曜日から6週間と6日後の金曜日である。

(2)＜数の性質＞$\sqrt{210-7a}=\sqrt{7(30-a)}$より，$\sqrt{210-7a}$が整数になるのは，$m$を0以上の整数とすると，$30-a=7m^2$となるときである。$m$の値が0，1，2，……のときの$a$の値を調べると，$m=0$のとき，$30-a=0$より，$a=30$となり，$a$は自然数だから適する。$m=1$のとき，$30-a=7\times1^2=7$より，$a=23$となり，適する。$m=2$のとき，$30-a=7\times2^2=28$より，$a=2$となり，適する。$m=3$のとき，$30-a=7\times3^2=63$より，$a=-33$となるが，$a$は自然数なので，適さない。$m\geqq3$のとき，$a$の値は負となるため，適さない。よって，求める$a$の値は，$a=2$，23，30である。

(3)＜図形―角度＞右図1のように，点A～Fを定める。△DEFにおいて，内角の和が180°より，∠EDF＝180°－∠DEF－∠DFE＝180°－28°－39°＝113°となる。これより，対頂角が等しいから，∠CDA＝∠EDF＝113°である。よって，四角形ABCDにおいて，内角の和が360°より，∠x＝360°－∠BCD－∠CDA－∠DAB＝360°－90°－113°－97°＝60°となる。

図1

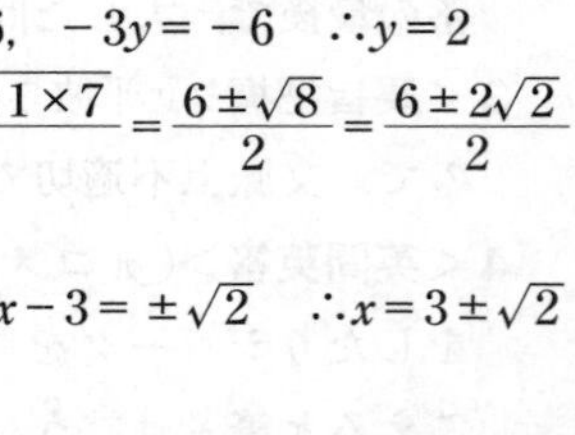

(4)＜図形―体積比―相似＞右図2のように，容器に高さが半分の位置まで水が入っているとき，入っている水からなる円錐と円錐型の容器は相似であり，相似比は1：2である。よって，体積比は，$1^3:2^3=1:8$となるから，この容器を満杯にするには，$8\div1-1=7$より，水をあと7杯入れる必要がある。

図2

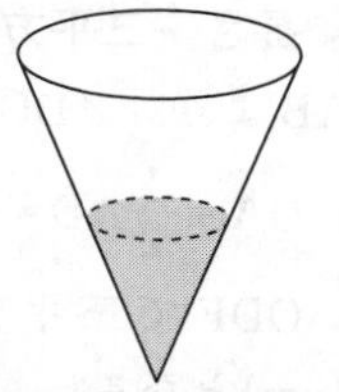

(5)＜確率―さいころ＞2つのさいころを同時に投げるとき，さいころの出る目の数の組は全部で$6\times6=36$(通り)ある。また，出る目の数の和は最大で，$6+6=12$だから，和が5の倍数になるのは5，10となる場合である。和が5の場合の出る目の数の組は(1，4)，(2，3)，(3，2)，(4，1)の4通りあり，和が10の場合の出る目の数の組は(4，6)，(5，5)，(6，4)の3通りある。よって，和が5の倍数になるのは$4+3=7$(通り)あるから，求める確率は$\frac{7}{36}$である。

4 〔関数―関数$y=ax^2$と直線〕

≪基本方針の決定≫(2)　点Pのy座標を文字でおき，その文字を使って，△PABの面積を表す。

(3)　等積変形を利用する。

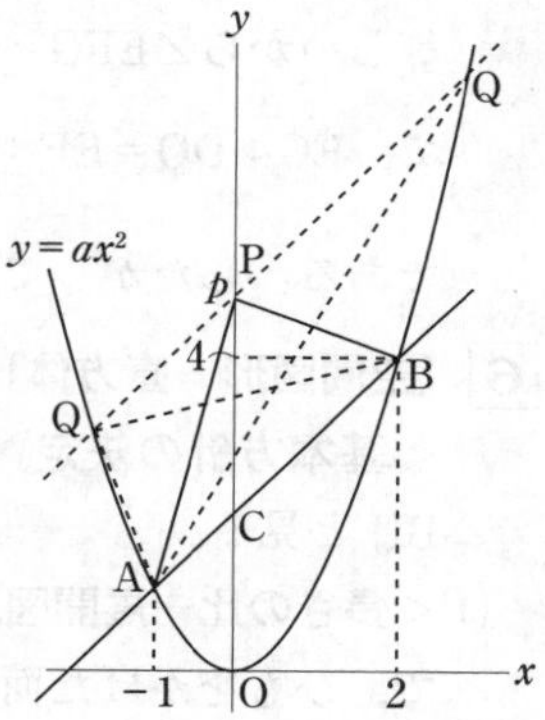

(1)＜比例定数＞右図で，関数$y=ax^2$のグラフはB(2，4)を通るから，$y=ax^2$に$x=2$，$y=4$を代入して，$4=a\times2^2$より，$4=4a$，$a=1$となる。

(2)＜点の座標＞右図のように，y軸上の正の部分に点Pをとり，そのy座標をpとする。また，y軸と直線ABの交点をCとする。まず，△PABをy軸で，2つの三角形△PACと△PBCに分け，共有する辺PCをそれぞれの三角形の底辺と見ると，高さはそれぞれ点A，Bのx座標より，1，2である。よって，$\triangle PAB=\triangle PAC+\triangle PBC=\frac{1}{2}\times PC\times1+\frac{1}{2}\times PC\times2$となる。次に，辺PCの長さを，$p$を用いて表す。(1)より関数$y=ax^2$の式は$y=x^2$となるから，点Aの座標は，$y=(-1)^2=1$より，A$(-1，1)$である。A$(-1，1)$，B(2，4)より，直線ABの傾きは，$\frac{4-1}{2-(-1)}=1$だから，その式を$y=x+b$とする。直線ABが点Bを通ることから，この式に$x=2$，$y=4$を代入して，$4=2+b$，$b=2$より，直線ABの式は$y=x+2$となる。よって，切片より，C(0，2)となり，$PC=p-2$と表すことができる。したがって，△PABの面積が6になるとき，$\frac{1}{2}\times(p-2)\times1+\frac{1}{2}\times(p-2)\times2=6$が成り立ち，これを解くと$p=6$となるから，P(0，6)である。なお，$PC=6-2=4$であり，点Pの$y$座標は正なので，点PはC(0，2)より下には存在しない。

(3)＜点の座標―等積変形＞△PABと△QABの面積が等しいとき，この2つの三角形の底辺を共有する辺ABと見ると，高さが等しいため，PQ∥ABである。よって，点Qは，上図のように，点Pを通り，直線ABに平行な直線と関数$y=x^2$のグラフの交点となる。直線PQの傾きは，直線ABの傾きに等しく，(2)より1で，点Pのy座標より切片は6だから，その式は$y=x+6$である。2式からyを消去して，$x^2=x+6$より，$x^2-x-6=0$，$(x+2)(x-3)=0$，$x=-2$，3となる。したがって，$x=-2$のとき$y=(-2)^2=4$，$x=3$のとき$y=3^2=9$より，Q$(-2，4)$，(3，9)である。

5 〔平面図形―円〕

≪基本方針の決定≫(1)　△ODFは∠DOF＝90°の直角三角形である。　(2)　△AEF∽△DBFに気づきたい。　(3)　線分EFを斜辺とする△ODFと相似な三角形をつくって考える。

(1)**＜長さ―三平方の定理＞**右図で，四角形OBCDが正方形だから，DO⊥ABより，$\angle DOA=90^\circ$である。これより，△ODFは直角三角形で，$OD=OA=\frac{1}{2}AB=\frac{1}{2}\times 12=6$より，$OF=OA-AF=6-4=2$である。よって，△ODFで三平方の定理より，$DF=\sqrt{OD^2+OF^2}=\sqrt{6^2+2^2}=\sqrt{40}=2\sqrt{10}$(cm)となる。

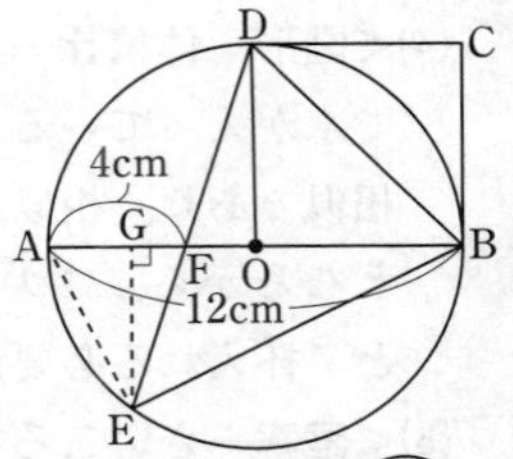

(2)**＜長さ―相似＞**右上図の△AEFと△DBFにおいて，対頂角は等しいから$\angle AFE=\angle DFB$，$\overset{\frown}{BE}$に対する円周角は等しいから$\angle EAF=\angle BDF$となり，２組の角がそれぞれ等しいので，△AEF∽△DBFとなる。これより，EF：BF＝AF：DFである。よって，$BF=AB-AF=12-4=8$より，$EF:8=4:2\sqrt{10}=2:\sqrt{10}$となるから，$EF\times\sqrt{10}=8\times 2$，$EF=\frac{8\sqrt{10}}{5}$である。したがって，$DE=DF+EF=2\sqrt{10}+\frac{8\sqrt{10}}{5}=\frac{18\sqrt{10}}{5}$(cm)となる。

(3)**＜面積＞**右上図のように，点Eから線分ABへ垂線EGを引くと，線分EGは△EFBの底辺をBFと見たときの高さとなる。ここで，△GEFと△ODFにおいて，$\angle EGF=\angle DOF=90^\circ$，対頂角は等しいから$\angle EFG=\angle DFO$より，２組の角がそれぞれ等しいので，△GEF∽△ODFである。よって，EG：DO＝EF：DFとなるから，$EG:6=\frac{8\sqrt{10}}{5}:2\sqrt{10}=4:5$より，$EG\times 5=6\times 4$，$EG=\frac{24}{5}$である。したがって，$\triangle EFB=\frac{1}{2}\times BF\times EG=\frac{1}{2}\times 8\times\frac{24}{5}=\frac{96}{5}$(cm²)となる。

6 〔空間図形―直方体〕

≪基本方針の決定≫(1)，(2)　ひもをかけた面を展開して考える。　(3)　三角錐BIJDの底面を△BIJと見る。

(1)**＜長さの比―展開図，平行線と線分の比＞**右図１の直方体ABCD-EFGHで，ひもをかけた面AEFB，BFGC，CGHDの３つの面を展開すると，右下図２のようになる。図２で，AE∥BF∥CGだから，EI：IJ＝AB：BC＝5：6である。

図１

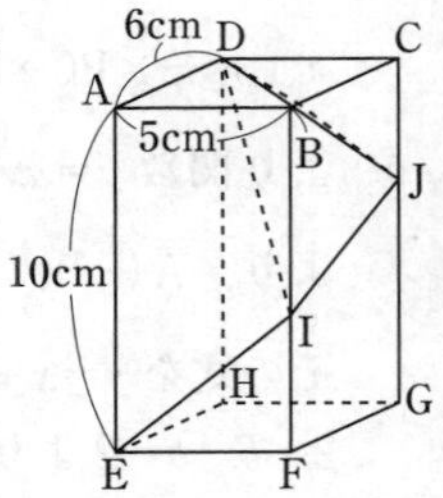

(2)**＜長さ―相似＞**右下図２で，AD∥EHより，△DBI∽△EFIだから，BI：FI＝DB：EF＝(BC＋CD)：EF＝(6＋5)：5＝11：5である。よって，$BI=\frac{11}{11+5}BF=\frac{11}{16}\times 10=\frac{55}{8}$(cm)となる。

図２

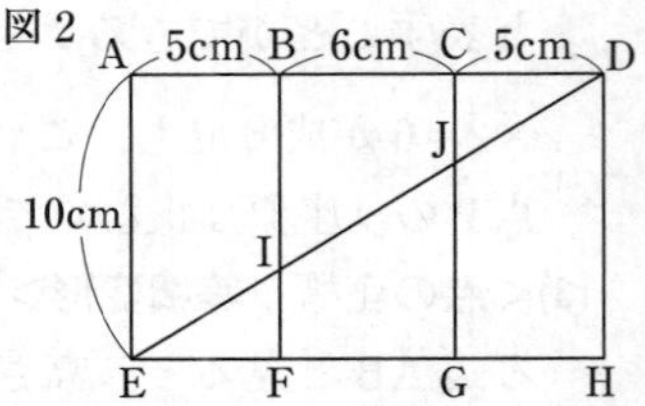

(3)**＜体積＞**右上図１で，三角錐BIJDの底面を△BIJと見ると，高さはDC＝5である。また，△BIJの底辺を$BI=\frac{55}{8}$と見ると，高さはCB＝6だから，$\triangle BIJ=\frac{1}{2}\times BI\times CB=\frac{1}{2}\times\frac{55}{8}\times 6=\frac{165}{8}$となる。よって，三角錐BIJDの体積は，$\frac{1}{3}\times\triangle BIJ\times DC=\frac{1}{3}\times\frac{165}{8}\times 5=\frac{275}{8}$(cm³)である。

国語解答

一 問一 イ 問二 真剣で純粋な眼差し
問三 ア 問四 エ 問五 イ
問六 宇宙の自由通行券
問七 想像力〔頭で考えること／思考〕[は]無限大だ〔限りない〕[ということ]
問八 ウ
問九 人生のさまざまな不条理を，どうにかして受け入れる[覚悟]
問十 イ

二 問一 イ 問二 エ
問三 ①…ウ ② 客観的な「現実」
問四 小さな言語保護政策 問五 イ
問六 ア 問七 エ 問八 エ
問九 ウ

三 問一 いうよう 問二 易く
問三 生き物を殺す罪
問四 ① 蛙 ②…エ 問五 ア
問六 呪文〔お経／じゅもん〕
問七 顔色[が]青[色に変わった]
問八 ウ 問九 イ

四 問一 ① あずき ② 器用 ③ 追求
問二 ① 犬 ② 鳥 ③ 馬
問三 ①…イ ②…オ
問四 イ，エ，オ，カ，ケ

一 〔小説の読解〕出典；平田オリザ『幕が上がる』。

問一＜表現＞中西さんは，「自分の出番のタイミング」をうかがいながら，ひょうが「獲物を狙う」ときのように，真剣に集中すると同時に，舞台で劇を演じる仲間たちを，母親が「公園で遊んでいる我が子を見つめる」ときのように，親愛を込めて見守っている。

問二＜文章内容＞「私」は，「次の出番に向けて舞台袖に立つ俳優」の「真剣で純粋な眼差し」を「見るのが好き」であり，「舞台関係の仕事に就くこと」ができれば，この「眼差し」を持った俳優たちのいる風景を，毎日見ることができると想像している。

問三＜心情＞「私」は，「何かを表現したいのに，その表現の方法が見つからない自分」を持て余して「苛立って」いた。「私」の姿を見ていた母は，漫画の主人公が「先輩を一生懸命好きになることで，他の友だちや学校を好きな気持ちが心の中に広がっていった」ように，「私」にも「好きに」なれるものを見つけ，多くの人とつながることの大切さに気づいてほしかったのだと考えられる。

問四＜文章内容＞「いつも一緒」にいる人どうしであっても，その二人の間は，「宇宙が膨らんでいく」ように「広がっている」のであり，結局，人と人とは，完全に近づくことはできず，別個の存在として生きていくものなのだというのである。

問五＜文章内容＞高校生の人物像は，一人ひとりさまざまであるため，「等身大の高校生」などという，一つの型に当てはめて，その姿を表現することはできないのである。

問六＜表現＞「私たち」が「どこまででも行ける。どこまでも行ける切符をもっている」ということは，舞台では，ジョバンニが「どこでも勝手に歩ける宇宙の自由通行券」を持って，銀河を旅するという形で表現されている。

問七＜文章内容＞「私」は，「日本より頭の中の方が広いでしょう」という『三四郎』の一節を思い出した。そして，「私」は，「私たち」が「頭の中」で想像することは，銀河と同じように，限りなく大きいのだと考えた。

問八＜文章内容＞「芝居を創る」中で「私」が不安を感じるのは，「悩んだり，苦しんだり」などしながら，主体的に自分の想像力を広げて思考しているからこそである。そのようにして舞台をつくり上げていく「私」こそが，「現実」を生きる「私」のありのままの姿なのである。

問九＜文章内容＞滝田先生は，「大人になるということは，人生のさまざまな不条理を，どうにかして受け入れる覚悟をすること」だと言った。ジョバンニは，「カンパネルラの死」という不条理を経験し，「私」は，吉岡先生の裏切りという不条理を経験した。このような「不条理」を，「私」もジョバンニも，どこまで「受け入れる覚悟」ができたのかということに，「私」は思いをはせたのである。

問十＜主題＞「何ものにもなれない自分」にいら立っていた「私」であったが，「いい芝居を創るため」に悩み苦しみ，「泣いたり笑ったり喜んだり」する中で，吉岡先生や中西さん，「ユッコやガルル」や「わび助」など，たくさんの人と出会い，関わりながら成長していく「私」の姿が描かれている。

二〔**論説文の読解―芸術・文学・言語学的分野―文学**〕出典；多和田葉子『エクソフォニー 母語の外へ出る旅』。

≪本文の概要≫私は，ワイマールで行われたパネル・ディスカッションで，今の時代の「世界文学」というのは，翻訳文学のことではないかと述べた。世界文学に触れるには，翻訳文学の世話になるしかないからである。このとき，ナイジェリア出身の作家ベン・オクリが，本当のアフリカを描くには，英語ではなく，現地の言語を使わなければならないのではないかという質問を，これまでに何度も受けたと言った。書く言葉も書かれる対象も，無数の顔を持っているのであり，一つの言語が何を表現するのに適しているかを決めてかかるのは，おかしな話である。アフリカ出身の作家の英語で創作することへの非難を含んだコメントには，絶滅の危機にさらされた小さな言語を救うべきだという気持ちも，含まれているようである。だが，小さな言語で書かれた文学は，ほとんどの人には読めないため，多くの人の読める言語に訳されることになる。すると，滅びかけた語彙，思考のリズム，語り口，映像，神話などが，翻訳という形で大きな言語の中に入り込み，そこにずれ，ゆがみ，戸惑い，揺れなどが生じて，大きな言語に変化がもたらされる。それは，文学にとっては刺激的なことである。例えば，中国の屈原の詩を英語に翻訳することができ，その思考のリズムが，英語という言語の中に入って，独特の英語の流れができていったら，それも魅力的だろう。

問一＜文章内容＞ベン・オクリが「本当のアフリカ」を描くには「現地の言語を使わなければいけないのではないか」という質問を受けたように，文学作品は，ほかの国の言葉より，「現地の言語」で書かれるのが望ましいと考えられがちである。だが，国を越えて多くの読者が「世界の文学に触れる」ためには，「翻訳文学の世話になるしかない」のである。

問二＜文章内容＞「本当のアフリカ」を描ききるには，「現地の言語を使わなければいけない」という主張のとおりであれば，「英語ではイギリスでの生活しか表現できない」ことにもなってしまうので，その主張を「変」だと「私」は感じている(…ア・イ)。また，アフリカを「体験」し，「把握」し，「表現」するには，「無数の道」があるのに，質問者が「本当のアフリカ」という唯一のものが存在して，それを現地語であれば表現できると考えていることについても，「私」は「変」だと感じている(…ウ)。

問三＜表現＞①「アフリカをどのように体験するか，把握するか，表現するか」ということには，「無数の道」があって，アフリカとは何かということを，一つの定義に当てはめることはできない。唯一の，固定的なものとしての「本当のアフリカ」は存在しないということが，「　」で強調されているのである。　②「本当のアフリカ」という言葉に対して，私は，ドイツでも「どの作家が『本当の』ドイツを描いているか」などという質問には答えられないはずなのに，アフリカのような「発展途上国」ならば，現地語で正確に表現しうる「客観的な『現実』の問題」があると考えるのは「おかしい」としている。

問四＜表現＞「人工呼吸」のように，人の力を介入させて，死滅しつつある言語を救うための「小さな言語保護政策」が，ここ半世紀の間に目立つようになった。

問五＜文章内容＞詩は，人の内面の心の動きを，その人の使う言語によって，表現するものである。したがって，詩という形で，その言語独自の「語彙」や「語り口」や，「思考のリズム」などが使われ，共有され続けなければ，「言語が死んで」しまい，その言語を使う人の内面を表現するすべも滅びてしまうのである。

問六＜文章内容＞ドイツ東部の「マイノリティの言語」である「ソルブ語」しかわからないのでは，ドイツの中で「暮らしていかれない」ため，皆は，マジョリティの言語である「ドイツ語」も使うのである。

問七＜文章内容＞人間が他国へ「亡命」して異国で生きるのと同様，「小さな言語で書かれた文学」が，「大きな言語」に訳されたとき，小さな言語の「語彙，思考のリズム，語り口，映像，神話など」が，形を変えつつも「大きな言語」の中で生き続けるのである。

問八＜文章内容＞「小さな言語を母語とする作家」が，「大きな言語」によって作品を翻訳すると，その作家の属する「小さな共同体」における，「歴史を見つめる特殊な視角，魔術的なものを捕らえる感覚器など」が，「大きな言語」にも入ってくる。その結果，「大きな言語」には，豊かで「刺激的」な変化がもたらされるのである。

問九＜主題＞ある作品を別の言語に翻訳したとき，もとの言語の「語彙，思考のリズム，語り口，映像，神話など」が，別の言語にも流入して，そこに「ずれ，ゆがみ，戸惑い，揺れ」を引き起こしながら，言語を独特の形に「変身させる」ことになるのである。このように一つの言語の中にある可能性を引き出し，言語に刺激的な変化をもたらす翻訳文学もまた，「文学の本質に関わるもの」である。

三〔**古文の読解―説話**〕出典；『宇治拾遺物語』巻第十一ノ三。

≪現代語訳≫この安倍晴明が，あるとき，広沢の僧正のお住まいに参上して，用件を申し上げたり，うかがったりしているときに，若い僧たちが晴明に言うことには，「(あなたは)式神をお使いになるそうですが，すぐに人を殺しなさることができるのですか」と言った。(晴明は)「簡単には殺せまい。力を入れれば，おそらく殺せるだろう」と言った。(さらに，晴明が)「そうはいっても，虫などであれば，ちょっとしたことをすれば必ず殺すことができるだろう。しかしながら，生き返らせる方法を知らないので，罪を犯すことになるだろうから，そのようなことは意味がない」と言っていると，庭に蛙が出てきて，五，六匹ほど飛び跳ねて池の方へ行ったのを，

「あれを一匹，それならば殺してください。試してみましょう」と僧が言ったので，「罪つくりなことをなさるお坊さまであるよ。しかしながら，(私を)試しなさるので，殺し申し上げてみせよう」と言って，草の葉を摘みきって，呪文を唱えるようにして蛙の方へ投げやったところ，その草の葉が，蛙の上にかかって，蛙は真っ平らにつぶれて死んでしまった。これを見て，僧たちの顔色が変わって，(僧たちは)恐ろしいと思った。

家の中に誰もいないときは，(晴明は)この式神を使っていたのだろうか，人もいないのに風雨を防ぐ

ための戸を上げ下ろしていたり，門を閉めてあったりなどしていたそうだ。

問一＜歴史的仮名遣い＞語頭以外のハ行は，現代仮名遣いでは原則として「わいうえお」に直す。また，「au」の音は，「ou」に直す。

問二＜漢字＞ここでの「やすく」は，容易に，という意味。したがって，「易く」と書く。

問三＜古文の内容理解＞「虫なんど」であれば，式神を使って容易に殺せるが，それを実行すると，生き物を殺すという罪を犯すことになるのである。

問四＜古文の内容理解＞①僧は，庭に「蛙の出で」きたのを見て，その蛙を一匹殺してみせてほしいと頼んだのである。　②僧は，晴明が「式神を使ひ給ふ」という話を耳にしており，その力を見たいという好奇心から，蛙を「殺し給へ」と頼んだ(…ア)。それに加えて，晴明が，虫などであれば「少しの事せんに必ず殺しつべし」と答えながらも，「さやうの事よしなし」として式神を見せようとしなかったため，僧は，晴明の言葉が本当かどうかと疑い(…ウ)，何とか式神の力を使わせようと晴明を挑発したのである(…イ)。

問五＜古文の内容理解＞僧が，晴明の式神の力を「試みん」という理由で，蛙の命を奪おうとすることに対して，わざわざ殺生の罪を犯すようなことをするのかと，晴明は思ったのである。

問六＜古文の内容理解＞晴明は，僧から式神を使って蛙を「殺し給へ」と言われたので，式神を呼び出すための呪文や経文を唱える様子を見せたのである。

問七＜古文の内容理解＞晴明が呪文を唱えるようにして，蛙に葉を投げかけただけで，蛙がつぶれて死んでしまったため，僧は「恐ろし」と感じて，顔色が真っ青になったのである。

問八＜古文の内容理解＞晴明が家を留守にしているとき，晴明が「式神を使ひける」からなのか，誰もいないはずの家で，ひとりでに「蔀を上げ下ろし，門をさしなど」されていたのである。

問九＜古文の内容理解＞晴明が「式神」という精霊を呼び出して，蛙を殺したり，留守中の家の「蔀を上げ下ろし，門をさしなど」させている様子を語ることで，晴明が持つ陰陽師としての不思議な力を，聞き手に印象づけようとしている。

四〔国語の知識〕

問一＜漢字＞①「小豆」は，赤飯やあんなどに使われる豆の一種。　②「器用」は，細かい手仕事などが非常に得意であるさま。　③「追求」は，目的のものを追い求めて，得ようとすること。

問二＜ことわざ＞①「負け犬の遠吠《ほ》え」は，臆病な人間が，陰で勝てそうにない相手の悪口を言っていばったり強がったりすること。　②「飛ぶ鳥を落とす」は，権力や威勢がとても強い，という意味。　③「馬脚をあらわす」は，隠していた本性や悪事などが表面化して，人目にさらされてしまう，という意味。

問三＜語句＞「句」は俳句，「首」は和歌(…①)，「頭」は大型動物，「斤」は食パン，「丁」は豆腐(…②)の数え方の単位。

問四＜説明文の読解―文章内容＞神奈川法皇は，死去している。「相模上皇」の陣営にいたのは，左大臣である栗原昌憲，武士である和泉彩義と高野為友。相模上皇の勢力と対立していたのは，「藤内天皇」で，藤内天皇の陣営にいたのは，関白である栗原芳正，近臣である大野伴長，武士である和泉史信，高野信行。

2020年度 相模女子大学高等部（推薦）

【推薦入試の今後と対策】

本校の推薦入試は、面接のみを行っています。面接では、志願理由や高校生活に向けての抱負、将来への目標に関わる質問をしています。高校進学に向けて、明確な目標を持ち、それに向けて努力をしていることを積極的に伝えて欲しいと思います。

面接

〈特進コース〉

〔質問内容〈例〉〕

・志望動機

・将来なりたい職業についてとその努力方針

・関心のある最近のニュースとそれに対する意見

・自分の長所・短所

・勉強方法や取り組み方

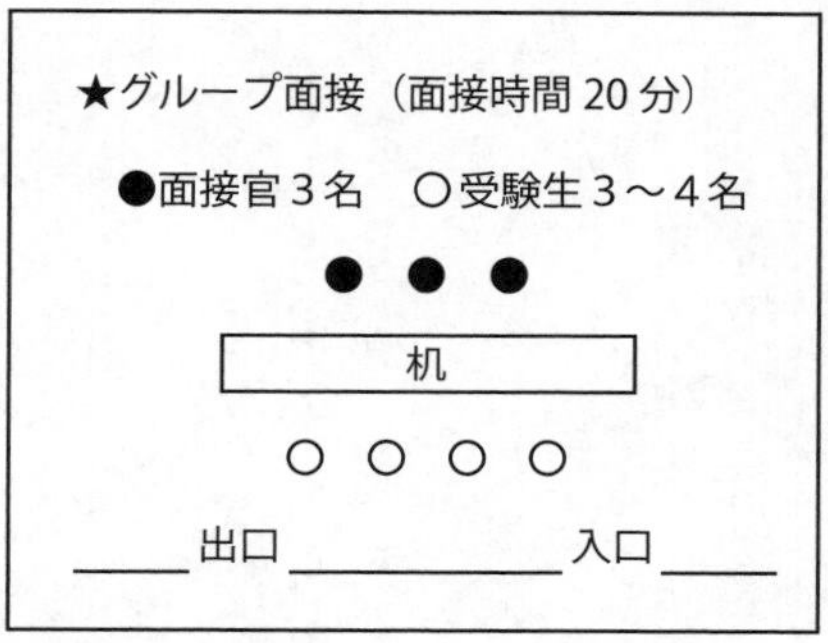

〈進学コース〉

〔質問内容〈例〉〕

・志望動機

・得意（不得意）な科目

・入学後の抱負（勉強や部活動について）

・学校見学や学校説明会に出席したかどうか

・中学時代に最も力を入れたこと

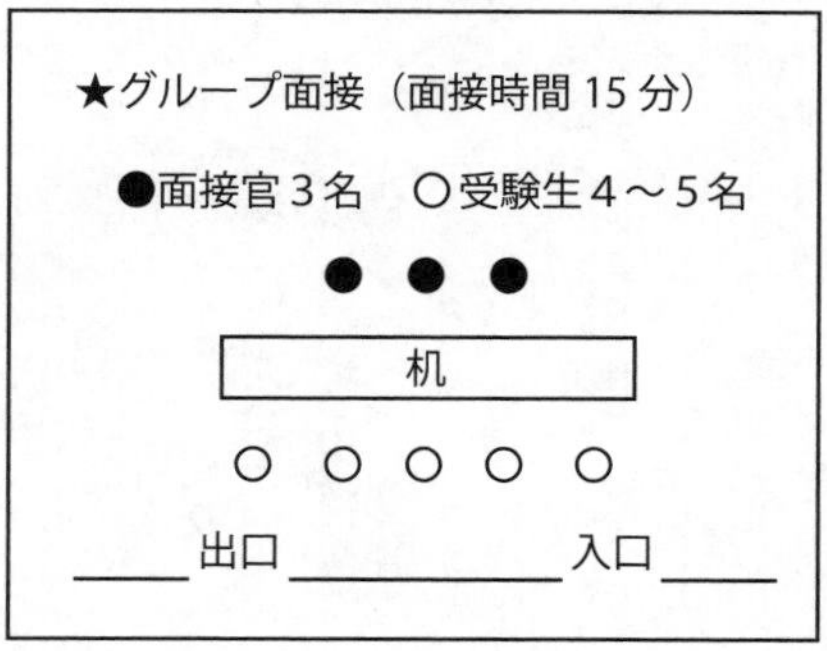

★面接のＰＯＩＮＴ

〈特進コース〉

・将来の目標に対する姿勢や意欲を持っていること。

・勉強を続ける意欲や努力目標があること。

〈進学コース〉

・高校入学後の取り組みに対して、積極的な姿勢があること。

Memo

高校を受験する生徒とご父母のための…

2025年度用 高校合格資料集

■首都圏有名書店にて今秋発売予定！

※表紙は昨年のものです。

内容目次

1. まず試験日はいつ？ 推薦ワクは？競争率は？
2. この学校のことは どこに行けば分かるの？
3. かけもち受験のテクニックは？
4. 合格するために大事なことが二つ！
5. もしもだよ！ 試験に落ちたらどうしよう？
6. 勉強しても成績があがらない
7. 最後の試験は面接だよ！

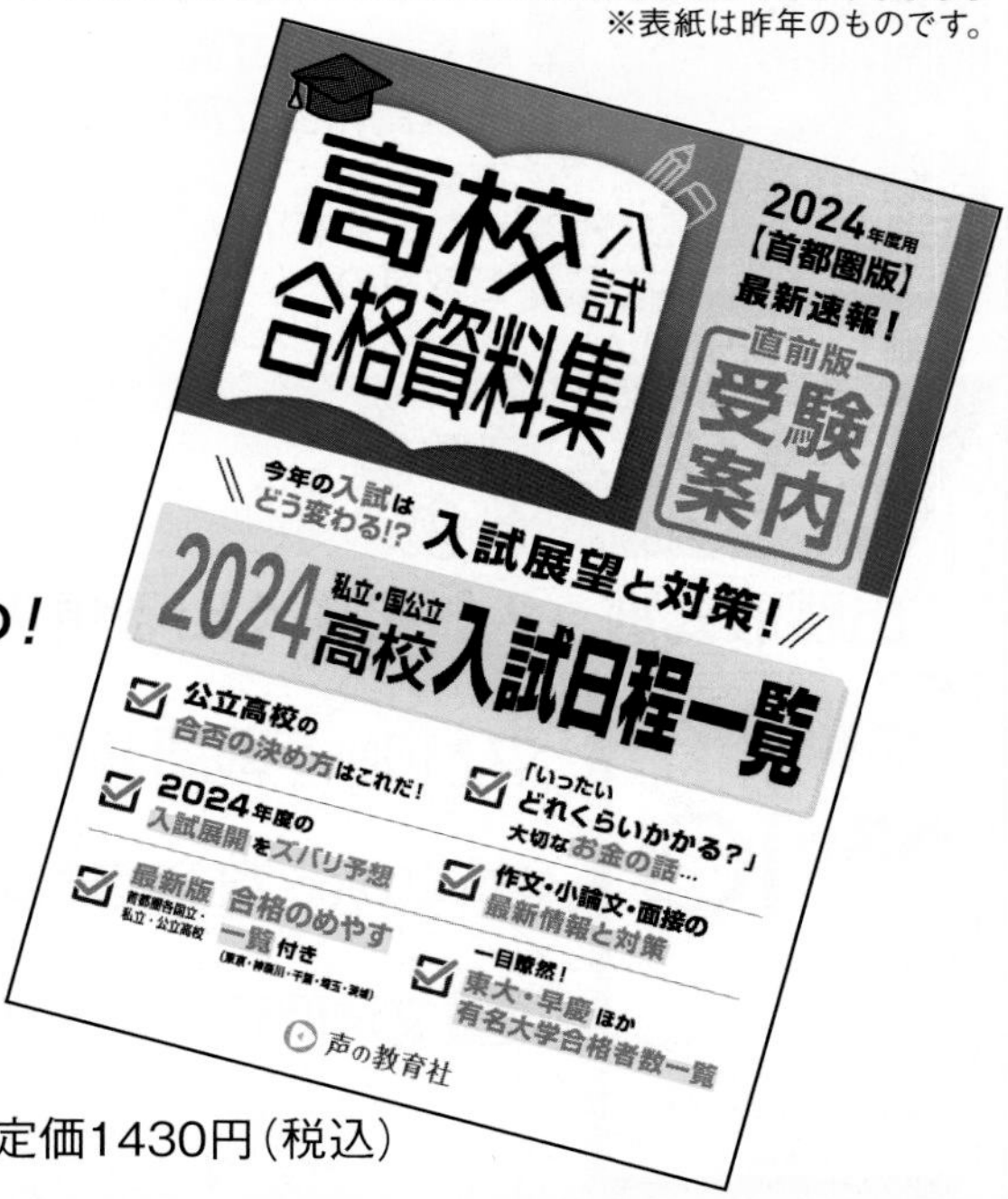

定価1430円（税込）

スーパー過去問の **解説執筆・解答作成スタッフ（在宅）募集！** ※募集要項の詳細は、10月に弊社ホームページ上に掲載します。

2025年度用

高校スーパー過去問

■編集人 声の教育社・編集部

■発行所 株式会社 声の教育社

〒162-0814 東京都新宿区新小川町8-15

☎03-5261-5061㈹ FAX03-5261-5062

https://www.koenokyoikusha.co.jp

※本書の内容についての一切の責任は当社にあります。内容・解説・解答その他の質問等は文書にて当社に御郵送くださるようお願いいたします。

公立高校過去問シリーズ

- 東京都立高校
- 神奈川県公立高校
- 千葉県公立高校
- 埼玉県公立高校
- 茨城県公立高校
- 栃木県公立高校
- 群馬県公立高校

掲載全問に
わかりやすい解説つき
各教科の
出題傾向と対策

定価1100円(税込)

都立独自高校 公立高校過去問シリーズ

251 都立日比谷高校
252 都立西高校
253 都立八王子東高校
254 都立国立高校
255 都立戸山高校
256 都立国分寺高校
257 都立立川高校
258 都立新宿高校
259 都立青山高校

定価2090円(税込)

高校ベスト10シリーズ

出題形式別、入試によく出る順!!

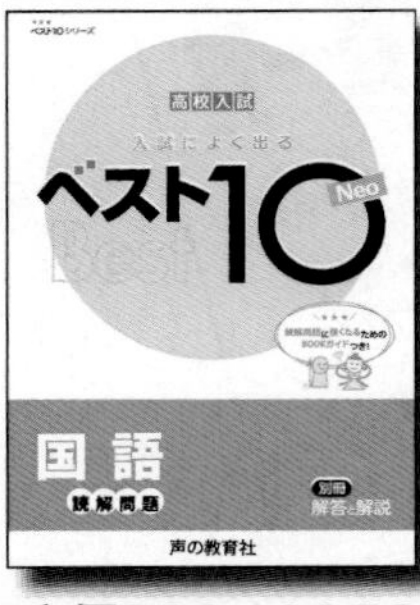

ベスト10Neo **国語** 読解問題

ベスト10Neo **数学** 図形問題

英語 文法問題ベスト10

定価990～1100円(税込)

高校受験面接ブック

別冊がウリ!! 首都圏の各高校の面接内容

本 体 質問回答例ベスト150
面接ワークシート
自己PR書の書き方とワークシート

別 冊 首都圏の私国立高校などの面接方法、時間、質問具体例
推薦・一般入試の面接内容
主要校の面接会場のようす
(各校図示)

小冊子 試験場に持って行けるチェックBOOK
など面接対策がつまった1冊

定価1320円(税込)

図解でわかる!! 作文・小論文

本 体(88P) **合格作文の書き方**
①7日間で仕上げる基礎編
②4日間で仕上げる応用編

別 冊(52P) 首都圏の各高校の作文課題、制限時間、文字数の具体例調査
①首都圏の作文課題2000例を代表的な15パターンに分類(書き易くするため)
②着眼点、キーワード、ポイントを各パターンごとにコメント
③推薦と一般入試の作文出題校と課題例を一挙公開!!
④首都圏公立高校4年間課題調査

定価1100円(税込)

公立の漢字

公立高校の試験によく出る漢字

1 漢字は全都道府県で出題!!
2 公立の漢字の配点は高い!!
3 10年間の頻度をデータ化!!
4 最頻出漢字を5段階評価!!

定価748円(税込)

声の教育社 〒162-0814 東京都新宿区新小川町8-15
TEL.03(5261)5061 FAX.03(5261)5062

カコを追いかけ
ミライをつかめ

相模女子大学高等部

別冊解答用紙

丁寧に抜きとって、別冊としてご使用ください。

★教科別受験者平均点＆合格者最低点　※—は非公表

特別進学

年度	英語	数学	国語	合格者最低点
2024	—	—	—	—
2023	—	—	—	—
2022	—	—	—	—
2021	—	—	—	—
2020	68.0	57.7	55.3	—

進学

年度	英語	数学	国語	合格者最低点
2024	—	—	—	—
2023	—	—	—	—
2022	—	—	—	—
2021	—	—	—	—
2020	60.5	47.7	49.5	—

注意

○ 解答用紙は、収録の都合により縮小したものや、小社独自に作成したものもあります。
○ 学校配点は学校発表のもの、推定配点は小社で作成したものです。
○ 無断転載を禁じます。
○ 解答用紙を拡大コピーする場合、表示した拡大率に対応する用紙サイズは以下のとおりです。
101%〜102%＝B5　103%〜118%＝A4　119%〜144%＝B4　145%〜167%＝A3
（タイトルと配点表は含みません）

２０２４年度　相模女子大学高等部

英語解答用紙

番号		氏名		評点	／100

1

Part A

1	2	3	4	5	6

Part B

1	2	3	4	5

2

1	2	3	4

3

1	2	3	4	5

4

A

1	2	3

B

1	2 a	b	c	d

5

1	(1)	(2)	(3)	(4)	(5)
2	①	③	⑥		
3	②	④	⑤	4	

6

1	①	②	③
	④	⑤	⑥
2			
3	ア	イ	ウ
	エ	オ	カ

7

（注）この解答用紙は実物を縮小してあります。Ａ３用紙に152％拡大コピーすると、ほぼ実物大で使用できます。（タイトルと配点表は含みません）

学校配点		計
	1～3　各２点×20 4　（Ａ）　各２点×３　（Ｂ）　１　２点　２　各１点×４ 5　１　各２点×５　２，３　各１点×６　４　２点 6　１　各１点×６　２，３　各２点×７　7　10点	100点

２０２４年度　相模女子大学高等部

数学解答用紙

番号		氏名		評点	／100

〔計算欄〕　（解答欄は切り取らないこと）

解答欄

1 (1)	1 (2)	1 (3)	2 (1)	2 (2)	2 (3)
			$x=$	$x=$ $y=$	$x=$

3 (1)	3 (2)	3 (3)
度		

3 (4)	3 (5)
$a=$	個

4 (1)	4 (2)	4 (3)
A（　,　）	$a=$	

5 (1)	5 (2)	5 (3)	6 (1)	6 (2)	6 (3)
		:			

（注）この解答用紙は実物を縮小してあります。182％拡大コピーすると、ほぼ実物大で使用できます。（タイトルと配点表は含みません）

推定配点		計
	1～6　各５点×20	100点

二〇二四年度　相模女子大学高等部

国語解答用紙

番号　　氏名　　評点　/100

一

- 問一
- 問二　（　）こと
- 問三　問四
- 問五　問六
- 問七　問八
- 問九　X　Y

二

- 問一
- 問二　（　）こと
- 問三　問四
- 問五　問六
- 問七　問八
- 問九　問十

三

- 問一　問二
- 問三　問四
- 問五　問六
- 問七　問八
- 問九　問十　（　）さん

四

- 問一　①　②　（　）る　③　④　（　）る　⑤　⑥
- 問二　(1)　①　②　③　(2)

（注）この解答用紙は実物を縮小してあります。A３用紙に156％拡大コピーすると、ほぼ実物大で使用できます。（タイトルと配点表は含みません）

推定配点

一、二　各３点×20
三、四　各２点×20

計　100点

２０２３年度　相模女子大学高等部

英語解答用紙

番号		氏名		評点	／100

1	Part A				
	1	2	3	4	5
	Part B				
	1	2	3	4	
2	1	2	3	4	5
3	1	2	3	4	5
4	(A) 1	2	(B) 1	2	3
5	1				
	2	3			
	4 (1)				
	4 (2)				
	4 (3)				
6	1 ①	②			
	2	3	4	5	
7					

（注）この解答用紙は実物を縮小してあります。Ａ３用紙に161％拡大コピーすると、ほぼ実物大で使用できます。（タイトルと配点表は含みません）

学校配点		計
	1～3　各２点×19　　4　各３点×５ 5　１　４点　２，３　各３点×２　４　各４点×３ 6　各３点×６　　7　７点	100点

２０２３年度　相模女子大学高等部

数学解答用紙

番号		氏名		評点	／100

〔計算欄〕　(解答欄は切り取らないこと)

解答欄

1 (1)	1 (2)	1 (3)	2 (1)	2 (2)	2 (3)
			$x =$	$x =$ $y =$	$x =$

3 (1)	3 (2)	3 (3)
度		

3 (4)	3 (5)
$a =$	回

4 (1)	4 (2)	4 (3)	5 (1)	5 (2)	5 (3)
$a =$	P(　,　)	Q(　,　)			

6 (1)	6 (2)	6 (3)
cm	cm	cm

(注) この解答用紙は実物を縮小してあります。185％拡大コピーすると、ほぼ実物大で使用できます。(タイトルと配点表は含みません)

学校配点		計
	1～6　各５点×20	100点

二〇二三年度　相模女子大学高等部

国語解答用紙

番号　　　氏名　　　評点　／100

一

問一　問二

問三

問四　筆者が翻訳を

問五　問六

問七　～　であるから。

問八　問九

問十

二

問一

問二　～

問三　問四　問五

問六　20

問七　問八

問九　問十

三

問一

問二　①　②

問三

問四

問五　問六

問七　～

問八　問九

四

問一　①　②　③

問二　①　②　③

問三　①　A　B　②　③

（注）この解答用紙は実物を縮小してあります。Ａ３用紙に156％拡大コピーすると、ほぼ実物大で使用できます。（タイトルと配点表は含みません）

学校配点	計
一、二　各３点×20 三、四　各２点×20	100点

２０２２年度　相模女子大学高等部

英語解答用紙

番号		氏名		評点	／100

1

	1	2	3	4	5
A					
B					

2

1	2	3	4	5

3

1	2	3	4	5

4

	1	2	3
A			
B			

5

1	2		
	B	C	D

3 魔法使いの理由

ネズミの理由

4	5

6

（注）この解答用紙は実物を縮小してあります。Ａ３用紙に154％拡大コピーすると、ほぼ実物大で使用できます。（タイトルと配点表は含みません）

学校配点		計
	1　各２点×９　2～5　各３点×24　6　10点	100点

２０２２年度　相模女子大学高等部

数学解答用紙

番号		氏名	

評点	／100

〔計算欄〕　（解答欄は切り取らないこと）

解答欄

1

(1)	(2)	(3)

2

(1)	(2)	(3)
$x =$	$\begin{cases} x = \\ y = \end{cases}$	$x =$

3

(1)	(2)	(3)
		個

(4)	(5)
分以内	

4

(1)	(2)	(3)
$a =$		(　　,　　)

5

(1)	(2)	(3)
:	:	

6

(1)	(2)	(3)
cm^3	cm	cm^3

（注）この解答用紙は実物を縮小してあります。182％拡大コピーすると、ほぼ実物大で使用できます。（タイトルと配点表は含みません）

学校配点		計
	1～6　各５点×20	100点

二〇二二年度　相模女子大学高等部

国語解答用紙

番号　　氏名　　評点 /100

一

問一　問二　問三　問四　問五　問六　問七　問八　問九　問十

二

問一　問二　問三　問四　問五　問六 ① ②　問七　問八

問九　この地球儀だって　20

問十

三

問一　問二　問三　問四　問五　問六　問七　問八

問九 ① A B　②

四

問一 ① ② ③ る ④ ⑤

問二 ① ② ③ ④ ⑤

（注）この解答用紙は実物を縮小してあります。Ａ３用紙に149％拡大コピーすると、ほぼ実物大で使用できます。（タイトルと配点表は含みません）

学校配点	計
一、二 各３点×20〔二問六は完答〕 三、四 各２点×20〔三問九①は完答〕	100点

２０２１年度　相模女子大学高等部

英語解答用紙

番号		氏名		評点	／100

1
Part A
1　2　3　4
Part B
1　2　3　4

2
1　2　3　4　5

3
1　2　3　4　5

4
A　1　2
B　Frozen Princess　Golden Shoes　The Beauty and the Ghost

5
1　2
3　She [　　　　　　　　　　　　　　].
4　a　b

6
1　2
3
4
5　①　②　③
6

7

（注）この解答用紙は実物を縮小してあります。Ｂ４用紙に125％拡大コピーすると、ほぼ実物大で使用できます。（タイトルと配点表は含みません）

推定配点		計
	1～3　各２点×18　4　各３点×５ 5　１　２点　２　４点　３，４　各３点×３ 6　１　３点　２～４　各４点×３　５　各２点×３　６　３点 7　10点	100点

2021年度　相模女子大学高等部

数学解答用紙

番号		氏名		評点	／100

〔計算欄〕　（解答欄は切り取らないこと）

解答欄

1 (1)	1 (2)	1 (3)	2 (1)	2 (2)	2 (3)
			$x =$	$x =$ $y =$	$x =$

3 (1)	3 (2)
通り	$m =$ $n =$

3 (3)	3 (4)	3 (5)	4 (1)	4 (2)	4 (3)
		度		(　,　)	

5 (1)	5 (2)	5 (3)	6 (1)	6 (2)	6 (3)
	:		cm	cm	cm^2

（注）この解答用紙は実物を縮小してあります。189%拡大コピーすると、ほぼ実物大で使用できます。（タイトルと配点表は含みません）

推定配点		計
	1～6　各5点×20	100点

二〇二二年度　相模女子大学高等部

国語解答用紙

番号　　氏名　　評点 /100

一
問一
問二 ①　②
問三　問四　問五
問六　もの
問七　（10）（20）という要求
問八　問九

二
問一　から
問二　問三　問四
問五　（10）（15）という動機
問六
問七
問八　問九　〜　問十

三
問一　問二
問三
問四
問五
問六
問七　問八　問九　問十

四
問一 ①　す ②　③　④　⑤
問二 ① ア　える イ　える　② ア　る イ　る
問三 A　B　C

（注）この解答用紙は実物を縮小してあります。Ａ３用紙に154%拡大コピーすると、ほぼ実物大で使用できます。（タイトルと配点表は含みません）

推定配点

一、二　各３点×20〔一問四は完答〕
三、四　各２点×20〔四問二は各２点×２〕

計　100点

２０２０年度　相模女子大学高等部

英語解答用紙

番号		氏名		評点	／100

1
A 1　2　3　4
B 1　2　3　4

2
1　2　3　4　5

3
1　2　3　4　5

4
A 1　2　B 1　2　3

5
1 a　b　c　2 ①　②　3

6
1
2
3
4 ①　②

7

（注）この解答用紙は実物を縮小してあります。B４用紙に125％拡大コピーすると、ほぼ実物大で使用できます。（タイトルと配点表は含みません）

学校配点		計
	1　各２点×８　2～4　各３点×15 5　１　各２点×３　２，３　各３点×３ 6　各３点×５　7　９点	100点

２０２０年度　相模女子大学高等部

数学解答用紙

番号		氏名	

評点	／100

〔計 算 欄〕　（解答欄は切り取らないこと）

―――――― 解 答 欄 ――――――

1			2		
(1)	(2)	(3)	(1)	(2)	(3)
			$x=$	$\begin{cases} x= \\ y= \end{cases}$	$x=$

3		
(1)	(2)	(3)
曜日	$a=$	度

3 (4)	3 (5)
杯	

4			5		
(1)	(2)	(3)	(1)	(2)	(3)
$a=$			cm	cm	cm^2

6		
(1)	(2)	(3)
：	cm	cm^3

（注）この解答用紙は実物を縮小してあります。182%拡大コピーすると、ほぼ実物大で使用できます。（タイトルと配点表は含みません）

推定配点		計
	1～6　各５点×20	100点

二〇二〇年度　相模女子大学高等部

国語解答用紙

番号　　氏名　　評点　／100

一

問一　問二　問三　問四　問五　問六

問七　は　ということ

問八

問九　覚悟

問十

二

問一　問二

問三　①　②

問四

問五　問六　問七

問八　問九

三

問一　問二　く

問三

問四　①　②

問五　問六

問七　が　色に変わった

問八　問九

四

問一　①　②　③

問二　①　②　③

問三　①　②

問四

（注）この解答用紙は実物を縮小してあります。Ａ３用紙に154%拡大コピーすると、ほぼ実物大で使用できます。（タイトルと配点表は含みません）

学校配点		計
	一、二　各３点×20 三　各２点×10 四　問一～問三　各２点×８　問四　４点	100点

社会情勢の影響で中止の可能性がございます。必ず弊社HPをご確認ください。

◯首都圏最大級の進学相談会

第43回　中・高入試 受験なんでも相談会

主催 声の教育社

1都3県の有名校が参加!!

会場 新宿住友ビル三角広場

交通●ＪＲ・京王線・小田急線「新宿駅」西口徒歩8分
●都営地下鉄大江戸線「都庁前駅」A6出口直結
●東京メトロ丸ノ内線「西新宿駅」2番出口徒歩4分

日時 6月22日㈯…**中学受験**のみ
6月23日㈰…**高校受験**のみ

中学受験 午前・午後の２部制
高校受験 90分入れ替え４部制

特設ページ

入場予約6/8～(先行入場抽選5/31～)
当日まで入場予約可能(定員上限あり)
詳しくは弊社ＨＰ特設ページをご覧ください。

新会場の三角広場は天井高25m、
換気システムも整った広々空間

●参加予定の中学校・高等学校一覧

22日(中学受験のみ)参加校
麻布中学校
跡見学園中学校
鷗友学園女子中学校
大妻中学校
大妻多摩中学校
大妻中野中学校
海城中学校
開智日本橋学園中学校
かえつ有明中学校
学習院女子中等科
暁星中学校
共立女子中学校
慶應義塾中等部（午後のみ）
恵泉女学園中学校
晃華学園中学校
攻玉社中学校
香蘭女学校中等科
駒場東邦中学校
サレジアン国際学園世田谷中学校
実践女子学園中学校
品川女子学院中等部
芝中学校
渋谷教育学園渋谷中学校
頌栄女子学院中学校
昭和女子大学附属昭和中学校
女子聖学院中学校
白百合学園中学校
成城中学校
世田谷学園中学校
高輪中学校
多摩大学附属聖ヶ丘中学校
田園調布学園中等部
千代田国際中学校
東京女学館中学校
東京都市大学付属中学校
東京農業大学第一中等部
豊島岡女子学園中学校
獨協中学校
ドルトン東京学園中等部
広尾学園中学校
広尾学園小石川中学校
富士見中学校
本郷中学校
三田国際学園中学校
三輪田学園中学校
武蔵中学校
山脇学園中学校
立教女学院中学校
早稲田中学校
和洋九段女子中学校
青山学院横浜英和中学校
浅野中学校
神奈川大学附属中学校
カリタス女子中学校
関東学院中学校
公文国際学園中等部
慶應義塾普通部（午後のみ）
サレジオ学院中学校
森村学園中等部
横浜女学院中学校
横浜雙葉中学校
光英VERITAS中学校
昭和学院秀英中学校
専修大学松戸中学校
東邦大学付属東邦中学校
和洋国府台女子中学校
浦和明の星女子中学校
大妻嵐山中学校
開智未来中学校

23日(高校受験のみ)参加校
岩倉高校
関東第一高校
共立女子第二高校
錦城高校
錦城学園高校
京華商業高校
国学院高校
国際基督教大学高校
駒澤大学高校
駒場学園高校
品川エトワール女子高校
下北沢成徳高校
自由ヶ丘学園高校
潤徳女子高校
杉並学院高校
正則高校
専修大学附属高校
大成高校
大東文化大学第一高校
拓殖大学第一高校
多摩大学目黒高校
中央大学高校
中央大学杉並高校
貞静学園高校
東亜学園高校
東京高校
東京工業大学附属科学技術高校
東京実業高校
東洋高校
東洋女子高校
豊島学院・昭和鉄道高校
二松学舎大学附属高校
日本大学櫻丘高校
日本大学鶴ヶ丘高校
八王子学園八王子高校
文華女子高校
豊南高校
朋優学院高校
保善高校
堀越高校
武蔵野大学附属千代田高校
明治学院高校
桐蔭学園高校
東海大学付属相模高校
千葉商科大学付属高校
川越東高校
城西大学付属川越高校

22・23日(中学受験・高校受験)両日参加校
【東京都】
青山学院中等部・高等部
足立学園中学・高校
郁文館中学・高校・グローバル高校
上野学園中学・高校
英明フロンティア中学・高校
江戸川女子中学・高校
学習院中等科・高等科
神田女学園中学・高校
北豊島中学・高校
共栄学園中学・高校
京華中学・高校
京華女子中学・高校
啓明学園中学・高校
工学院大学附属中学・高校
麴町学園女子中学校・高校
佼成学園中学・高校
佼成学園女子中学・高校
国学院大学久我山中学・高校
国士舘中学・高校
駒込中学・高校
駒沢学園女子中学・高校
桜丘中学・高校
サレジアン国際学園中学・高校
実践学園中学・高校
芝浦工業大学附属中学・高校
芝国際中学・高校
十文字中学・高校
淑徳中学・高校
淑徳巣鴨中学・高校
順天中学・高校
城西大学附属城西中学・高校
聖徳学園中学・高校
城北中学・高校
女子美術大学付属中学・高校
巣鴨中学・高校
聖学院中学・高校
成蹊中学・高校
成城学園中学・高校
青稜中学・高校
玉川学園　中学部・高等部
玉川聖学院中等部・高等部
中央大学附属中学・高校
帝京中学・高校
東海大学付属高輪台高校・中等部
東京家政学院中学・高校
東京家政大学附属女子中学・高校
東京成徳大学中学・高校
東京電機大学中学・高校
東京都市大学等々力中学・高校
東京立正中学・高校
桐朋中学・高校
桐朋女子中学・高校
東洋大学京北中学・高校
トキワ松学園中学・高校
中村中学・高校
日本工業大学駒場中学・高校
日本学園中学・高校
日本大学第一中学・高校
日本大学第二中学・高校
日本大学第三中学・高校
日本大学豊山中学・高校
日本大学豊山女子中学・高校
富士見丘中学・高校
藤村女子中学・高校
文化学園大学杉並中学・高校
文京学院大学女子中学・高校
文教大学付属中学・高校
法政大学中学・高校
宝仙学園中学・高校共学部理数インター
明星学園中学・高校
武蔵野大学中学・高校
明治学院中学・東村山高校
明治大学付属中野中学・高校
明治大学付属八王子中学・高校
明治大学付属明治中学・高校
明法中学・高校
目黒学院中学・高校
目黒日本大学中学・高校
目白研心中学・高校
八雲学園中学・高校
安田学園中学・高校
立教池袋中学・高校
立正大学付属立正中学・高校
早稲田実業学校中等部・高等部
早稲田大学高等学院・中学部
【神奈川県】
中央大学附属横浜中学・高校
桐光学園中学・高校
日本女子大学附属中学・高校
法政大学第二中学・高校
【千葉県】
市川中学・高校
国府台女子学院中学・高等部
芝浦工業大学柏中学・高校
渋谷教育学園幕張中学・高校
昭和学院中学・高校
東海大学付属浦安高校・中等部
麗澤中学・高校
【埼玉県】
浦和実業学園中学・高校
開智中学・高校
春日部共栄中学・高校
埼玉栄中学・高校
栄東中学・高校
狭山ヶ丘高校・付属中学校
昌平中学・高校
城北埼玉中学・高校
西武学園文理中学・高校
東京農業大学第三高校・附属中学校
獨協埼玉中学・高校
武南中学・高校
星野学園中学校・星野高校
立教新座中学・高校
【愛知県】
海陽中等教育学校

※上記以外の学校や志望校の選び方などの相談は